Colección Filosofía y Derecho

SISTEMAS NORMATIVOS

Colección Filosofía y Derecho

Carlos Eduardo Alchourrón
Eugenio Bulygin

Sistemas normativos

Introducción a la metodología de las ciencias jurídicas

2ª edición
3ª reimpresión

ASTREA
BUENOS AIRES - BOGOTÁ - PORTO ALEGRE
2021

Alchourrón, Carlos E.

Sistemas normativos / Carlos E. Alchourrón y Eugenio Bulygin
2ª ed. - Ciudad Autónoma de Buenos Aires: Astrea, 2021.
304 p.; 23×16 cm.

ISBN 978-950-508-989-5

1. Filosofía del Derecho. I. Bulygin, Eugenio. II. Título

CDD 340.1

1ª edición, 1975.
1ª reimpresión, 1987.
2ª reimpresión, 1993.
3ª reimpresión, 1998.
4ª reimpresión, 2002.
5ª reimpresión, 2006.
2ª edición, 2012.
1ª reimpresión, 2015.
2ª reimpresión, 2017.
3ª reimpresión, 2021.

Lavalle 1208 - (C1048AAF) Ciudad de Buenos Aires
(54-11) 4382-1880 - 0800-345-ASTREA (278732)
www.astrea.com.ar - editorial@astrea.com.ar

La edición de esta obra se realizó en Editorial Astrea, y fue impresa en su taller, Berón de Astrada 2433, Ciudad de Buenos Aires, en la primera quincena de marzo de 2021.

Queda hecho el depósito que previene la ley 11.723
IMPRESO EN LA ARGENTINA

A la memoria
de Ambrosio L. Gioja

"No hay duda de que no se puede abordar en forma rigurosamente científica ningún problema positivo del Derecho si no se ha dominado y deslindado previamente la esfera de sus problemas lógicos."

Carlos Cossio, *La plenitud del ordenamiento jurídico*

"En este lugar tropezamos con una cualidad desagradable de la jurisprudencia, con su 'manía de grandeza'. En ninguna ciencia teórica o práctica existe la creencia de que un día pudiera ser capaz, y mucho menos, que ya lo fuese, de resolver cualquier problema imaginable. El biólogo, el filólogo, el historiador, el esteta, el astrónomo, no niegan en ningún momento que sólo sabrían contestar a un número de cuestiones insignificantes en comparación con la totalidad de los interrogantes... Sólo la jurisprudencia se atreve a causa de su supuesta plenitud hermética a poder resolver cualquier problema real o imaginable y exige esta capacidad inclusive del último de sus novatos."

Hermann Kantorowicz, *Der Kampf um die Rechtswissenschaft*

NOTA ACLARATORIA A LA SEGUNDA EDICIÓN

En esta nueva edición se ha modificado el título y se han eliminado algunos errores tipográficos, entre otros. Pero el hecho de que esta obra fuera primero publicada en su versión inglesa (*Normative Systems*, Wien - New York, Springer Verlag, 1971) ha provocado algunas confusiones que conviene aclarar.

El libro fue escrito en castellano y el título originario era *Sistemas normativos*, que nos fue sugerido por Mario Bunge, editor de la serie "Library of Exact Philosophy" en la que apareció la versión inglesa. La traducción fue llevada a cabo por los autores, con enorme ayuda de Mrs. Joan Mackie, quien revisó todo el texto. Esa traducción apareció primero y la versión original (castellana) fue publicada cuatro años más tarde por Editorial Astrea con un título cambiado: *Introducción a la metodología de las ciencias jurídicas y sociales*. Este cambio en la versión castellana fue sugerido por Astrea y aceptado a regañadientes por los autores. Además, como en la traducción inglesa resolvimos suprimir algunos párrafos por parecernos demasiado locales (§ 5 del cap. II) y en la versión castellana fue añadido el § 7 del cap. IV, ambas ediciones no resultaron idénticas. Es así como mucha gente pensó que la versión inglesa era la original, que luego fue traducida al castellano.

El título con que la obra aparece ahora fue tomado de la excelente traducción italiana de Pierluigi Chiassoni y Giovanni Battista Ratti (Torino, C. Giappichelli Editore, 2005), quienes incluyeron los párrafos suprimidos en la versión inglesa, de modo que la versión italiana es prácticamente idéntica al texto original, que con esta edición aparece ahora en Astrea, también con su título original.

EUGENIO BULYGIN

RECONOCIMIENTO

No vamos a intentar confeccionar una lista completa de todas las fuentes de las que este libro recibió estímulo e influencias. Pero no quisiéramos dejar de mencionar que nos hemos inspirado en gran medida en las obras de Georg Henrik von Wright, Rudolf Carnap y Alfred Tarski; las referencias a sus trabajos en el texto no reflejan adecuadamente el grado de nuestra deuda y de nuestra gratitud. Lo mismo vale para los tres filósofos del derecho de quienes más hemos aprendido: Hans Kelsen, Alf Ross y H. L. A. Hart.

En un plano más personal, tenemos una enorme deuda de gratitud hacia Ambrosio L. Gioja, quien ha desempeñado un papel insustituible en nuestro desarrollo intelectual y a cuya memoria está dedicado este libro. Bajo la dirección de Gioja, el Instituto de Filosofía del Derecho de la Universidad de Buenos Aires se había convertido en un destacado centro de investigación filosófica, donde en un clima de auténtica libertad intelectual pudimos discutir con él y con numerosos colegas las concepciones expuestas en este libro. Que su muerte prematura impidiera a Gioja leer la versión final de este trabajo constituye para nosotros una pérdida irreparable.

Nuestra deuda con nuestro amigo Genaro R. Carrió es demasiado grande para que podamos expresarla en detalle. Sin su constante ayuda, su crítica estimulante y sus valiosísimas sugerencias, el libro no se hubiera escrito. Le expresamos nuestra profunda gratitud por todo ello y por muchas cosas más.

Estamos muy agradecidos a Georg Henrik von Wright, con quien mantuvimos numerosas discusiones sobre los temas tratados aquí, por su interés, su apoyo y su ayuda; a H. L. A. Hart, quien se ha tomado el trabajo de leer partes del manuscrito, por los comentarios y las críticas que nos resultaron de gran utilidad, y a A. N. Prior, por su generosa amistad, sus consejos y sugerencias. También agradecemos al profesor Julio Dassen, quien, al sugerirnos el ejemplo considerado en el capítulo I, dio el primer impulso a la concreción de esta obra; a María Eugenia Urquijo, Isabel Azaretto y Carlos S. Nino, quienes leyeron el manuscrito y nos hicieron muchas indicaciones útiles, y a Luis F. Lozano y a D. G. Londey, por habernos señalado dos importantes errores en el texto.

Por último, queremos expresar nuestro agradecimiento a Mario Bunge, a quien se debe la publicación de la versión inglesa de este libro, no sólo por su generosa ayuda, sino también por su contribución a la modernización de los estudios filosóficos en la Argentina.

Eugenio Bulygin expresa su gratitud al Consejo Británico de Relaciones Culturales por haber financiado su estadía en Oxford durante el año académico 1968-69, y a la Fundación Alexander von Humboldt y a su secretario general Dr. Heinrich Pfeiffer, cuya generosa ayuda le posibilitó efectuar dos largas visitas a Alemania, donde tuvo el privilegio de debatir los temas de este libro con numerosos colegas, de los que se complace en mencionar en especial a los profesores Ulrich Klug y Herbert Fiedler.

Carlos E. Alchourrón agradece las estimulantes críticas y las valiosas observaciones de los alumnos de su seminario dictado en 1973 en la Universidad Nacional Autónoma de México.

CARLOS E. ALCHOURRÓN

EUGENIO BULYGIN

ÍNDICE GENERAL

PRIMERA PARTE

LA LÓGICA DE LOS SISTEMAS NORMATIVOS

CAPÍTULO PRIMERO

UN MODELO PARA LOS SISTEMAS NORMATIVOS

CAPÍTULO II

EL CONCEPTO DE CASO

Capítulo III

EL CONCEPTO DE SOLUCIÓN

Capítulo IV

EL CONCEPTO DE SISTEMA NORMATIVO

Segunda Parte

ALGUNOS PROBLEMAS METODOLÓGICOS DE LA CIENCIA DEL DERECHO

Capítulo V

PROBLEMAS DE SISTEMATIZACIÓN EN EL DERECHO

Capítulo VI

EL PROBLEMA DE LA RELEVANCIA Y LAS LAGUNAS AXIOLÓGICAS

Capítulo VII

EL PROBLEMA DE LA CLAUSURA

Capítulo VIII

EL PROBLEMA DE LAS LAGUNAS Y LA DECISIÓN JUDICIAL

Capítulo IX

COMPLETITUD COMO IDEAL RACIONAL

Introducción

Uno de los rasgos característicos de la filosofía de los últimos veinte años es el creciente interés hacia los problemas relacionados con la acción humana. Este interés se ha reflejado en la lógica bajo la forma de intensas investigaciones acerca de los diversos conceptos relacionados con la acción (conceptos normativos, valorativos, etc.) lo cual ha conducido, a su vez, a la elaboración de numerosos sistemas lógicos que en un sentido amplio pueden llamarse modales. La lógica deóntica, que se ocupa de los conceptos normativos (permisión, prohibición, obligación, etc.) y de los usos normativos del lenguaje, tiene un lugar prominente entre las lógicas modales. A pesar de tratarse de una disciplina relativamente nueva, se han realizado importantes estudios que han proyectado considerable luz sobre los diversos aspectos del fenómeno normativo, y se ha ideado un gran número de diferentes sistemas de lógica deóntica.

La progresiva proliferación de las lógicas deónticas muestra el interés que los conceptos normativos despiertan entre los lógicos, pero también refleja una perplejidad básica: la dificultad de decidir cuál de los sistemas reconstruye mejor los conceptos normativos que se pretende analizar y es, por lo tanto, más útil desde el punto de vista de su aplicación al lenguaje normativo. Tan es así, que algunos autores han expresado dudas acerca de la utilidad práctica de la lógica deóntica.

Una de las fuentes de esa dificultad ha de buscarse en la falta de una buena base preanalítica para las investigaciones formales. A veces ni siquiera es muy claro cuáles son las nociones intuitivas que los lógicos deónticos tratan de reconstruir.

Al hablar de obligaciones, prohibiciones y permisiones piensan ellos, por lo común, en normas morales. Pero la elección de las normas morales como fundamento preanalítico para la construcción de una lógica de las normas presenta algunos inconvenientes.

En primer lugar, cabe señalar la ausencia de una *ciencia* moral bien constituida. Aparte de las investigaciones históricas y sociológicas, no hay ninguna ciencia específica que se ocupe del análisis de las normas morales y de la descripción de sistemas morales concretos. En segundo lugar, se tropieza con la dificultad de identificar el contenido de un sistema moral y las normas que lo componen, es decir, la dificultad de identificar el objeto de una posible ciencia moral. La falta de un legislador moral que dé a las normas morales una formulación precisa, registrándolas en un texto más o menos oficial, entorpece enormemente la identificación de tales normas, lo cual hace difícil, si no imposible, el estudio de los sistemas morales. La tarea de establecer cuáles son las normas que pertenecen a un determinado código moral es poco menos que irrealizable. En este sentido es sintomático el hecho de que los filósofos que se ocupan de problemas morales suelen limitarse a citar dos o tres ejemplos bastante obvios de normas morales, ejemplos que se repiten en casi todos los libros de ética.

Desde este punto de vista nos parece que las normas jurídicas ofrecen considerables ventajas sobre las normas morales. Son mucho más fáciles de identificar, pues en su mayoría son creadas mediante actos conscientes de los hombres y registradas en forma escrita –al menos en lo que al derecho positivo se refiere–. No se puede ignorar, además, la existencia de una antigua ciencia que se ocupa específicamente de la descripción y sistematización de las normas jurídicas. Aunque a veces se haya puesto en duda el carácter científico de la jurisprudencia, no cabe desechar sin un examen más detenido la experiencia acumulada por los juristas durante centenares, hasta millares de años. Por último, cabe mostrar –y éste es uno de los temas de este libro– que muchos de los problemas lógicos y metodológicos que interesan en este contexto –tales como la completitud, la coherencia y la independencia de los sistemas normativos–

han sido analizados con insistencia (aunque no siempre satisfactoriamente) por los juristas y los filósofos del derecho.

Parecería, pues, razonable pensar que la ciencia del derecho y su objeto, las normas jurídicas, pueden constituir una base preanalítica sólida y, a la vez, un campo de aplicación interesante para la lógica deóntica. Sin embargo, los lógicos deónticos han prestado, en su mayoría, escasa atención al derecho, y los pocos libros que han tratado de acercar la lógica a la ciencia jurídica no tuvieron mayor repercusión sobre ninguna de esas disciplinas.

Por otra parte, este divorcio entre la lógica y el derecho tuvo consecuencias muy lamentables para la ciencia jurídica. Los juristas no sólo no han prestado la debida atención a las investigaciones formales de los conceptos normativos llevados a cabo en los últimos veinte años, sino que incluso han logrado permanecer al margen del gran movimiento de renovación de los estudios metodológicos y de fundamentación que han revolucionado completamente la metodología de las ciencias formales y empíricas. Ese movimiento de renovación comenzó, como se sabe, en el siglo pasado en el campo de las matemáticas para extenderse luego a las ciencias empíricas (física, biología, psicología, etc.) y ha conducido a una profunda revisación de los fundamentos conceptuales de dichas ciencias. Pero todo ese movimiento tuvo poca o ninguna repercusión en la metodología de la ciencia jurídica, que sigue trabajando con herramientas tradicionales, haciendo caso omiso de los adelantos metodológicos logrados en otros ámbitos del saber. La metodología de la ciencia jurídica se halla aún en una fase de "subdesarrollo" y poco se ha hecho hasta ahora para aprovechar las herramientas conceptuales elaboradas por quienes trabajan en la fundamentación de las matemáticas o de la física.

Es verdad que la ciencia jurídica no puede clasificarse sin más como una ciencia empírica, y mucho menos aún como una ciencia formal. Tiene, sin duda, sus rasgos peculiares que justificarían tal vez su inclusión dentro de las *ciencias normativas* como categoría autónoma, distinta tanto de la ciencia formal, como de la empírica. Pero esto no excluye la posibilidad de aprovechar para la ciencia del derecho parte del conocimiento logrado y algunos de los métodos usados en la metodología de otras disciplinas más desarrolladas.

Cabe, pues, esperar razonablemente que el enfoque de los problemas tradicionales de la filosofía jurídica a la luz de las modernas investigaciones lógicas y metodológicas, producirá resultados interesantes. La noción de sistema normativo parece especialmente adecuada para ese propósito. Por un lado, aunque la estructura de los sistemas deductivos, con sus propiedades formales (coherencia, completitud e independencia), tanto en su aspecto puramente formal (sistemas sintácticos, no interpretados), como en su aplicación a las ciencias empíricas (sistemas interpretados), es uno de los temas más importantes de la metodología científica moderna, los sistemas específicamente normativos han sido estudiados por los lógicos deónticos sólo como sistemas puramente formales (lógicos). La aplicación de los cálculos formales a materias concretas, es decir, a determinadas normas jurídicas o morales, ha sido escasamente explorada, probablemente por las razones expuestas al comienzo de esta Introducción.

Por otra parte, se ha considerado siempre que el derecho tiene algún tipo de orden sistemático, pues la sistematización (u ordenación) de las disposiciones jurídicas es tradicionalmente considerada como una tarea importante, que compete tanto al legislador (codificación del derecho), como al científico (dogmática jurídica). En tanto en cuanto sistema de normas, el derecho debe adecuarse a ciertas pautas de racionalidad; la coherencia interna de las normas jurídicas, así como su compatibilidad mutua, son ejemplos de tales exigencias básicas. La eliminación de las contradicciones en las normas jurídicas es, por lo tanto, uno de los objetivos más importantes de la ciencia del derecho.

Un papel no menos importante desempeña en la teoría jurídica la idea de completitud, que ha sido muy debatida por los juristas y los filósofos del derecho bajo el rótulo de "lagunas del derecho". Por último, la independencia de las disposiciones legales y la consiguiente eliminación de las redundancias es también uno de los objetivos del legislador y del científico.

De tal manera, las ideas de coherencia, completitud e independencia, así como la noción de sistema jurídico, ofrecen un fundamento intuitivo adecuado para el tratamiento analítico (reconstrucción racional) de tales conceptos. Ese análisis es el objetivo principal de la primera parte de este libro.

A partir de un problema concreto de la ciencia jurídica, esbozamos un modelo simplificado de un sistema jurídico, a fin de mostrar el funcionamiento del concepto de "laguna" (completitud normativa) en la ciencia del derecho. La generalización de los elementos constitutivos del modelo posibilita la formulación de una definición explícita de "laguna". Esta definición pone de manifiesto la estructura relacional del concepto de completitud (y de laguna): es una relación entre un conjunto de normas (un sistema normativo), un conjunto de circunstancias fácticas o casos posibles (un Universo de Casos) y un conjunto de respuestas o soluciones posibles (un Universo de Soluciones). Ello implica que todo análisis del problema de las lagunas requiere, como paso preliminar e ineludible, la determinación del ámbito o dominio de cada uno de los tres términos de la relación. La omisión de esa tarea preliminar –consecuencia de no haberse percatado de la estructura relacional del concepto de laguna– ha sido responsable del fracaso de los filósofos del derecho en sus intentos de solucionar este problema.

Por otra parte, la noción de sistema u orden jurídico como conjunto de todas las normas válidas, cuya validez puede derivarse de alguna fuente común, como el soberano (Austin), la norma básica (Kelsen) o la regla de reconocimiento (Hart), es de relativamente poca utilidad para la ciencia jurídica. Los juristas nunca analizan los problemas de completitud (lagunas) o coherencia (contradicciones) en relación a todo el orden jurídico. Se preguntan a menudo si tal o cual ley o código, o algún conjunto definido de normas, es completo con relación a algún problema específico, pero sólo los filósofos del derecho hablan acerca de la completitud de todo el orden. Así, pues, para dar cuenta de la actividad de los abogados y de los juristas se requiere un concepto más general de sistema normativo; la noción de orden jurídico es tan sólo un caso especial de aquél.

Teniendo en cuenta las dificultades expuestas se ha elaborado un concepto general de sistema normativo, basado en algunas ideas de Alfred Tarski. El sistema normativo es definido como un conjunto de enunciados que tiene (algunas) consecuencias normativas (para algún Universo de Casos y algún Universo de Soluciones). La definición del concepto de sistema en términos de consecuencias normativas permite dar cuenta de enunciados no-normativos que pueden figurar en un sistema normativo, sin necesidad de tratarlos como normas incompletas o mutiladas. Al mismo tiempo, el énfasis puesto en las consecuencias permite desentenderse de cuestiones tales como el número o el origen de los enunciados que forman la base del sistema. *Cualquier* conjunto de enunciados puede usarse como base de un sistema.

La concepción de las normas como entidades lingüísticas (enunciados que correlacionan casos con soluciones) y del sistema normativo como conjunto de enunciados, se opone a una larga tradición en la filosofía jurídica. Las normas son, por lo general, concebidas como entidades ideales (sentidos o significados). Sin embargo, el tratamiento de las normas en un nivel puramente sintáctico tiene considerables ventajas desde el punto de vista metodológico, y no significa necesariamente un prejuzgamiento acerca de su estatus ontológico. El análisis lógico ha resultado ser mucho más eficaz, desde que ha sido aplicado a expresiones lingüísticas y no a sentidos ideales o esencias. Todo el desarrollo de la lógica moderna es un argumento en favor de la adopción de este método, que también hizo posible un notable progreso en el tratamiento de algunos problemas filosóficos tradicionales, tales como, por ejemplo, el de la verdad (Tarski) o del conocimiento (Hintikka).

Aunque nuestro interés se centra en la ciencia jurídica, las definiciones de todas las nociones cruciales están formuladas en términos generales, que permiten su aplicación a normas de cualquier índole.

En la segunda parte del libro se emprende la tarea de aplicar el esquema conceptual elaborado en la primera parte a algunos problemas específicos de la ciencia jurídica. La tesis es que muchos de los problemas tradicionales de la ciencia jurídica pueden reconstruirse como cuestiones referentes a la sistematización de los enunciados de derecho. Problemas empíricos relativos a la identificación de aquellos enunciados de derecho que pueden constituir la base del sistema (el problema de la validez) han de distinguirse claramente de las cuestiones referentes a la organización de tales enunciados en un sistema. Estas últimas plantean problemas de índole conceptual (lógica). Las ideas de completitud, coherencia e independencia, desempeñan aquí un papel muy importante. Siendo el más controvertido de los tres, el concepto de completitud (recibe especial atención en este libro).

El proceso de la sistematización del derecho comprende varias operaciones que tienden no sólo a exhibir las propiedades estructurales del sistema y sus defectos formales (contradicciones y lagunas), sino también a reformularlo para lograr un sistema más sencillo y económico. La búsqueda de los llamados principios generales del derecho y la construcción de las "partes generales" de los códigos –tareas que suelen considerarse propias de la dogmática jurídica– forman parte de la misma exigencia de simplificación del derecho que va ligada a la idea de independencia.

Sería un error interpretar nuestra caracterización del proceso de sistematización (y nuestra afirmación de que ésta es la tarea central de la ciencia jurídica) como un intento de describir lo que los juristas efectivamente hacen; se trata más bien de una reconstrucción de algunos ideales de la ciencia jurídica. Esos ideales son fundamentales para un estudio científico, es decir, racional, del derecho, y como son independientes de toda ideología política, pueden caracterizarse como ideales puramente racionales. Entre ellos, el ideal de completitud desempeña un papel muy importante en el pensamiento jurídico.

El libro presenta un análisis de la conocida tesis según la cual las lagunas normativas no existen y, por consiguiente, todos los sistemas normativos son necesariamente completos. Esta tesis se basa a menudo en la interdefinibilidad de "permitido" y "prohibido". Sostenemos que esta tesis deriva su plausibilidad del uso, sistemáticamente ambiguo, del término crucial "permitido", a consecuencia de la falta de una clara distinción entre normas y proposiciones normativas, es decir, proposiciones acerca de las normas. El llamado postulado de la plenitud hermética del derecho –que no es más que la versión jurídica de la misma tesis– fracasa en su empeño por sostener que todo sistema jurídico es completo. Es importante señalar la diferencia entre el postulado de la plenitud, de acuerdo con el cual todos los sistemas jurídicos son de hecho completos, y la exigencia de que lo sean. El primero es, en el mejor de los casos, una mera ilusión que no obstante desempeña un papel ideológico definido en el pensamiento jurídico, mientras que la segunda responde a un ideal puramente racional, independiente de toda actitud política. La exigencia de completitud de los sistemas normativos es un caso especial de un principio más general inherente a toda investigación científica en cuanto actividad racional.

Se encuentra en el libro una teoría del sistema u orden jurídico, de la norma jurídica y de la sentencia judicial, y se analizan también –aunque un poco al pasar– otros temas tradicionales de la teoría general del derecho (validez, fuentes del derecho, interpretación, etcétera). No sería demasiado aventurado afirmar, pues, que el libro contiene el esbozo de una teoría general del derecho, a pesar de que su interés principal va dirigido a la metodología de la ciencia jurídica, donde por "metodología" ha de entenderse, en términos generales, el estudio de las pautas y de los procedimientos usados por los juristas para la justificación de sus aserciones.

Los autores han tratado de evitar, en lo posible, el uso del simbolismo lógico y de otros recursos técnicos que podrían crear dificultades de comprensión para un lector carente de preparación especial en la lógica simbólica. Así, pues, no se presume que el lector posea conocimientos previos de lógica deóntica o de filosofía del derecho, aunque tales conocimientos serían, sin duda, útiles. En más de una ocasión, el rigor de la exposición fue sacrificado en aras de la simplicidad. Ésta es la razón de ser del Apéndice, que contiene, bajo la forma de definiciones y teoremas, una presentación rigurosamente formal de las principales ideas expuestas en este libro.

Parte Primera

LA LÓGICA DE LOS SISTEMAS NORMATIVOS

Capítulo Primero

UN MODELO PARA LOS SISTEMAS NORMATIVOS

§ 1. *Consideraciones metodológicas*

> "The essentials of the method of formalization and interpretation are deeply ingrained in the western mind and perhaps constitute the ideal prototype of some aspects of what we call *rational* thought".
>
> R. M. Martin
>
> *Truth and Denotation*

Nuestro propósito inmediato es explicar el concepto de sistema normativo para analizar luego las propiedades formales de tales sistemas: completitud, coherencia e independencia. La explicación o reconstrucción racional de un concepto es el método por medio del cual un concepto inexacto y vago –que puede pertenecer al lenguaje ordinario o a una etapa preliminar en el desarrollo de un lenguaje científico– es transformado en un concepto exacto o, por lo menos, más exacto que el primitivo. En lugar de la transformación sería más correcto hablar aquí de la sustitución de un concepto más o menos vago por otro más riguroso.

El concepto que se quiere explicar se denomina *explicandum* y el nuevo concepto que lo ha de sustituir, *explicatum*. El proceso de explicación abarca dos etapas: *a*) la elucidación informal del *explicandum*, y *b*) la construcción del *explicatum*.

La importancia de la primera etapa no siempre es apreciada suficientemente; pero para poder sustituir un concepto por otro, capaz de realizar con ventajas las tareas del primero, es necesario clarificar al máximo el alcance del *explicandum*, es decir, el significado del término que se usa para designarlo. Esto puede lograrse mediante diversos procedimientos, tales como la ejemplificación y la descripción de los usos de ese término en situaciones típicas.

La segunda etapa consiste en la construcción del *explicatum*, es decir, la formulación de un nuevo concepto más preciso que el anterior. El *explicatum* debe cumplir con ciertos requisitos, como: *a*) debe ser lo más exacto posible, es decir, las reglas de su uso deben estar formuladas explícitamente en la forma más exacta posible (p.ej., por medio de definiciones explícitas); *b*) debe tener el máximum de fecundidad, es decir, ser útil para la formulación del mayor número posible de enunciados universales (leyes empíricas o teoremas lógicos); *c*) el *explicatum* debe, en lo posible, ser similar al *explicandum*, en el sentido de que se lo pueda usar en la mayoría de las ocasiones en que se usa este último. En otras palabras, la extensión del *explicatum* debe acercarse en lo posible a la del *explicandum*. Desde luego, esa similitud no puede ser total: los dos conceptos no pueden ser idénticos y ni siquiera coextensivos, ya que entonces el *explicatum* no sería más exacto que el *explicandum*, y *d*) por último, cabe mencionar el requisito de la simplicidad, aunque su papel es más restringido que el de los tres anteriores. En condiciones similares, cuando la exactitud, la fecundidad y la similitud con el *explicandum* corren parejas, es preferible un concepto más simple a otro más complicado. Pero la simplicidad puede ser sacrificada en aras de una mayor exactitud o fecundidad.

Como ya se ha señalado en la Introducción, los conceptos de sistema normativo, completitud, coherencia e independencia aparecen con frecuencia en el discurso jurídico, donde desempeñan un papel importante, y han sido muy debatidos en la ciencia jurídica (aunque no siempre bajo estos nombres). Parece razonable, pues, tomar como *explicanda* los conceptos jurídicos correspondientes. El concepto de *laguna* –tema controvertido y muy discutido en la literatura jurídica– nos servirá en especial para la elaboración de un *explicatum* para la noción de completitud normativa. El concepto de laguna normativa resultará extraordinariamente fecundo y su utilidad se pondrá de manifiesto en el tratamiento de muchos problemas metodológicos de la ciencia jurídica, aparentemente ajenos a la problemática de las lagunas. En cierto modo, el tema de las lagunas (completitud) nos servirá de hilo conductor a lo largo de todo el libro.

El punto de partida para la explicación del concepto de sistema normativo es la construcción de un modelo destinado a reproducir –aunque en forma algo simplificada, es decir, más abstracta– un problema "real" tomado del derecho civil. Ese modelo nos permitirá formular definiciones provisionales de todos los conceptos cruciales: sistema normativo, completitud, laguna, coherencia, independencia, redundancia, etcétera (cap. I). En los tres capítulos siguientes se lleva a cabo una generalización de tales conceptos, procurando afinar las definiciones y hacerlas aplicables, no sólo a las normas jurídicas, sino a cualquier tipo de sistemas normativos.

Algunos filósofos sostienen que el método de reconstrucción racional es radicalmente impotente para captar la totalidad de los fenómenos y conocer toda la realidad. Y esto porque la abstracción como método de conocimiento, aunque pueda servir para aumentar la precisión, conduce inevitablemente a su empobrecimiento. Como un ejemplo típico suele citarse la aplicación de la matemática a las ciencias naturales. Al abstraer, la ciencia se desinteresaría de toda una serie de elementos de la realidad y –es éste el punto decisivo de la crítica– ciertos aspectos de ella permanecerían totalmente inaccesibles al conocimiento científico. De ahí que tales filósofos suelen oponer algún modo de intuición directa al método de abstracción.

Objeciones de esta índole (que son particularmente frecuentes entre los juristas) están basadas en una concepción errónea de la abstracción en general y del método de la reconstrucción racional en particular. Sin duda, el *explicatum* –como todo esquema abstracto– no reproduce *todos* los aspectos y matices del concepto al que pretende sustituir. Pero ello no implica que haya algún aspecto de la realidad (es decir, del *expli-*

candum) que sea, en principio, inaccesible al método de la abstracción. Un modelo abstracto no puede reproducir toda la realidad, pero no hay ningún aspecto de la realidad que no pueda ser reproducido en algún modelo. Por lo tanto, para todo aspecto del concepto que nos interesa elucidar, puede construirse un *explicatum* adecuado. Por otra parte, conviene recordar que todo conocimiento racional requiere algún grado de abstracción y –como lo señala R. M. Martin– el método de reconstrucción racional refleja un aspecto esencial de todo pensamiento racional.

§ 2. *Un problema normativo*

Para la construcción de nuestro modelo hemos elegido un típico problema normativo, muy debatido en el derecho civil argentino. Es el problema de la reivindicación de cosas inmuebles contra terceros poseedores. El problema surge cuando una persona que posee un inmueble –cuya propiedad no le pertenece– lo transfiere –a título oneroso o gratuito– a un tercero. La cuestión que se plantea entonces es: ¿en qué circunstancias el propietario del inmueble puede reivindicarlo contra el tercero poseedor? O, para plantear la pregunta en otros términos, ¿en qué circunstancias el tercero adquirente está obligado a restituir el inmueble a su propietario y cuándo le está permitido retenerlo?

Para responder a este interrogante tenemos que saber si una cierta acción (es decir, la conducta que consiste en la restitución del inmueble) es obligatoria o no. Nos preocupa, pues, lo que podemos llamar el estatus normativo o deóntico de una acción. Esta acción puede realizarse dentro de un conjunto de situaciones o estados de cosas que llamaremos Universo de Discurso (UD).

Los estados de cosas que pertenecen al UD son los elementos del UD. Todos los elementos del UD comparten una cierta propiedad común que es la propiedad definitoria del UD. El Universo de Discurso puede describirse, pues, como el conjunto de todos los elementos (estados de cosas) identificados por una determinada propiedad.

La propiedad definitoria del UD, en nuestro modelo, es la de ser una enajenación (transferencia) de un inmueble que pertenece a un tercero. Por lo tanto, todo elemento del UD del modelo es un estado de cosas o situación en que una cierta persona (el enajenante) transfiere a otra persona (el adquirente) la posesión de un inmueble que pertenece a una tercera persona. El Universo del Discurso del modelo es el conjunto de todas esas situaciones.

Un problema normativo puede ser considerado como una pregunta acerca del estatus deóntico de ciertas acciones o conductas, es decir, su permisión, prohibición u obligatoriedad. Algunas de esas acciones son *básicas*, en el sentido de que todas las demás son compuestos veritativo-funcionales de ellas. Todo conjunto finito de acciones básicas constituye lo que llamaremos Universo de Acciones (UA).

En nuestro modelo hay una sola acción básica: la acción del tercero adquirente que consiste en la restitución del inmueble a su propietario. Para abreviar, llamaremos a esa acción Restitución (R). De tal manera, resulta que el UA del modelo es un conjunto unitario que posee sólo un elemento: {R}.

Los dos Universos que hemos caracterizado, el UD y el UA, delimitan el ámbito del problema. Toda variación del UD y también toda variación del UA conduce a un cambio del problema. Por ejemplo, si cambiando el UA nos preguntáramos, no ya por la reivindicación, sino acerca de la apropiación de los frutos y productos o acerca del pago del impuesto inmobiliario, el problema sería obviamente distinto, aun cuando no variara el UD. Del mismo modo, toda variación introducida en este último –por ejemplo, si la cosa enajenada fuese mueble o si en vez de la enajenación se tratara de locación– tendría por efecto una alteración del problema. En todos esos casos diríamos que se trataba de un problema diferente.

Si el Universo de Discurso permanece constante –cosa que acaecerá en los análisis siguientes– entonces la identidad del problema estará determinada por el Universo de Acciones.

§ 3. *El ámbito fáctico del problema*

Volvamos ahora a nuestra pregunta original: ¿en qué circunstancia el tercero adquirente está obligado a restituir el inmueble y en qué condiciones está permitida la no restitución? La respuesta a esta pregunta depende de nuestra valoración de las distintas circunstancias que deberían ser tomadas en cuenta. Obviamente, no todas las circunstancias posibles son relevantes para nuestro problema, pero la selección de las circunstancias o propiedades relevantes es un problema valorativo. Si ciertas propiedades parecen ser totalmente irrelevantes para el problema (como, por ejemplo, el color de la piel del propietario o el tamaño de su nariz), ocurre ello así solamente porque existe un consenso más o menos unánime (en un determinado grupo social) acerca de ciertos valores. Pero esto es un hecho meramente contingente. Una ley que hiciera depender la procedencia de la acción reivindicatoría del color de la piel del propietario nos parecería violentamente injusta, pero no quedaría con ello excluida la posibilidad de que en otras latitudes (o en otras épocas) tal ley pudiera parecer perfectamente razonable.

Consideraremos como relevantes para el problema las tres características siguientes: la buena fe del actual poseedor (al que llamaremos *adquirente*), la buena fe del poseedor anterior (*enajenante*) y el título oneroso del acto de enajenación; características que designaremos BFA, BFE y TO, respectivamente.

Para simplificar el modelo, estipularemos que la mala fe consiste en el conocimiento del hecho de que el dominio del inmueble pertenece a un tercero, y que la buena fe consiste simplemente en la ignorancia de tal hecho, es decir, en la ausencia de la mala fe. En consecuencia, las expresiones "~BFA" y "~BFE" simbolizarán la ausencia de la buena fe, es decir, la mala fe en el adquirente o en el enajenante, respectivamente. Para significar que el acto de enajenación es a título gratuito (es decir, no oneroso) usaremos el símbolo "~TO".

Estas tres circunstancias (BFA, BFE, TO) son propiedades de los elementos del UD. Toda propiedad divide los elementos del UD en dos clases: la clase de aquellos elementos en los que esa propiedad está *presente* y la de aquellos en los que está *ausente*. La ausencia de una propiedad equivale a la presencia de su propiedad *complementaria*.

La propiedad complementaria es la negación de la propiedad en cuestión; por ejemplo, ~BFA es la propiedad complementaria de BFA y viceversa. Se desprende de ello que para toda propiedad P vale que todo elemento del UD tiene P o su complementaria (~P).

Todo conjunto de propiedades que pueden estar presentes o ausentes en los elementos de un UD se denominará Universo de Propiedades (UP).

En el modelo, el UP comprende solamente tres propiedades: buena fe del adquirente (BFA), buena fe del enajenante (BFE) y título oneroso (TO).

Toda propiedad de un UP y todo compuesto veritativo-funcional de tales propiedades –siempre que éste no sea tautológico ni contradictorio– define un *caso* (posible). Por consiguiente, la propiedad definitoria de un caso puede ser simple o compleja.

Cuando la propiedad definitoria es una conjunción que contiene todas las propiedades del UP o sus negaciones (pero no ambas), diremos que el caso definido por esa propiedad es *elemental*. Los casos que no sean elementales serán *complejos*.

El conjunto de todos los casos elementales (correspondientes a un UP) se denominará Universo de Casos (UC). El número de todos los casos elementales posibles puede determinarse fácilmente, pues es función de las propiedades del UP. Si *n* es el número de las propiedades del UP, entonces 2^n es el número de los casos elementales, es decir, de los casos del correspondiente UC. La noción de UC es, junto con el número de los casos elementales, relativa a un UP.

En el modelo, casos tales como ~BFA, ~BFE, TO, ~BFE, etc., son complejos. Los casos elementales están representados en la tabla I-1 (donde el signo + simboliza la presencia de la correspondiente propiedad y el signo – su ausencia).

TABLA I-1

		UP		
		BFE	BFA	TO
UC	1.	+	+	+
	2.	−	+	+
	3.	+	−	+
	4.	−	−	+
	5.	+	+	−
	6.	−	+	−
	7.	+	−	−
	8.	−	−	−

La tabla indica cuáles son los casos posibles (en el modelo) y pone además de manifiesto que esos son *todos* los casos elementales posibles. El conjunto de todos los casos posibles determina lo que vamos a llamar el ámbito fáctico del modelo.

En la caracterización del ámbito fáctico sólo hemos tomado en cuenta los casos elementales. Ello es así porque son las propiedades más fuertes que pueden definirse en términos del correspondiente UP. Los casos elementales son simples en el sentido de que no pueden subdividirse en otros casos, mientras que todos los casos complejos son analizables en términos de casos elementales. Puede mostrarse fácilmente que todo caso complejo equivale a la disyunción de dos o más casos elementales. Por otra parte, todo elemento del UD tiene que poseer necesariamente una y sólo una propiedad definitoria de un caso elemental. En otras palabras: todo elemento del UD pertenece a un caso elemental y no más que a uno (cfr. ver cap. II, § 2).

§ 4. *El ámbito normativo del problema*

En la sección precedente hemos determinado el ámbito fáctico del problema considerado. En otras palabras, hemos identificado los casos posibles en relación con los cuales procede la pregunta acerca de la obligatoriedad de la restitución del inmueble.

Tenemos que considerar ahora cuáles son las respuestas posibles a ese interrogante. Como nuestra pregunta es normativa, es decir, se refiere al estatus normativo de ciertas acciones, el ámbito de todas las respuestas posibles a esa pregunta puede llamarse el ámbito normativo del problema. Una respuesta satisfactoria a la pregunta planteada es una *solución* del problema. Las respuestas posibles constituyen el conjunto de las soluciones posibles. En lo sucesivo, pues, usaremos la palabra "solución", al igual que "caso", como términos técnicos.

Toda acción de un UA y todo compuesto veritativo-funcional de tales acciones (siempre que no sea tautológico ni contradictorio) será llamado contenido normativo o deóntico. Como el UA del modelo es un conjunto unitario, cuyo único elemento es la acción R (restitución del inmueble), en el modelo no habrá más que dos contenidos posibles: R y ~R (restitución y no-restitución).

Se dirá que la acción R es obligatoria (OR), cuando está permitido R y no está permitido ~R (PR . ~P ~R). Cuando no está permitido R y está permitido ~R, la acción R está prohibida (PhR = ~PR . P ~R). Cuando tanto R como ~R están permitidas, la acción es facultativa (FR = PR . P~R). Las expresiones P (permitido), O (obligatorio), Ph (prohibido) y F (facultativo) son los *caracteres* normativos o deónticos.

Las expresiones de la forma PR (en las cuales un contenido normativo vaya precedido por un carácter normativo –siempre que no sean tautológicas ni contradictorias–) y los compuestos veritativo-funcionales de ellas (siempre que éstos no sean tautológicos ni contradictorios) se llamarán soluciones. Se dirá que un contenido normativo precedido por un carácter deóntico está (deónticamente) determinado. De ahí que toda solución determine deónticamente algún contenido.

Cuando la solución es tal que determina todos los contenidos que corresponden a un UA, diremos que es una *solución maximal*.

El conjunto de todas las soluciones maximales (relativas a un UA) es el Universo de Soluciones Maximales (USmax).

En el modelo, OR, PhR y FR son las tres soluciones maximales posibles, y el conjunto de esas tres soluciones maximales es el USmax del modelo.

$$\text{USmax} = \{\text{OR}, \text{PhR}, \text{FR}\}$$

El Universo de Soluciones Maximales es el conjunto de todas las respuestas *completas* a la pregunta formulada. Una solución maximal es una respuesta completa en el sentido de que, cuando ella está correlacionada con un caso, *todas* las acciones posibles (todos los contenidos) están deónticamente determinadas en ese caso. Si la solución no fuese maximal, la respuesta no sería completa, porque entonces habría alguna acción cuyo estatus deóntico no estaría determinado. Consideremos, por ejemplo, la solución PR; de ella nada se puede inferir acerca del estatus deóntico de ~R, mientras que las soluciones maximales determinan tanto R, como ~R.

Las soluciones que no sean maximales, serán llamadas *parciales*. En la construcción del modelo sólo tomaremos en cuenta las soluciones maximales. (Como puede mostrarse fácilmente, toda solución parcial es equivalente a una disyunción de dos o más soluciones maximales, de modo que toda solución parcial es definible en términos de las soluciones maximales).

El USmax, es decir, el conjunto de todas las soluciones maximales posibles, determina el ámbito normativo del problema.

§ 5. *Reconstrucción de un sistema normativo*

Llamaremos *normas* a los enunciados (es decir, a las expresiones lingüísticas) que correlacionen casos con soluciones. Tomemos como ejemplo el enunciado: "Si el adquirente es de mala fe, entonces está obligado a restituir el inmueble al propietario". Este enunciado correlaciona una cierta solución (OR) con un determinado caso (el caso complejo ~BFA); es, pues, una norma. Esta norma puede representarse mediante la expresión "OR / ~BFA", que se puede leer: "Obligatorio R en el caso ~BFA". (Decir que R es obligatorio equivale a afirmar que la reivindicación es procedente; decir que es facultativo es afirmar que la reivindicación es improcedente, ya que si al poseedor le está permitido no restituir la cosa, es claro que el propietario no puede reivindicarla).

Todo conjunto de normas constituye un sistema normativo. (como veremos más adelante –cap. IV–, la inversa no vale: un sistema normativo puede contener otros enunciados además de normas).

Veamos ahora un ejemplo de sistema normativo. El problema que consideramos se halla regulado en el Código Civil argentino por los arts. 2777 y 2778[1]. Estos dos artículos reconocen su fuente inmediata en el famoso proyecto de Código Civil del jurista brasileño Freitas. Dado que la comparación de ambos sistemas –el de Freitas y el del Código Civil argentino– es sumamente instructiva, comenzaremos por la reconstrucción del sistema de Freitas (no pretendemos que nuestras interpretaciones sean reflejo fiel y único posible de los sistemas mencionados; nuestros ejemplos pueden considerarse, si se quiere, como meramente imaginarios).

Los artículos pertinentes del Código de Freitas son los siguientes[2]:

Artículo 3877, inc. 2°: "*Compete la reivindicación, cuando la cosa demandada fuere inmueble... contra el actual poseedor, aunque la hubiese de buena fe por título oneroso, si la hubo de enajenante de mala fe*".

Art. 3878: "*Compete la reivindicación, ya sea mueble o inmueble la cosa demandada:...*".

Inc. 2°: "*Contra el actual poseedor, que de mala fe la hubo de enajenante obligado a restituirla al reivindicante*".

Inc. 3°: "*Contra el actual poseedor, aunque la hubiese de buena fe de enajenante de buena fe, si la hubo por título gratuito...*".

[1] No vamos a tomar en cuenta las modificaciones introducidas en el Código Civil por la ley de reformas de 1968, que, por otra parte, no afectaron a los dos artículos que nos interesan.

[2] Freitas, *Código Civil*, t. II, p. 435.

Art. 3882, inc. 1°: "*Tampoco compete la reivindicación, ya sea mueble o inmueble la cosa demandada, contra el poseedor de buena fe que la hubo por título oneroso de enajenante de buena fe...*".

Tratemos de determinar ahora el sentido de estas disposiciones.

El art. 3877, inc. 2°, puede interpretarse de distintas maneras. En una interpretación restringida, el artículo dice que la reivindicación es procedente cuando se dan las tres condiciones siguientes: BFA, TO y ~BFE. Sin embargo, el uso de la palabra "aunque" parecería indicar que la buena fe del adquirente y el título oneroso sólo se mencionan a título de ejemplo (para indicar un caso límite) y que la única condición que la norma estipula para la reivindicación es la mala fe del enajenante. En esta interpretación amplia, la norma dice que la mala fe del enajenante es condición suficiente para la obligación de restituir, cualesquiera que sean las otras circunstancias: aunque hubiese buena fe en el adquirente y el título fuese oneroso. Vamos a adoptar nosotros esta segunda interpretación. (Como veremos en seguida, la interpretación amplia conduce a algunas redundancias, pero ello no constituye un defecto muy grave). En consecuencia, simbolizaremos la norma expresada por el art. 3877, inc. 2°, mediante la fórmula OR / ~BFE.

El sentido del art. 3878, inc. 2°, es bastante claro: la mala fe del adquirente es condición suficiente para la procedencia de la reivindicación. En símbolos: OR / ~BFA.

Con respecto al art. 3878, inc. 3°, se plantea un problema similar al del art. 3877, inc. 2°. También esta disposición es susceptible de una interpretación restringida, OR / BFA . BFE . ~TO, en la que hay tres condiciones para la reivindicación, y de una interpretación amplia, OR / ~TO, en la que la gratuidad del acto de enajenación es la única condición requerida (condición suficiente) para la procedencia de la reivindicación. También aquí nos decidiremos por la interpretación amplia.

El sentido del art. 3882, inc. 1°, parece ser unívoco: buena fe del adquirente, buena fe del enajenante y título oneroso, son las condiciones que la norma exige para que el tercero poseedor no tenga la obligación de restituir el inmueble, es decir, para que la restitución sea facultativa. En símbolos: FR / BFA . BFE . TO.

Resulta, por lo tanto, que el sistema de Freitas está constituido, en nuestra interpretación, por las normas siguientes:

N_1: OR / ~BFE

N_2: OR / ~BFA

N_3: OR / ~TO

N_4: FR / BFA . BFE . TO

¿Qué soluciones pueden inferirse de estas normas para los casos del modelo?

La norma N_1 establece que la restitución es obligatoria cada vez que se da la mala fe del enajenante. Por lo tanto, de esta norma puede inferirse una solución (OR) para todos aquellos casos en que figure ~BFE, que son los casos 2, 4, 6 y 8 (véase tabla I-2). En consecuencia, la norma N_1, que correlaciona los casos 2, 4, 6 y 8 con la solución OR, puede representarse gráficamente de la siguiente manera:

TABLA I-2

N_1: ~BFE / OR

1.	BFE	BFA	TO	
2.	~BFE	BFA	TO	→ OR
3.	BFE	~BFA	TO	
4.	~BFE	~BFA	TO	→ OR
5.	BFE	BFA	~TO	OR
6.	~BFE	BFA	~TO	→ OR
7.	BFE	~BFA	~TO	
8.	~BFE	~BFA	~TO	→ OR

En forma similar, de la norma N_2 se infiere la solución OR para todos aquellos casos en los que figura ~BFA, es decir, para los casos 3, 4, 7 y 8.

La norma N_3 correlaciona los casos 5, 6, 7 y 8 con la solución OR, es decir, soluciona todos los casos en los cuales aparece ~TO.

Por último, de la norma N_4 se infiere la solución FR para el caso 1, que es el único que reúne las propiedades BFE, BFA y TO mencionadas por la norma N_4.

El sistema de Freitas, que en lo sucesivo denominaremos sistema S_1, está compuesto por las normas N_1, N_2, N_3 y N_4.

$$S_1 = \{N_1, N_2, N_3, N_4\}$$

Para la representación gráfica del sistema S_1 elegiremos un método distinto, que tiene la ventaja de indicar con mayor claridad las soluciones que se infieren de cada una de las normas y permite identificar con facilidad las propiedades del sistema.

TABLA I-3

Sistema S_1

		Normas			
		N_1	N_2	N_3	N_4
	Casos	OR/~BFE	OR/~BFA	OR/~TO	FR/BFA.BFE.TO
UC	1. BFE BFA TO				FR
	2. ~BFE BFA TO	OR			
	3. BFE ~BFA TO		OR		
	4. ~BFE ~BFA TO	OR	OR		
	5. BFE BFA ~TO			OR	
	6. ~BFE BFA ~TO	OR		OR	
	7. BFE ~BFA ~TO		OR	OR	
	8. ~BFE ~BFA ~TO	OR	OR	OR	
		Soluciones			

(USmax = {OR, PhR, FR})

Llamaremos *matriz* al gráfico representativo de un sistema. En la columna de la izquierda figuran los ocho casos elementales posibles en el sistema S_1. Las cuatro columnas siguientes corresponden a las cuatro normas del sistema. En las intersecciones de una línea correspondiente a un caso con las columnas de cada norma se colocan las soluciones. Las soluciones que se hallan en la misma columna son las que se infieren de la norma a la cual corresponde la columna. Las soluciones que se encuentran en la misma línea son las soluciones del caso en cuestión que se infieren del sistema.

La tabla I-3 sugiere la formulación de las siguientes definiciones (válidas para el modelo):

Cuando en la línea correspondiente a un caso no aparece ninguna solución, se dirá que ese caso es una *laguna* (normativa). Un sistema normativo es *incompleto* si, y sólo si, tiene por lo menos una laguna. Un sistema que no tiene lagunas es *completo*.

Un sistema normativo es *incoherente en un caso* C_1 si, y sólo si, figuran dos o más soluciones diferentes (e incompatibles) en la línea correspondiente a C_1. Un sistema es *incoherente* si, y sólo si, existe por lo menos un caso en el cual el sistema es incoherente. El sistema es *coherente* si, y sólo si, no existe ningún caso en que el sistema sea incoherente.

Se dirá que un sistema es *redundante en un caso* C_1 si, y sólo si, la misma solución figura más de una vez en la línea correspondiente a C_1. Las normas del sistema son *independientes* si, y sólo si, no existe ningún caso en el cual el sistema sea redundante. Si existe por lo menos un caso en que el sistema es redundante, las normas de este sistema son *redundantes*.

§ 6. Variaciones del modelo

De las definiciones dadas en la sección precedente se desprende que el sistema S_1 es completo y coherente, pero redundante.

El sistema es completo porque no hay ningún caso al cual no esté correlacionada alguna solución, ya que en todas las líneas aparecen soluciones. Por consiguiente, el sistema S_1 carece de lagunas.

El sistema es coherente porque en ningún caso aparecen dos soluciones diferentes. El caso 1 está solucionado con FR; todos los demás casos, con OR.

Sin embargo, el sistema S_1 no es independiente. Varios casos están solucionados de la misma manera por normas distintas. Así, las normas N_1 y N_2 son redundantes en los casos 4 y 8; N_2 y N_3 lo son en 7 y 8, y las normas N_1 y N_3, en 6 y 8. Sólo la norma N_4 es independiente de las demás normas del sistema.

Si se quiere eliminar la redundancia preservando la completitud, hay que proceder con cuidado, pues la supresión de la norma N_1 produciría una laguna en el sistema, a saber, en el caso 2. Lo mismo ocurriría si se suprimiese la norma N2, ya que el caso 3 quedaría sin solución. Resulta claro, pues, que ninguna de las normas de Freitas puede ser suprimida sin que el sistema deje de ser completo. Lo único que se puede hacer para eliminar la redundancia es reformular las normas a fin de restringir su alcance. Esto se puede lograr de diferentes maneras.

Una manera de eliminar la redundancia del sistema S_1, sin modificar las soluciones del mismo, consiste en mantener las normas N_3 y N_4 y sustituir las normas N_1 y N_2 por las dos normas siguientes:

N_5: OR / ~BFE . BFA . TO

N_6: OR / ~BFA . TO

Llamaremos S_2 al sistema constituido por las normas N_3, N_4, N_5 y N_6.

$$S_2 = \{N_3, N_4, N_5, N_6\}$$

(La matriz del sistema S_2 aparece en el cuadro comparativo de los sistemas: tabla I-4).

El sistema S_2 es completo, coherente e independiente. En efecto, las normas del sistema correlacionan cada uno de los ocho casos con una solución; no hay ningún caso que tenga más de una solución, ni hay caso alguno solucionado por más de una norma.

A pesar de que las normas que integran el sistema S_2 no son las mismas que las de S_1 (pues hemos sustituido N_1 y N_2 por N_5 y N_6, que son diferentes), la matriz de S_2 muestra que S_2

soluciona del mismo modo los mismos casos. Ello quiere decir que los dos sistemas regulan en el mismo sentido las mismas conductas o, como podríamos decir también, que sus consecuencias normativas son idénticas.

Por lo tanto, los sistemas S_1 y S_2 son, en un sentido importante, normativamente iguales; en vez de hablar de dos sistemas, podríamos decir también que se trata de dos presentaciones del mismo sistema.

A fin de ejemplificar casos de laguna y de incoherencia recurriremos a un sistema puramente imaginario. El sistema S_3 está compuesto por las siguientes normas:

N_2: OR/~BFA (Compete la reivindicación contra el actual poseedor de mala fe)

N_3: OR/~TO (Compete la reivindicación si la enajenación se hizo a título gratuito)

N_7: FR/BFE.BFA (No compete la reivindicación contra el actual poseedor de buena fe, que hubo la cosa de un enajenante de buena fe)

$$S_3 = \{N_2, N_3, N_7\}$$

Examinemos la matriz del sistema S_3 (véase tabla I-4). S_3 es incompleto, incoherente y redundante: en los casos 7 y 8 hay soluciones redundantes; el caso 2 no tiene solución alguna; se trata, pues, de una laguna; el caso 5 se halla solucionado de distinta manera (con OR y FR) por las normas N_3 y N_7.

El hecho de que el sistema S_3 sea incompleto, incoherente y redundante no es, sin embargo, obvio, en el sentido de que no es fácil darse cuenta de ello por la mera lectura de las normas (que parecen bastante razonables). Pero la matriz del sistema, al poner de manifiesto todas las consecuencias (es decir, todas las soluciones deducibles de las normas), muestra con claridad las propiedades del sistema.

Parece innecesario insistir en la diferencia que hay entre casos de laguna (ausencia de solución) y casos de incoherencia (superabundancia de soluciones). Sin embargo, muchos juristas tienden a asimilar los casos de incoherencia a los casos de laguna[3]. Pero, aunque en ocasiones las consecuencias prácticas de ambas situaciones pueden ser similares, cabe insistir en que se trata de dos fenómenos distintos, como son distintos los procedimientos que los juristas usan para resolver tales problemas.

En casos de laguna los juristas se enfrentan con el problema de hallar una solución, ya sea introduciendo nuevas normas, ya sea extendiendo el alcance de las normas existentes. Los procedimientos que los juristas usan –o dicen que usan– para tal fin (argumento por analogía, argumento a contrario, principios generales del derecho, naturaleza jurídica de una institución, la naturaleza de las cosas, etc.) no serán examinados en este trabajo.

En casos de incoherencia, el problema consiste en la eliminación de las soluciones superfluas: se trata, en cierto modo, de un fenómeno inverso. Aquí los juristas procuran restringir el alcance de alguna de las normas y a veces suprimirla del todo. También para esta tarea se usan procedimientos especiales, en cuyo examen no entraremos aquí (las reglas *lex specialis*, *lex posterior derogat priori*, *lex superior*, etcétera)[4].

En el sistema S_3 la incoherencia que aparece en el caso 5 podría eliminarse dando preeminencia a la norma N_3 sobre N_7, es decir, modificando esta segunda de tal manera que su alcance quedara reducido al caso 1, esto es, al caso en que se dan BFE, BFA y TO. Más difícil es llenar la laguna del caso 2. El razonamiento *a contrario* a partir de la norma N_7 ("Como la norma N_7 exige, para que no proceda la reivindicación, la buena fe tanto en el adquirente como en el enajenante, y en el caso 2 el enajenante es de mala fe, la reivindicación debe prosperar") es igualmente –o tan escasamente– convincente, como el argumento *a contrario* a partir de las normas N_2 y N_3: "Como N_2 y N_3 exigen para la procedencia de la reivindicación ya la mala fe

[3] Por ejemplo: Klug, *Rechtslücke und Rechtsgeltung*, en "Festschrift für Hans Carl Nipperdey"; Conte, *Décision, complétude, clôture. À propos des lacunes en droit*, y Ziembinski, *Les lacunes de la loi dans le sistème juridique polonais contemporain et les méthodes utilisées pour les combler*, ambos en "Logique et Analyse", nº 9, 1966.

[4] Cfr. Ross, *Sobre el derecho y la justicia*, p. 126 y siguientes.

del adquirente ya la gratuidad del título, y ninguna de estas dos condiciones concurre en el caso 2 –en el cual el adquirente es de buena fe y el título es oneroso–, la reivindicación no debe prosperar".

Esto muestra, de paso, que la posición de aquellos autores que sostienen la posibilidad de solucionar todos los casos mediante el empleo del argumento *a contrario*[5] es injustificada, ya que el mismo argumento puede conducir –como en nuestro ejemplo– a soluciones incompatibles. El resultado dependerá de las normas que se elijan como premisas del argumento. Y aquí hay que tener presente que muchas veces no se pueden elegir todas las normas del sistema como premisas del argumento *a contrario* ni existe razón lógica alguna para preferir unas normas a otras.

§ 7. *Un ejemplo de lagunas en el Código Civil argentino*

Pasemos ahora a la reconstrucción del sistema del Código Civil. Éste contiene solamente dos artículos referentes al problema que nos ocupa.

Art. 2777: "*Compete también [la reivindicación] contra el actual poseedor de buena fe que por título oneroso la hubiere obtenido de un enajenante de mala fe...*".

Art. 2778: "*Sea la cosa mueble o inmueble, la reivindicación compete... contra el actual poseedor, aunque de buena fe, si la hubo por título gratuito...*".

Comparando estos dos artículos con los de Freitas –que es su fuente inmediata–, encontramos un notable empobrecimiento. De cuatro normas de Freitas quedan apenas dos; Vélez

[5] Conte, *Décision, complétude, clôture. À propos des lacunes en droit*, "Logique et Analyse", nº 9, 1966 traducido como *Decisión, completitud, clausura. A propósito de la lagunas en el derecho*, en Bobbio, N., y otros, "El problema de las lagunas en el derecho". Ver también Conte, *Completezza e chiusura*, en "Studi in memoria di Widar Cesarini Sforza", y *Saggio sulla completezza degli ordinamenti giuridici*.

Sársfield suprime totalmente los arts. 3878, inc. 2º, y 3882, inc. 1º. De las dos normas restantes sólo una –el art. 3878, inc. 3º– es reproducida, prácticamente sin modificaciones, en el art. 2778 del Cód. Civil. El art. 3877, inc. 2º, sufre una modificación importante al ser trasvasado al art. 2777 del Cód. Civil: Vélez Sársfield suprime la palabra "aunque", con lo cual parece restringir el alcance de la norma. En efecto, con respecto al art. 2777 ya no estaría justificada la interpretación amplia que hemos adoptado a propósito del art. 3877, inc. 2º, que se basaba justamente en la presencia de dicha conjunción. Aparentemente el sentido del art. 2777 es que la reivindicación es procedente cuando se dan las tres condiciones: mala fe del enajenante, buena fe del adquirente y título oneroso.

De acuerdo con esta interpretación, el sistema del Código Civil –que llamaremos S_2– estaría formado por las dos normas N_5 y N_3.

$$S_4 = \{N_5, N_3\}$$

En el cuadro comparativo siguiente figuran las matrices de los cuatro sistemas analizados:

TABLA I-4

Cuadro comparativo de los sistemas

				S_1				S_2				S_3			S_4	
Casos				N_1	N_2	N_3	N_4	N_5	N_6	N_3	N_4	N_2	N_3	N_7	N_5	N_3
1.	BFE	BFA	TO				FR				FR			FR		
2.	~BFE	BFA	TO	OR				OR							OR	
3.	BFE	~BFA	TO		OR				OR			OR				
4.	~BFE	~BFA	TO	OR	OR				OR			OR				
5.	BFE	BFA	~TO			OR				OR			OR	FR		OR
6.	~BFE	BFA	~TO	OR		OR				OR			OR			OR
7.	BFE	~BFA	~TO		OR	OR				OR		OR	OR			OR
8.	~BFE	~BFA	~TO	OR	OR	OR				OR		OR	OR			OR

La matriz del sistema S_4 muestra la existencia de tres lagunas, en los casos 1, 3 y 4. El sistema es incompleto, pero coherente e independiente.

No nos interesa aquí la cuestión de saber cómo han de llenarse esas lagunas; lo importante es destacar que el sistema formado por las normas N_5 y N_3 tiene lagunas. Esto no es lo mismo que decir que el Código Civil argentino tiene lagunas con respecto al problema de la reivindicación de inmuebles contra terceros poseedores. No sostenemos tal cosa; nuestra tesis es mucho más cautelosa: sólo decimos que los arts. 2777 y 2778, interpretados de una manera determinada (como normas N_5 y N_3), no contemplan ciertos casos y, por lo tanto, el sistema formado por estos dos artículos tiene lagunas. Es muy posible que si el sistema S_4 se integrara con alguna otra norma (p.ej., con alguna otra disposición del Código), las lagunas desaparecerían. Pero entonces se trataría de otro sistema distinto. Esto muestra la importancia de ponerse de acuerdo acerca de qué normas (es decir, acerca de qué sistema normativo) se está hablando cuando se afirma o se niega la existencia de lagunas.

En la doctrina argentina se ha producido una larga discusión acerca de la solución que corresponde dar al caso 1, es decir, al caso de enajenante de buena fe, adquirente de buena fe y título oneroso. No nos interesan los argumentos esgrimidos en favor o en contra de la reivindicación en esas condiciones; lo importante es el hecho de que virtualmente todos los autores reconocen, explícita o implícitamente, la existencia de una laguna en ese caso.

Así, por ejemplo, dice Dassen: "Como vemos, resulta evidente que estos dos artículos no comprenden el caso del adquirente de buena fe a título oneroso que hubo el bien de un enajenante de buena fe"[6].

Obsérvese que Dassen habla tan sólo de los arts. 2777 y 2778. Si existe o no algún otro artículo del Código aplicable al caso 1, es otra cuestión diferente, que no debe confundirse con la primera. Cabe mostrar que los autores que niegan la existencia de una laguna en el caso que estamos considerando, integran los arts. 2777 y 2778 con alguna otra norma (p.ej., el art.

[6] Dassen, *La acción reivindicatoria: sus límites*, "Lecciones y Ensayos", nº 6, 1958.

3279 o el art. 599). Resulta particularmente instructivo confrontar dos relativamente recientes contribuciones a la polémica: la de Allende[7] y la de Molinario[8]. Ambos autores sostienen que no hay laguna en el caso considerado, y ambos llegan a conclusiones opuestas en lo referente a la solución del caso.

Allende sostiene que la reivindicación es improcedente porque "tal supuesto no está previsto entre los que corresponde la acción reivindicatoria". "Tanto en el art. 2778 como en los anteriores se determinan más o menos exhaustivamente los casos en que procede la acción reivindicatoria; en los demás supuestos, por tanto, no procede".

Es claro que Allende integra los arts. 2777 y 2778 con una norma que dice que la reivindicación es improcedente, a menos que algún artículo del Código la autorice expresamente. Lo que es completo para A llende es, pues, el sistema formado por los arts. 2777 y 2778 *más* la norma general indicada; sin el agregado de esta norma, el sistema tendría una laguna.

Para Molinario, en cambio, procede la reivindicación: "La reivindicación inmobiliaria procede en todos los casos que no estén excluidos por una disposición legal"[9]. Esta norma es opuesta a la que invoca Allende, y es esta norma (y no los arts. 2777 y 2778 por sí solos) la que permite a Molinario decir que no hay laguna. Al invocar esta norma, Molinario admite implícitamente que los arts. 2777 y 2778 no solucionan, por sí solos, el caso en cuestión.

Cabe agregar, por último, que aunque todos los juristas argentinos parecen estar de acuerdo sobre la procedencia de la reivindicación en los casos 3 y 4, también aquí hay lagunas *en el sistema* (si bien no necesariamente en el Código Civil). Y aunque para el caso 4 puede resultar convincente la argumentación analógica a fortiori a partir del art. 2777 ("Si, siendo el adquirente de buena fe, procede la reivindicación cuando hay mala fe

[7] Allende, *El acto jurídico real*, *LL*, 110-1963.

[8] Molinario, *La reivindicación inmobiliaria y el adquirente de buena fe a título oneroso*.

[9] Molinario, *La reivindicación inmobiliaria y el adquirente de buena fe a título oneroso*, p. 20.

en el enajenante, con mayor razón –a fortiori– debe otorgarse la reivindicación si media mala fe del adquirente, siendo iguales las otras circunstancias"), no resulta tan fácil justificar satisfactoriamente la misma solución para el caso 3, ya que aquí varían las demás condiciones: la mala fe del enajenante en el caso 2 pasa a ser buena fe en el caso 3.

Uno de los resultados más importantes de los análisis precedentes es que la cuestión acerca de la existencia de las lagunas es siempre relativa a un sistema normativo. El mismo caso puede tener soluciones distintas en sistemas diferentes. Pero tampoco cabe preguntar si un sistema normativo es completo o coherente antes de haber determinado primero el ámbito de todos los casos posibles (un UC) y el de todas las soluciones posibles (un USmax). Como ya se ha señalado, la idea de completitud requiere, no sólo que *todos* los casos tengan una solución (lo cual implica que tenemos que saber cuáles son todos los casos posibles), sino también que las soluciones correlacionadas con los casos sean completas, en el sentido de que todas las acciones posibles estén normativamente determinadas. En otras palabras, el concepto de completitud normativa tiene una estructura relacional, y como tal, sólo puede ser definido en términos de los tres elementos que hemos distinguido: un Universo de Casos, un Universo de Soluciones Maximales y un sistema normativo.

Estamos en condiciones ahora de dar definiciones generales de los conceptos de laguna y de completitud.

Decir que un caso C_i de un UC_j es una *laguna* del sistema normativo α en relación a un $USmax_k$ significa que α no correlaciona C_i con ninguna solución del $USmax_k$.

Un caso C_i de un UC_j es una *laguna parcial* del sistema α en relación con un $USmax_k$, si, y sólo si, C_i es una laguna en α en relación con $USmax_k$, pero C_i es correlacionado por α con una disyunción (que no es deónticamente tautológica) de dos o más soluciones del $USmax_k$.

Un sistema normativo α *es completo* en relación con un UC_j y un $USmax_k$ si, y sólo si, α no tiene lagunas en UC_j en relación al $USmax_k$. Cuando un sistema tiene por los menos una laguna en UC_j con relación a $USmax_k$, se dirá que es *incompleto* (en relación a UC_j y $USmax_k$).

Estas definiciones son generales en el sentido de que son independientes del modelo y también en el de que son aplicables, no ya sólo a las normas jurídicas, sino a cualquier conjunto de normas que califiquen acciones humanas de permitidas, obligatorias o prohibidas.

La estructura relacional del concepto de completitud aparece explícitamente en estas definiciones; la completitud o incompletitud de un sistema normativo es siempre relativa a un Universo de Casos y un Universo de Soluciones Maximales. En los capítulos siguientes analizaremos estas nociones con más detalle.

Capítulo II

EL CONCEPTO DE CASO

Este capítulo y los dos siguientes constituyen una especie de comentario a la definición de los conceptos de completitud y coherencia, que se llevará a cabo en tres etapas, correspondientes a los tres elementos de la definición: los casos, las soluciones y el sistema normativo.

Esta primera etapa estará consagrada a la elucidación del concepto de caso. En primer lugar, trataremos de formular expresamente algunos presupuestos implícitos en la caracterización preliminar del capítulo anterior.

Si lo que interesa es determinar si un sistema normativo es completo en el sentido de que soluciona todos los casos *posibles*, que son los que constituyen el UC, entonces parece razonable acuñar el concepto de caso de tal manera que el Universo de Casos abarque los casos contingentes solamente, eliminando los "casos" imposibles (contradictorios) y necesarios (tautológicos). Esto implica, a su vez, que las propiedades del UP, a partir de las cuales se genera el UC, reúnan ciertos requisitos, sobre todo que sean lógicamente independientes (§ 1).

Cabe observar, sin embargo, que el UC no siempre se origina en un conjunto finito de propiedades (UP), como en el modelo. Esto obliga a revisar nuestra definición del UC, que era relativa a un UP. Con la ayuda del concepto de división, formulamos una definición más general de Universo de Casos, que permite incluir universos con infinito número de casos (§ 2).

El término "caso" no está exento de ambigüedades. La distinción entre casos genéricos y casos individuales permite deslindar entre problemas puramente conceptuales, que se plantean al nivel de las normas generales y de los casos genéricos, y los problemas empírico-semánticos (aplicación de las normas generales a casos individuales). La subsunción de los casos individuales bajo los casos genéricos da lugar a problemas que, a veces, han sido tratados bajo el rótulo de "lagunas". Introducimos los términos "laguna de conocimiento" y "laguna de reconocimiento" a fin de distinguirlas de las lagunas normativas (§ 3 y 4). Por último, a fin de mostrar que estas distinciones tienen relevancia práctica, pues permiten desentrañar algunas confusiones muy comunes entre los juristas, nos referimos a una polémica entre dos conocidos juristas argentinos (§ 5).

§ 1. *Elementos del Universo de Propiedades y sus relaciones internas*

En nuestra caracterización del Universo de Casos estaba tácitamente presupuesto que los casos del UC son posibles, en el sentido de que son casos que pueden ejemplificarse en la realidad. En efecto, los casos son circunstancias o situaciones en las cuales interesa saber si una acción está permitida, ordenada o prohibida, por un determinado sistema normativo. Esto supone que los casos no sean lógicamente imposibles (contradictorios), ni tampoco necesarios (tautológicos), pues circunstancias que se dan siempre o no se dan nunca, obviamente, no interesan en este contexto. De ahí la necesidad de caracterizar el concepto de caso de tal manera que las combinaciones de propiedades que constituyan la característica definitoria de un caso y que son tautológicas o contradictorias, queden excluidas de la noción de caso.

Esto implica –si los casos son determinados por combinaciones de las propiedades del UP– que estas últimas deben reunir ciertas características que aseguren que toda combinación de los elementos del UP sea contingente (no necesaria, ni imposible).

Estos requisitos son:

a) En primer lugar, los elementos del UP deben ser *lógicamente independientes*. Dos propiedades son lógicamente independientes cuando la presencia de una de ellas en un objeto es compatible tanto con la presencia como con la ausencia de la otra en el mismo objeto.

Llamaremos *hipótesis del atomismo lógico* al supuesto de que las propiedades de un UP son lógicamente independientes. Esta hipótesis es de gran valor teórico si se la acepta como un modelo simplificado, sin pretender que la realidad responda siempre a este modelo. De hecho es posible que las propiedades de un UP no sean todas lógicamente independientes; ello significaría que algunas de las combinaciones entre esas propiedades serían imposibles, ya que ningún objeto podría tener la propiedad caracterizada por una combinación de dos o más propiedades lógicamente incompatibles.

En otras palabras, la presencia de propiedades lógicamente no independientes daría lugar a casos lógicamente vacíos. Para dar cuenta de este hecho habría que introducir postulados de significación[1].

Sin embargo, a fin de evitar esta complicación y con el objeto de no recargar excesivamente la exposición, aceptaremos la hipótesis del atomismo lógico a título de mera hipótesis de trabajo.

Problemas interesantes plantea la *independencia empírica* de las propiedades del UP. Puede ocurrir que dos propiedades lógicamente independientes sean empíricamente no independientes. Ello quiere decir que entre tales propiedades se da alguna relación causal. Por ejemplo, P_1 puede ser (de hecho) condición suficiente, condición necesaria, condición suficiente y necesaria o condición contribuyente[2] de P_2. En tales circunstancias, los casos caracterizados por la propiedad $\sim P_1 \,.\, P_2$ (si P_1 es condición necesaria de P_2) o por la propiedad $P_1 \,.\, \sim P_2$ (si P_1 es condición suficiente de P_2), resultan empíricamente vacíos: de hecho no se ejemplifican. Son casos lógicamente posibles, pero empíricamente imposibles.

[1] Sobre los postulados de significación, ver Carnap, *Meaning and Necessity*, p. 222 y siguientes.

[2] Sobre la noción de condición, cfr. von Wright, *A Treatise on Induction and Probability*, p. 66 y siguientes.

Un sistema normativo que no soluciona casos empíricamente imposibles es lógicamente incompleto, pero es completo en el sentido de que soluciona todos los casos que de hecho pueden darse.

Para caracterizar esta situación podemos introducir la noción de *completitud empírica* a fin de distinguirla de la completitud lógica.

La completitud empírica es compatible con la incompletitud lógica: un sistema empíricamente completo puede ser lógicamente incompleto, pero la inversa no vale: un sistema lógicamente completo es por necesidad (por razones lógicas) empíricamente completo.

Aunque en la práctica los juristas muchas veces se contentan con la completitud empírica de un sistema, lo cierto es que desde el punto de vista teórico la noción importante es la de completitud lógica.

La razón por la cual es importante determinar si un sistema es lógicamente completo es la siguiente. Para saber que un sistema lógicamente incompleto es, sin embargo, completo en el sentido empírico, se requiere tener *conocimiento* acerca de *todas* las leyes naturales. Y este conocimiento, como todo conocimiento empírico, es incierto. Bien puede resultar que un estado de cosas empíricamente posible se considere imposible merced a la deficiente información o error de conocimiento.

En cambio, con respecto a la completitud lógica no se plantea este problema, pues ella no depende del conocimiento de los hechos naturales (conocimiento empírico).

b) Vamos a exigir también que las propiedades del UP sean lógicamente independientes de las propiedades que caracterizan a las conductas del UA. Lo contrario llevaría a identificar como soluciones posibles caracterizaciones deónticas de algunos contenidos de imposible realización en ciertos casos. Parece intuitivamente obvia la necesidad de excluir de las soluciones posibles tales caracterizaciones deónticas. Esto es lo que se consigue con la exigencia *b*, aunque, por cierto, no es la única manera de lograrlo.

c) Por último, el Universo de Propiedades y el Universo de Discurso tienen que ser dos universos correspondientes[3], en el sentido de que cada uno de los elementos del UD puede tener cada una de las propiedades del UP. En lo sucesivo supondremos que todos estos requisitos se cumplen respecto de los UP que vamos a considerar[4].

§ 2. *El Universo de Casos*

El concepto de caso (en general) puede ser definido recursivamente en términos de las propiedades del UP:

a) Si P_i es una propiedad del UP, entonces P_i es (define) un caso.

b) Si P_i es un caso, entonces la negación de P_i ($\sim P_j$) es un caso.

c) Si P_i y P_j son casos, entonces la conjunción ($P_i \,.\, P_j$) y la disyunción ($P_j \vee P_j$) son casos, siempre que no resulten tautológicas ni contradictorias.

En el cap. I, § 3, hemos distinguido entre casos elementales –que son los que están caracterizados por la conjunción de todas las propiedades del UP o sus negaciones– y casos complejos, que son todos los casos no elementales. Luego definimos el Universo de Casos como el conjunto de los casos elementales.

La tabla II-1 muestra de qué manera se originan los casos elementales a partir de un UP.

[3] Sobre la noción de correspondencia, ver von Wright, *A Treatise on Induction and Probability*, p. 38, y, también, *On the Idea of Logical Truth*, en "Logical Studies", p. 29.

[4] Podría agregarse, además, la exigencia de que los elementos del UP sean propiedades cualitativas puras, en el sentido de Hempel - Oppenheim, *The Logic of Explanation*, en Feigl - Brodbeck (eds.), "Readings in the Philosophy of Science", p. 338 y siguientes. Este requisito es necesario para asegurar que los casos del UC sean genuinamente genéricos, pero por razones de brevedad, omitimos esta complicación.

TABLA II-1

$UP = \{P_1, P_2, P_3 ... P_n\}$

P_1	P_2	P_3 ...	P_n	*Casos elementales*	*Propiedades definitorias de los casos*
+	+	+	+	C_1	$P_1 . P_2 . P_3 ... P_n$
–	+	+	+	C_2	$\sim P_1 . P_2 . P_3 ... P_n$
+	–	+	+	C_3	$P_1 . \sim P_2 . P_3 ... P_n$
–	–	+	+	C_4	$\sim P_1 . \sim P_2 . P_3 ... P_n$
+	+	–	+	C_5	$P_1 . P_2 . \sim P_3 ... P_n$
–	+	–	+	C_6	$\sim P_1 . P_2 . \sim P_3 ... P_n$
				⋮	
–	–	–	–	C_{2^n}	$\sim P_1 . \sim P_2 . \sim P_3 ... \sim P_n$

$UC = \{C_1, C_2, C_3 ... PC_{2^n}\}$

La tabla II-1 contiene columnas para cada una de las propiedades del UP. Las líneas muestran las distribuciones posibles de los modos en que puede presentarse cada propiedad: su presencia (simbolizada con el signo "+") o su ausencia (simbolizada con "–"). Las líneas sirven para construir las propiedades definitorias de los casos elementales. Cada una de éstas está formada por una conjunción en la que figuran cada una de las propiedades del UP o su complementaria. Por lo tanto, los casos C_1, C_2, etc., son casos elementales y su conjunto constituye un Universo de Casos.

La caracterización de los casos elementales en función del UP supone que el número de las propiedades del UP sea finito; de lo contrario no podríamos hablar de una conjunción de *todas* las propiedades del UP o sus negaciones. Esto implica, a su vez, que el número de los elementos del UC relativo a un UP también sea finito (ya que es una función del número de las propiedades del UP).

Trataremos ahora de dar una definición más general de UC, a fin de poder incluir Universos de Casos con un número infinito de casos. Para ello recurriremos a la noción de división.

Un conjunto de propiedades (o de predicados que designen esas propiedades) forman una *división* (o partición)[5] si, y sólo si, cumplen las tres condiciones siguientes:

a) Las propiedades son *lógicamente disyuntas* (exhaustivas del UD). Esto significa que todo elemento del UD tiene necesariamente (por razones lógicas) alguna de las propiedades del conjunto.

b) Cada par de propiedades distintas es *lógicamente excluyente*. Esto quiere decir que las propiedades que forman una división son mutuamente excluyentes (incompatibles por razones lógicas).

c) Ninguna de las propiedades es *lógicamente vacía*. Esto quiere decir que ninguna de las propiedades es lógicamente imposible, aunque puede darse el caso de que resulte, de hecho, vacía.

Podemos definir ahora el Universo de Casos como todo conjunto de casos que forman una división.

Esta definición tiene la ventaja de independizar el concepto de UC del Universo de Propiedades y hacerlo aplicable a cualquier conjunto de casos que forma una división, con independencia de la génesis de estos casos.

Se puede probar que todo conjunto de casos elementales de un UP es un Universo de Casos, en el sentido de la definición dada antes. En efecto, los casos elementales de un UP son lógicamente disyuntos y excluyentes; la independencia lógica de las propiedades del UP (hipótesis del atomismo lógico) asegura que ninguno de los casos elementales es lógicamente vacío. Por consiguiente, todo conjunto de casos elementales constituye una división y es, en consecuencia, un Universo de Casos.

Sin embargo, éste es tan sólo uno de los tipos de UC posibles. Otro tipo de UC –también bastante frecuente en el derecho, sobre todo en materia de impuestos– se da cuando los

[5] Sobre el concepto de división (partición), ver Carnap, *Logical Foundations of Probability*, § 25, p. 107 y ss., y Suppes, *Axiomatic Set Theory*, p. 83 y siguientes.

casos están caracterizados, no por un conjunto finito de propiedades (UP), sino por un *valor numérico*.

Supóngase que una ley establece un impuesto. Según esa ley, todo ciudadano cuya renta mensual sea inferior a $ 50.000, deberá pagar la suma de $ 100, aquellos cuya renta es mayor de $ 50.000 pero menor de $ 200.000, pagarán $ 200 y los que ganan más de $ 200.000 por mes, habrán de pagar $ 300.

Para esta ley hay tres categorías de contribuyentes, o como podríamos decir también, tres *casos* posibles. Estos tres casos forman una división, pues son conjuntamente exhaustivos, mutuamente excluyentes y no son lógicamente vacíos. De acuerdo con nuestra definición de UC, esos tres casos constituyen un Universo de Casos; sin embargo, este UC no ha sido originado a partir de un UP.

Ejemplos de Universos de Casos caracterizados por valores numéricos no son difíciles de encontrar: el impuesto sucesorio, el de réditos, aranceles profesionales, determinación de la jurisdicción en razón del monto, etcétera. Es interesante observar que el UC originado de esta manera tiene usualmente un número *infinito* de casos. La ley de impuesto sucesorio nos suministra un ejemplo de un UC con un infinito número de casos. A los efectos de determinar el monto del impuesto, se toma en cuenta el valor de los bienes de la sucesión. Ese valor es expresable en función de un cierto número de unidades monetarias, por ejemplo, pesos. Todo número que exprese el valor de una sucesión en pesos, caracteriza un *caso*. Como los números naturales constituyen una secuencia infinita, el número de los casos posibles (sucesiones de diferente valor) es también infinito. Los infinitos casos posibles constituyen un UC, porque esos casos son lógicamente disyuntos, excluyentes y no vacíos, ya que toda sucesión tiene algún valor expresable en números, ninguna tiene más de un valor (al menos, en el mismo momento temporal) y, aunque de hecho no se dan sucesiones más allá de cierto valor, no es lógicamente imposible que una sucesión tenga cualquier valor.

La infinitud del número de casos posibles no implica la imposibilidad de solucionar todos esos casos. Pues, si bien no es posible indicar la solución para cada uno de los casos, por separado, es perfectamente posible señalar una regla que permita construir la solución para cualquier caso de un UC de infinitos casos. En nuestro ejemplo, esa regla sería la que indicara qué porcentaje del valor de la sucesión debe ser pagado en concepto de impuesto sucesorio. Esta regla soluciona todos los casos, pues permite construir un número infinito de soluciones, de tal modo que cada caso tenga su solución.

§ 3. *Casos genéricos y casos individuales*

Los casos que hemos analizado hasta ahora son *propiedades* (simples o complejas). Toda propiedad puede ser usada para formar una *clase* de cosas (objetos, individuos) dentro de un universo de cosas. Esta clase está constituida por todos los objetos (del universo) que tienen la propiedad en cuestión (en los cuales la propiedad está presente). Los objetos que no tienen esa propiedad (en los que la propiedad está ausente) forman su clase complementaria. De tal manera, las propiedades pueden ser usadas para *clasificar* los objetos de un universo cualquiera.

También los casos pueden usarse –como toda propiedad– para clasificar los objetos o elementos del Universo de Discurso. Llamaremos *casos del UD* a las clases de los elementos de UD, determinadas por los casos.

Los elementos del UD son, a menudo, llamados también *casos*. Es que el término "caso" es ambiguo, tanto en el lenguaje jurídico, como en el lenguaje común. Así, por ejemplo, se habla del caso de homicidio político y del caso de asesinato de Gandhi; del caso de divorcio y del caso de divorcio de Brigitte Bardot; del caso de sustracción de cadáveres y del caso de los Caballeros de la Noche. Obviamente, la palabra "caso" no significa lo mismo en todas estas frases. El asesinato de Gandhi es un acontecimiento real, que ha ocurrido en un lugar y en un momento temporal determinados. La expresión "el caso de homicidio político" no alude a ningún acontecimiento concreto; es una mera descripción de ciertas propiedades que determinados acontecimientos pueden tener. La propiedad de ser un homicidio político puede ejemplificarse en un número indeterminado de situaciones reales u ocasiones. Esta ambigüedad de la palabra "caso" es fuente de numerosos malentendidos en la ciencia del derecho, algunos de los cuales tienen una relación directa con el problema de las lagunas.

A fin de eliminar esa ambigüedad, introduciremos las expresiones "caso individual" y "caso genérico"[6].

Llamaremos *casos individuales* a los elementos del Universo de Discurso. Esos elementos son situaciones o acontecimientos que se producen en una determinada ocasión (localización espacio-temporal) y que tienen la propiedad definitoria del UD (cap. II, § 2). El Universo de Discurso es la clase (conjunto) de los casos individuales. La propiedad definitoria del UD es la que permite identificar los casos individuales que pertenecen a este UD. Así, por ejemplo, cada vez que estamos en presencia de una situación en la que un individuo A enajena a otro individuo B un bien inmueble que pertenece a un tercer individuo C, sabemos que se trata de un caso individual que pertenece al UD del modelo construido en el cap. I.

Llamaremos *caso genérico* a toda subclase (subconjunto) del UD definido por una propiedad y también a la propiedad definitoria de la subclase. Distinguiremos, por lo tanto, entre casos genéricos del UD (que son subclases del UD) y casos genéricos del UC, o simplemente casos genéricos (que son propiedades). (La palabra "caso" ha sido usada, hasta este momento, en el sentido de caso genérico).

Los casos genéricos pueden ejemplificarse en un número ilimitado de casos individuales; asimismo, a los casos genéricos del UD puede pertenecer un número ilimitado de elementos del UD.

Interés especial ofrece la clasificación de los casos individuales mediante los casos de un UC. Cuando un Universo de

[6] Ver la distinción análoga entre actos genéricos e individuales, en von Wright, *Norm and Action*, cap. III, § 2.

Casos es proyectado sobre un Universo de Discurso, el resultado es un conjunto de casos genéricos del UD que presentan dos características fundamentales: son conjuntamente exhaustivos del UD y mutuamente excluyentes. Por lo tanto, todo caso individual del UD pertenece necesariamente a uno y sólo a uno de los casos genéricos determinados por un UC. De aquí se desprende una consecuencia de gran importancia para el derecho, y es que *la solución de todos los casos (genéricos) de un UC, soluciona también todos los casos individuales del UD*.

Este hecho es el que hace posible la legislación, es decir, la creación de normas generales para solucionar casos individuales. Entendemos por normas generales las que correlacionan un caso genérico con una solución; indirectamente esas normas solucionan también todos los casos individuales que pertenecen a ese caso genérico. De esta manera, el legislador puede solucionar un número infinito de casos individuales mediante un número finito de normas generales. Incluso puede solucionar *todos* los casos individuales de un UD; todo lo que tiene que hacer para lograrlo es clasificar el UD mediante un UC (es decir, un conjunto de casos que forman una división) y solucionar todos los casos del UC. Sólo si no soluciona algún caso genérico, tendrá el ordenamiento una laguna normativa. Lo cual muestra que el problema de las lagunas se plantea en el nivel de los casos genéricos y no en el de los casos individuales, como parecen creer aquellos autores que sostienen que el derecho tiene siempre lagunas porque el legislador humano –siendo un ser finito, dotado de limitada capacidad de previsión– no puede prever toda la infinita variedad de los casos que pueden presentarse en la realidad[7]. El hecho de que la realidad sea infinitamente variable es irrelevante para el problema de las lagunas, ya que el legislador no tiene necesidad alguna de prever todos los casos individuales posibles. El legislador no dicta normas para cada caso individual (lo cual sería ciertamente imposible, aparte de que en tal situación dejaría de actuar como legislador); su fun-

[7] "*En réalité, sans doute, les lois ne peuvent pas embrasser toutes les hypothèses si variées, si nombreuses, que chaque jour la pratique soulève*" (Demolombe, *Cours de Code Napoléon*, t. I, p. 136).

ción consiste en la creación de normas generales, mediante las cuales soluciona casos genéricos.

Estamos en condiciones de apreciar mejor el papel que desempeña el Universo de Casos. Recordemos para ello las características principales de los casos elementales, que son los casos del UC.

En primer lugar, los casos del UC son casos *mínimos*: no admiten una subdivisión ulterior, y todos los demás casos son equivalentes a disyunciones de casos del UC; por lo tanto, son expresables en términos de estos últimos. Esto permite afirmar que todos los casos no elementales son reducibles a casos elementales, hecho que, a su vez, permite prescindir de los casos complejos.

En segundo lugar, los casos del UC son *mutuamente excluyentes*. Esta propiedad es importante, pues permite controlar fácilmente la coherencia del sistema. Para asegurarse de que el sistema es coherente, basta comprobar que ninguno de los casos del UC está correlacionado con dos o más soluciones incompatibles; si el sistema es coherente en cada uno de los casos del UC, lo es también respecto de todos los casos posibles, tanto genéricos como individuales. Ello es así porque en virtud del carácter excluyente de los casos del UC ningún caso individual puede pertenecer a dos casos del UC conjuntamente, y todo caso genérico no elemental equivale a una disyunción (pero nunca a una conjunción) de casos elementales.

En tercer lugar, los casos del UC son conjuntamente exhaustivos de los elementos del UD, es decir, de los casos individuales. Ello quiere decir que todo caso individual pertenece necesariamente a algún caso elemental. De tal manera, la solución de todos los casos elementales asegura la completitud del sistema en el sentido de que todos los casos individuales posibles (todos los elementos del UD) quedan solucionados (aunque alguno de los casos no elementales carezca de solución).

De esta manera se ve que el carácter excluyente de los casos del UC está ligado a la idea de coherencia y su carácter exhaustivo a la de completitud.

§ 4. *Problemas de aplicación: lagunas de conocimiento y lagunas de reconocimiento*

Conviene separar con nitidez el complejo de problemas de tipo *conceptual*, que se suscitan al nivel de los casos genéricos y las normas generales, de los problemas *empíricos* y *semánticos*, que se producen en la *aplicación* de las normas generales a casos individuales. Esta última es la tarea típica del juez, quien se ve en la necesidad de solucionar casos individuales mediante la aplicación de las normas generales.

En la teoría jurídica no siempre se distingue con la debida claridad entre estos dos complejos de problemas, que suelen ser tratados en forma conjunta bajo el rótulo de interpretación. Entre los motivos que dan origen a esta confusión está la falta de una distinción clara entre casos genéricos y casos individuales.

Uno de los problemas centrales que se suscitan en la aplicación de las normas generales a casos individuales es la clasificación del caso individual, es decir, su ubicación dentro de alguno de los casos genéricos. Los juristas suelen designar este problema con el nombre de *subsunción*.

Las dificultades de la clasificación o subsunción de un caso individual pueden originarse en dos fuentes distintas. La primera es la *falta de información acerca de los hechos del caso*. Frecuentemente ignoramos si un hecho concreto (caso individual) pertenece o no a una clase (caso genérico), porque carecemos de la información necesaria; hay algunos aspectos del hecho que desconocemos y esa falta de conocimiento es lo que provoca la dificultad de clasificar el caso. Por ejemplo, aun sabiendo que todo acto de enajenación es necesariamente gratuito u oneroso, podemos ignorar si la enajenación que Ticio hizo de su casa a Sempronio fue a título oneroso o gratuito, simplemente porque no sabemos si Sempronio pagó o no un precio por la casa.

Pero la dificultad de saber si Ticio enajenó la casa a título oneroso o gratuito puede tener origen en otra fuente: la *indeterminación semántica* o *vaguedad* de los conceptos generales[8]. Aun conociendo perfectamente todos los hechos del caso, podemos no saber si la enajenación fue onerosa o gratuita porque no sabemos si la suma de dinero que Sempronio entregó a Ticio por la casa constituía o no un precio en sentido técnico. Supóngase que la cantidad de dinero entregada fuera notablemente inferior al valor económico de la casa. En tales circunstancias pueden surgir dudas acerca de si se trata de una compraventa o de una donación encubierta.

La primera dificultad –la falta de conocimientos empíricos– es, hasta cierto punto, remediable. Los juristas han encontrado un ingenioso recurso práctico que les permite obviar la falta de información fáctica. Se trata de las *presunciones legales*, que desempeñan un papel muy importante en la vida jurídica y sobre todo en la práctica judicial. Las presunciones permiten al juez suplir su falta de conocimiento de los hechos y actuar como si conociera todos los hechos relevantes del caso. El lugar céntrico lo ocupa el principio general de la carga de la prueba, según el cual todo aquel que afirma la existencia de un hecho debe probarlo, pues si el hecho alegado no ha sido debidamente acreditado, se lo tiene por no acaecido. Una serie de otras presunciones –la buena fe, la onerosidad de los actos de los comerciantes, etc.– constituyen un conjunto de reglas auxiliares para la determinación de la "existencia" jurídica de los hechos (que, como se sabe, no siempre coincide con la existencia real).

La segunda dificultad a que nos hemos referido es mucho más grave, ya que no puede ser eliminada del todo, sino a lo sumo mitigada hasta cierto punto mediante la introducción de términos técnicos. Esta dificultad se origina en la vaguedad –actual o potencial– que los conceptos jurídicos comparten con todos los conceptos empíricos. La vaguedad puede ser reducida considerablemente gracias al uso de conceptos técnicos, introducidos por medio de definiciones explícitas, que estipulan expresamente sus reglas de aplicación, pero no desaparece nun-

[8] Sobre el concepto de vaguedad, ver Russell, *Vagueness*, "The Australasian Journal of Psychology and Philosophy", 1, 1923, p. 84 y ss.; Waismann, *Verifiability*, en Flew (ed.), "Logic and Language" (first series), p. 119 y ss.; Carrió, *Notas sobre derecho y lenguaje*, p. 28 a 35.

ca del todo. Siempre cabe la posibilidad de que se presente un objeto atípico e insólito que escape a las reglas de aplicación del concepto, por más minuciosas y numerosas que ellas sean.

Sólo en los lenguajes puramente formales –como los de la lógica y de la matemática puras– no se plantean problemas de vaguedad, pero no porque sus conceptos sean más exactos que los de otras ciencias, sino porque no son empíricos. El problema de la aplicación de un concepto matemático o lógico a objetos de la experiencia sensible simplemente no se presenta, puesto que no hay nada en la experiencia que corresponda al punto geométrico, al número 5 o a la implicación lógica. Pero cuando estos mismos conceptos son usados empíricamente, es decir, para la descripción de la realidad empírica –como ocurre con la geometría aplicada–, el problema de la vaguedad reaparece con todas sus implicancias. Podríamos decir, parafraseando un famoso dicho de Einstein, "en la medida en que los conceptos se refieren a la realidad, son vagos, y en la medida en que no son vagos no se refieren a la realidad".

Ahora bien, la palabra "laguna" se usa, a veces, para designar esos tipos de problemas[9]. Obviamente, se trata de cuestiones muy distintas de las que hemos analizado bajo el mismo rótulo, de modo que para evitar confusiones –bastante frecuentes entre juristas– introduciremos algunas distinciones terminológicas.

Para diferenciar estos problemas de las lagunas normativas, acuñaremos las expresiones "lagunas de conocimiento" y "lagunas de reconocimiento"[10].

[9] "No se encuentran casualmente lagunas en la ley, lo que pasa es que hay tantas lagunas como palabras. Ningún concepto se halla analizado hasta en sus últimos elementos; sólo pocos han sido definidos y esos pocos por medio de otros conceptos a su vez indefinibles. Por ello resulta altamente improbable que un caso dado sea captable mediante la parte indubitada de los diferentes conceptos aplicables y que no nos encontremos con sus contornos borrosos" (Kantorowicz, *Der Kampf um die Rechtswissenschaft*, trad. castellana de Goldschmidt, *La lucha por la ciencia del derecho*, en Savigny - Kirchmann - Zitelmann - Kantorowicz, "La ciencia del derecho", p. 323 y siguientes).

[10] Hemos tomado esta última expresión de Conte, pero la usamos en un sentido totalmente diferente.

Llamaremos *lagunas de conocimiento* a los casos individuales, los cuales, por falta de conocimiento de las propiedades del hecho, no se sabe si pertenecen a no a una clase determinada de casos (caso genérico).

Llamaremos *lagunas de reconocimiento* a los casos individuales en los cuales, por falta de determinación semántica de los conceptos que caracterizan a un caso genérico, no se sabe si el caso individual pertenece o no al caso genérico en cuestión.

Mientras que el problema de las lagunas normativas es de índole conceptual (lógico), tanto las lagunas de conocimiento como las de reconocimiento aparecen en el nivel de la aplicación de las normas a los casos individuales y tienen su origen en problemas empíricos o empírico-conceptuales (semánticos). El hecho de que un sistema normativo sea (normativamente) completo, en el sentido de que soluciona todos los casos posibles, tanto genéricos como individuales, no excluye la posibilidad de aparición de las lagunas de reconocimiento (las lagunas de conocimiento son, de hecho, eliminadas de la práctica judicial merced a las presunciones). Siempre cabe la posibilidad de que se presente un caso individual cuya clasificación sea dudosa. Pero esto no quiere decir que ese caso no esté solucionado por el sistema; podemos saber que el caso está solucionado y no saber cómo lo está. Podemos saber, por ejemplo, que la enajenación de la casa de Ticio es necesariamente onerosa o gratuita y tener soluciones para ambos casos, y no saber, sin embargo, qué solución aplicar, por no saber si esta enajenación es onerosa o gratuita.

Las lagunas de reconocimiento se originan en lo que Hart llama *problemas de penumbra*[11]. Siguiendo su terminología podemos llamarlos también casos de penumbra. La presencia (por lo menos potencial) de los casos de penumbra es una característica muy importante –sobre todo en la aplicación judicial del derecho–, y es un mérito considerable del llamado "realismo

[11] Hart, *Positivism and the Separation of Law and Morals*, "Harvard Law Review", 71, 1958, p. 593 a 629; trad. castellana de Carrió, en Hart, *Derecho y moral*.

jurídico" el haber llamado la atención sobre este problema. No pretendemos minimizar la importancia de los problemas de penumbra para la práctica judicial, pero conviene advertir contra la tendencia a exagerar el papel de la problemática empírica, referente a la aplicación del derecho a casos individuales, con detrimento para los problemas lógicos o conceptuales que se plantean al nivel de los casos genéricos. En especial, muchos autores que se ocupan de la aplicación del derecho a casos individuales, al comprobar la existencia ineludible (actual o potencial) de los casos de penumbra, extraen la conclusión de que el derecho es esencialmente incompleto, ya que contiene numerosas lagunas[12].

Esto es, en el mejor de los casos, una terminología muy poco feliz. Llamar "lagunas" a los casos de penumbra, sin distinguirlas terminológicamente de las lagunas normativas, puede dar lugar a confusiones. Los casos de penumbra, es decir, las lagunas de reconocimiento, nada tienen que ver con el problema tradicional de las lagunas del derecho, que es el problema de la completitud normativa.

No menos equívoco es hablar en este contexto de incompletitud del derecho[13]. Decir que el derecho es incompleto sugiere una falla, una ausencia o falta de algo. Pero los casos de penumbra no aparecen porque al derecho le falte algo: si el sistema es normativamente completo, en el sentido de que soluciona todos los casos del UC, soluciona también todos los casos individuales. Pero esto no excluye, por cierto, la posibilidad de que se presenten casos de penumbra. Ahora bien, estos últimos no se originan en una insuficiencia o defecto del sistema, sino que se deben a ciertas propiedades semánticas del lenguaje en general.

[12] Cfr. Hart, *Derecho y moral*, y *El concepto de derecho*, cap. VII; Kantorowicz, *La lucha por la ciencia del derecho*, en Savigny - Kirchmann - Zitelmann - Kantorowicz, "La ciencia del derecho"; Dickinson, *The Problem of the Unprovided Case*, II, p. 503, y *Legal Rules: their Function in the Process of Decision*, "Pennsylvania Law Review", 79, p. 833.

[13] "Podemos decir que las leyes padecen de una incurable insuficiencia y que tenemos que decidir racionalmente los casos de penumbra teniendo en mira finalidades sociales" (Hart, *Derecho y moral*, p. 38 y 39).

§ 5. Un ejemplo ilustrativo: la controversia Soler - Carrió

Hemos afirmado que en la ciencia jurídica existe cierta tendencia a confundir o, por lo menos, a no separar con la debida claridad, los problemas conceptuales referentes a los casos genéricos, y los problemas empíricos y semánticos que se suscitan en la aplicación del derecho a casos individuales. Ambos temas suelen agruparse bajo el rótulo común de "interpretación", que es una de las expresiones más ambiguas que usan los juristas. Vamos a ilustrar este aserto con un ejemplo.

En una de sus obras, Soler –uno de los juristas argentinos más ilustres– se ocupa extensamente de los problemas conceptuales[14]. Este autor hace observaciones muy interesantes acerca de la función y la tarea de la dogmática jurídica y subraya, con razón, que la filosofía del derecho ha descuidado en los últimos años el aspecto teórico de la ciencia jurídica, al enfocar su atención sobre la actividad del juez (como ocurre con el realismo en todos sus matices, la corriente egológica, etcétera). Se advierte en Soler el deseo –muy justificado en nuestra opinión– de reivindicar la importancia de la labor dogmática. Como resultado de este interés, sus análisis se orientan hacia los problemas teóricos y conceptuales.

En cuanto a los conceptos jurídicos, Soler destaca, como una de las características más importantes, su "finitud lógica"[15]. Ésta consiste en que los conceptos jurídicos tienen un número limitado y taxativamente determinado de notas definitorias. En ello radica, según él, su semejanza con los conceptos matemáticos y en especial con los conceptos geométricos[16]. Advierte que merced al carácter abstracto y finito de los conceptos jurídicos, el legislador no necesita prever todos los infinitos casos individuales, pues lo que las normas generales regulan son los estados de cosas abstractos (en nuestra terminología, casos genéricos).

14 Soler, *La interpretación de la ley.*

15 Soler, *La interpretación de la ley*, p. 136 y 178. Cfr., también, Soler, *Ley, historia y libertad.*

16 Soler, *La interpretación de la ley*, p. 42.

Sin embargo, Soler no distingue los problemas conceptuales que se plantean al nivel de las normas generales y los casos genéricos, de los problemas empíricos y empírico-semánticos que surgen en la actividad típica del juez: la aplicación de las normas generales a casos individuales. No es muy claro si cree haber abarcado también los problemas de aplicación, pero dado que muchas de sus aseveraciones, acertadas si se las restringe al plano conceptual, dejan de serlo al extenderlas al plano empírico, cabe interpretar el alcance de su obra como limitado exclusivamente a los problemas conceptuales.

En este sentido, el libro de Carrió, *Notas sobre derecho y lenguaje*, puede considerarse como un complemento feliz de la obra de Soler, pues se ocupa (entre otros temas) de la aplicación del derecho a los casos individuales. La contribución de Carrió a este tema es especialmente valiosa, pues viene a llenar un vacío muy sensible en la doctrina jurídica, tal vez no sólo argentina. No es que los problemas analizados por Carrió no hayan sido nunca encarados por los juristas, pero no cabe duda de que no se los había tratado con tanta claridad, ni se había advertido el origen de muchas de las dificultades que Carrió señala en las propiedades semánticas del lenguaje.

En la segunda parte de su libro –que curiosamente lleva el título de *Sobre la interpretación en el derecho*, casi idéntico al que tiene el libro de Soler–, Carrió critica algunas concepciones solerianas. Pero, como la crítica de Carrió se mueve en lo que hemos llamado el plano empírico, es decir, el de la aplicación del derecho a los casos individuales, resulta que su desacuerdo con Soler es más aparente que real. La apariencia de conflicto se debe precisamente a la falta de distinción entre casos genéricos e individuales (entre el plano conceptual y el plano empírico). Veamos algunas de esas críticas.

Frente a la afirmación de Soler de que las figuras jurídicas de compraventa, donación, locación, cesión de créditos, etc., están integradas por un número determinado de notas definitorias[17], Carrió replica: "No es verdad que los términos y los conceptos jurídicos se asemejan a los de la geometría en que

[17] Soler, *La interpretación de la ley*, p. 42.

unos y otros están integrados por un número determinado de elementos necesarios, que no se pueden tocar sin que la figura (jurídica o geométrica) se desmorone"[18].

Es claro que en este punto el desacuerdo entre Soler y Carrió no es más que aparente. Las razones que Carrió aduce en apoyo de su crítica indican que está muy lejos de negar que el acuerdo de voluntades para transferir el dominio y el precio sean características definitorias (es decir, condiciones suficientes y necesarias) de la compraventa, como caso genérico. Lo que Carrió quiere destacar –con toda razón– es que el concepto de precio (y con él el de compraventa) es vago, lo cual implica que en su *uso empírico* pueden surgir dificultades. Pueden presentarse casos individuales en los que no se sepa si tal entrega de dinero es o no precio. El problema que Carrió señala se refiere, pues, a la dificultad de identificar una transacción individual como compraventa, mientras que Soler se ocupa del concepto (caso genérico) de compraventa. Como se ve, ambas tesis pueden ser verdaderas, ya que, lejos de contradecirse, se complementan.

Lo mismo vale con respecto a la crítica de Carrió a la idea del "umbral"[19]. Tampoco hay aquí un auténtico conflicto. Dice Carrió que "esta figura de 'umbral', que trata de presentar gráficamente la existencia de una alternativa gobernada por el principio del tercero excluido, es claramente inadecuada"[20]. Y le opone la imagen de la penumbra. Sin embargo, la idea del umbral es perfectamente adecuada *en el plano conceptual*. Un contrato es gratuito u oneroso, una persona es mayor o menor, una conducta es delito o no es delito; *tertium non datur*. Pero ello no quita para que *en el plano empírico* (al aplicarse estos conceptos a casos individuales) puedan presentarse dudas con respecto a la cuestión de saber si el contrato celebrado entre Epaminondas y Ajuriagojeascoa es o no oneroso, o si la conducta de Forlimpópoli es o no delito. Tales casos pueden ser

[18] Carrió, *Notas sobre derecho y lenguaje*, p. 40.

[19] Soler, *La interpretación de la ley*, p. 77; cfr., también, *Fe en el derecho*, p. 130.

[20] Carrió, *Notas sobre derecho y lenguaje*, p. 57.

descriptos gráficamente como casos de penumbra. Ambas imágenes, la del umbral y la de la penumbra, son perfectamente correctas y esclarecedoras en su ámbito respectivo.

Nuestra afirmación de que el aparente desacuerdo entre Soler y Carrió (que en cierto modo es típico para la ciencia jurídica) se origina en la falta de distinción entre casos genéricos y casos individuales, encuentra una clara confirmación en el tratamiento del problema de las lagunas por parte de ambos autores. Soler sostiene que las lagunas normativas no existen y que todos los órdenes jurídicos son completos en el sentido de que solucionan todos los casos posibles (no estamos de acuerdo con el alcance que Soler pretende dar a esta tesis, pero no es éste el lugar adecuado para discutirla).

Frente a esa tesis, sostiene Carrió: "Es falsa la afirmación, tan repetida, de que el derecho, es decir, un cierto orden jurídico, es un sistema cerrado, dotado de 'plenitud hermética' o 'finitud lógica', del cual pueden derivarse, por deducción, las soluciones para todos los casos posibles. El derecho, o sea un orden jurídico determinado, *tiene lagunas*, en el sentido de que hay casos que no pueden ser resueltos con fundamento exclusivo en sus reglas o en alguna combinación de ellas"[21].

Carrió parece usar el término "caso" en el sentido de "caso individual" y tacha, por consiguiente, de falsa la tesis de que existan ordenamientos completos, carentes de lagunas, oponiéndole su afirmación de que siempre existen lagunas. Pero si la expresión "casos posibles" que figura al final de la primera frase de Carrió se lee como *casos genéricos* –y tal podría ser la interpretación de la tesis de Soler– y a la palabra "casos" que aparece en la segunda frase ("hay casos que no pueden ser resueltos...") se le da el sentido de "casos individuales", entonces desaparece la contradicción entre ambas tesis y las dos posiciones se vuelven compatibles. Aun frente a un ordenamiento completo, que solucione todos los casos genéricos y todos los casos individuales, pueden presentarse casos de penumbra, es decir, casos individuales "que no pueden ser resueltos con fundamento exclusivo en las reglas" del sistema, o dicho en otros

[21] Carrió, *Notas sobre derecho y lenguaje*, p. 47.

términos, casos individuales cuya identificación y caracterización jurídica exige consideraciones extrasistemáticas a causa de la indeterminación conceptual de las normas que integran el sistema jurídico.

Al no hacerse la distinción, el término "caso" contagia su ambigüedad a la expresión "laguna", con el resultado de que Soler habla acerca de lagunas normativas, mientras que Carrió discurre sobre las lagunas de reconocimiento[22].

[22] Cabe agregar que en la época en que Carrió escribió su libro, los autores de este trabajo tampoco habían advertido la ambigüedad, como lo prueba el hecho de haber expresado su entusiasta aprobación a las tesis sustentadas por Carrió.

Capítulo III

EL CONCEPTO DE SOLUCIÓN

Este capítulo es un desarrollo de las ideas esbozadas en los § 2 y 4 del cap. I, referentes a la noción de solución y a sus dos ingredientes, el Universo de Acciones y los caracteres normativos.

En el § 1 se fijan las condiciones que deben reunir los elementos del UA, que son análogas a las establecidas para las propiedades del UP (cap. II, § 1). Se denomina contenidos a las expresiones que describen los elementos del UA y sus compuestos veritativo-funcionales y se distingue entre contenidos atómicos y moleculares (§ 2). En el § 3 se define la noción de solución. Con la ayuda de la importante noción de descripción de estado se definen los conceptos de contituyente deóntico y par deóntico, que, a su vez, permiten caracterizar satisfactoriamente los conceptos de solución maximal y solución minimal y sus correspondientes universos (§ 3 y 4). De tal manera, se provee un método efectivo para identificar todas las soluciones maximales y minimales de un UA dado, y para establecer si una solución determinada es maximal o no, en relación con un cierto UA. En el § 5 se distingue entre soluciones y normas y se ensaya una clasificación de estas últimas.

§ 1. *Elementos del Universo de Acciones y sus relaciones internas*

Las soluciones han sido caracterizadas como modalizaciones deónticas de los elementos del UA y sus compuestos veritativo-funcionales. Los elementos del UA son, a su vez, conductas (actos u omisiones) *genéricas*. La distinción entre conductas genéricas e individuales es análoga a la que hemos trazado entre casos genéricos y casos individuales (cfr. cap. II, § 3)[1]. Las soluciones que nos interesan en este contexto son, por lo tanto, las soluciones *genéricas*, no las soluciones individuales.

Para la representación simbólica de los elementos del UA utilizaremos las letras p, q, r, etcétera. Estas letras pueden ser interpretadas como representaciones de proposiciones que describen conductas genéricas o estados de cosas que son el resultado de una conducta (acción u omisión). Por razones de conveniencia (que no interesa elucidar aquí) adoptaremos esta segunda interpretación[2].

Aceptaremos como presupuesto que los elementos del UA reúnen las siguientes condiciones:

a) Son *lógicamente independientes* entre sí. Esto implica aceptar la hipótesis del atomismo lógico (cfr. cap. II, § 1) con respecto a las conductas del UA. Si no se exige que los elementos del UA sean lógicamente independientes, se hace necesario introducir postulados de significación. La adopción de la hipótesis del atomismo lógico permite eludir esta complicación.

b) Los elementos del UA son lógicamente independientes de las propiedades del UP (cfr. cap. II, § 1).

Los supuestos *a* y *b* equivalen a la independencia lógica del conjunto formado por las propiedades del UP y los elementos del UA.

§ 2. *Contenidos normativos*

Hemos llamado *contenido normativo* a toda expresión que describe un elemento del UA o un compuesto proposicional de tales elementos (cap. I, § 4).

[1] Cfr., también, von Wright, *Norm and Action*, p. 35.

[2] Sobre este problema, ver von Wright, *An Essay in Deontic Logic and the General Theory of Action*, "Acta Philosophica Fennica", XXI, p. 16.

Distinguiremos entre contenidos atómicos y moleculares. Los *contenidos atómicos* son expresiones que describen los elementos del UA: p, q, r, etcétera. Los *contenidos moleculares* son expresiones complejas formadas a partir de los contenidos atómicos mediante las conectivas proposicionales: negación ("~") conjunción ("."), disyunción ("∨"), etcétera.

A partir de un conjunto de contenidos atómicos (un Universo de Acciones) podemos obtener –mediante la sucesiva aplicación de las conectivas preposicionales– un conjunto (mucho más numeroso) de expresiones moleculares. De este conjunto vamos a excluir todas aquellas expresiones que sean proposicionalmente tautológicas o contradictorias. Lo que queda es el conjunto de todos los contenidos moleculares (correspondientes al UA elegido).

(La exclusión de las expresiones moleculares tautológicas y contradictorias obedece al hecho de que las tautologías y las contradicciones no se refieren a estados de cosas posibles, en el mismo sentido en que una proposición fáctica se refiere a un estado de cosas. Estrictamente hablando, no hay estados de cosas tautológicos ni contradictorios[3]).

Nos interesa en particular un tipo especial de contenido deóntico que, siguiendo una terminología muy difundida, llamaremos *descripción de estado*. Una descripción de estado es una conjunción en la que figuran cada uno de los contenidos atómicos o su negación, pero no ambos. Así, por ejemplo, si los elementos del UA son p, q y r, las siguientes expresiones son descripciones de estado (para este UA): p . q . r, ~p . q . r, p . ~q . r, p . q . ~r, ~p . ~q . ~r, etcétera.

La noción de descripción de estado es –como surge de la definición– *relativa* a un UA. El conjunto de todas las descripciones de estado de un UA es un subconjunto finito del conjunto de los contenidos (atómicos y moleculares) correspondientes a este UA. Este subconjunto ocupa una posición de privilegio, pues todo contenido (atómico o molecular) puede ser expresado

[3] Cfr. Wittgenstein, *Tractatus logico-philosophicus*, 4.461 y 4.463, y Ramsay, *The Foundations of Mathematics*, p. 10 y siguientes.

en términos de descripciones de estados. En efecto, se puede probar (aunque no lo haremos aquí) que todo contenido normativo (atómico o molecular) es proposicionalmente equivalente a una descripción de estado o una disyunción de descripciones de estado[4].

El número de las descripciones de estado posibles para un UA puede calcularse fácilmente mediante la fórmula 2^n, donde n es el número de los elementos del UA.

§ 3. *Enunciados deónticos y soluciones*

Llamaremos *enunciado deóntico* a toda expresión formada por un operador (carácter) deóntico, seguida por un contenido deóntico y también a todo compuesto proposicional de tales expresiones.

Los caracteres o modalidades deónticas han sido objeto de numerosas investigaciones por parte de los lógicos en los últimos veinte años. Diversos sistemas de lógica deóntica fueron desarrollados a partir de 1951, fecha en que apareció el clásico ensayo de von Wright, *Deontic Logic.*

Entre los varios caracteres deónticos posibles[5], los más usados y, por lo tanto, los más analizados son P (permitido), O (obligatorio), Ph (prohibido) y F (facultativo)[6]. Los lógicos deónticos no están de acuerdo acerca de si todos los operadores deónticos pueden ser definidos a partir de uno de ellos o si "permitido" es un carácter autónomo, no definible en términos de "prohibido".

Nosotros adoptaremos P (permitido) como operador primitivo, y consideraremos que todos los demás operadores deónticos pueden ser definidos en términos del operador P

[4] Sobre la noción de descripción de estado, ver Carnap, *Logical Foundations of Probability*, p. 70 y siguientes.

[5] Cfr., en general, Conte, *Saggio sulla completezza degli ordinamenti giuridici.*

[6] El término "facultativo" corresponde exactamente al "*indifferent*" de von Wright, *Deontic Logic*, en "Logical Studies", p. 61.

(esto es lo que se había hecho ya tácitamente en el cap. I, § 4). Las siguientes fórmulas indican las relaciones entre P y los demás operadores y permiten traducir cualquier expresión en la que figure alguno de los otros caracteres en una expresión en que sólo figura P (precedido o no por el signo de negación).

(D-1) $Op \equiv \sim P \sim p$
(D-2) $Php \equiv \sim Pp$
(D-3) $Fp \equiv Pp \,.\, P \sim p$

Del conjunto de todos los enunciados deónticos (correspondientes a un UA), vamos a excluir los que sean deónticamente tautológicos o contradictorios. El conjunto así obtenido será el conjunto de todas las *soluciones* posibles (para este UA). Solución es, por lo tanto, todo enunciado deóntico que no sea deónticamente tautológico ni contradictorio.

(El significado de las expresiones "tautología deóntica" y "contradicción deóntica" depende de la lógica deóntica adoptada, pues éstas pueden ser definidas de distinta manera en los diferentes sistemas de lógica deóntica. Nosotros tratamos de mantener nuestra exposición al nivel de máxima generalidad, haciéndola independiente de la adopción de una lógica deóntica determinada. De tal manera, las expresiones "deónticamente tautológico", "deónticamente contradictorio" y "deónticamente equivalente" son, en cierto modo, indeterminadas. Sólo a título de ejemplo se adopta en lo que sigue el sistema de lógica deóntica de von Wright[7].)

Dentro del conjunto de las soluciones nos interesa considerar un subconjunto especial de enunciados deónticos que llamaremos *constituyentes deónticos*.

Constituyente deóntico es toda expresión formada por una descripción de estado precedida por el operador P o ~P. Como la expresión "~P" puede leerse como "prohibido" –en

[7] En realidad, la lógica deóntica usada en este libro es el sistema de Hanson (cfr. *Semantics for Deontic Logic*, "Logique et Analyse", 8, p. 177 a 190), que sólo difiere del primer cálculo deóntico de von Wright (el de "*Deontic Logic*") en la sustitución del Principio de Contingencia Deóntica por el axioma Ot.

virtud de D-2–, podemos decir que toda permisión o prohibición de una descripción de estado es un constituyente deóntico. Así, por ejemplo, para un UA compuesto por p, q y r, las siguientes expresiones son constituyentes deónticos: P (p . q . r), P (~p . q . ~r), ~P (p . q . ~r), etcétera.

Se puede probar (aunque no lo haremos aquí) que todo enunciado deóntico es transformable en (es deónticamente equivalente a) una función de verdad de los constituyentes deónticos. Así, por ejemplo, la expresión Op es deónticamente equivalente –en la lógica de von Wright– para un UA compuesto por p y q, a "~P (~p . q) . ~P (~p . ~q)".

A partir de una descripción de estado (p.ej., p . q) pueden construirse dos constituyentes deónticos: la permisión y la prohibición de esta descripción de estado: P (p . q) y ~P (p . q). Los dos constituyentes deónticos que corresponden a la misma descripción de estado forman un par de constituyentes al que llamaremos *par deóntico*.

§ 4. SOLUCIONES MAXIMALES Y SOLUCIONES MINIMALES

Mediante la noción de constituyente deóntico definiremos dos tipos de soluciones: las soluciones maximales y las soluciones minimales. En el parágrafo siguiente daremos una definición del concepto de solución en general.

Llamaremos *solución maximal* a la *conjunción* formada por un constituyente de cada Par Deóntico, siempre que esa conjunción no sea deónticamente contradictoria. (Para la lógica deóntica que usamos, esta última restricción significa la eliminación de la conjunción en que todos los constituyentes son prohibiciones de descripciones de estado, ya que en la lógica de von Wright la prohibición de todos los estados posibles es deónticamente contradictoria.)

La solución maximal es una función del UA; el número de las soluciones maximales posibles puede calcularse fácilmente mediante la fórmula $2^{2^n} - 1$, donde *n* es el número de los elementos del UA.

A continuación indicamos, mediante un ejemplo sencillo, la relación entre el UA, las descripciones de estado, los constituyentes deónticos y las soluciones maximales.

TABLA III-1

Tema	*Descripciones de estado*	*Pares deónticos*	*Constituyentes deónticos*	*Soluciones maximales*
n	2^n	2^n	$2^n . 2$	$2^{2^n} - 1$
1	2	2	4	3
2	4	4	8	15
3	8	8	16	255
4	16	16	32	65.535
.	.	.	.	.
.	.	.	.	.
.	.	.	.	.

Ejemplo:

P	p	1	Pp	Pp . P ~p ≡ Fp
			~Pp	Pp . ~P ~p ≡ Op
	~p	2	P ~p	~Pp . P ~p ≡ Php
			~P ~p	eliminado por contradictorio

Como se ve en la Tabla III-1, el número de las soluciones maximales crece considerablemente al aumentar el número de los elementos del UA.

Llamaremos *Universo de Soluciones Maximales* (USmax) al conjunto de todas las soluciones maximales de un UA.

Definimos la *solución minimal* como la *disyunción* formada por un constituyente de cada Par Deóntico, siempre que esa disyunción no sea deónticamente tautológica.

Como en la lógica de von Wright la expresión "Pp ∨ P~p" es una tautología deóntica, la restricción elimina el caso en que todos los disyuntos sean constituyentes permisivos, es decir, permisiones de descripciones de estado. La permisión de todos los estados posibles es una tautología.

El número de las soluciones minimales posibles es una función de los elementos del UA y se obtiene mediante la fórmula $2^{2^n} - 1$, lo cual indica que el número de las soluciones minimales es igual al de las soluciones maximales. Para un UA compuesto por un solo elemento (p), obtenemos tres soluciones minimales posibles, que son las siguientes:

(1) Pp ∨ ~P ~p (≡ Pp)
(2) ~Pp ∨ P ~p (≡ P ~p)
(3) ~Pp ∨ ~P ~p (≡ ~Fp)

(El cuarto caso: Pp ∨ P ~p se elimina por tautológico).

Estos gráficos muestran que los caracteres O (obligatorio), Ph (prohibido) y F (facultativo) dan lugar a soluciones maximales (cuando el UA contiene un solo elemento, como ocurría en el modelo del cap. I), mientras que P (permitido), P~ (permitido no, que se puede leer como *permitido omitir*) y ~F (no facultativo, es decir, obligatorio o prohibido) suministran soluciones minimales.

Llamaremos *Universo de Soluciones Minimales* (abreviado, USmin) al conjunto de todas las soluciones minimales de un UA.

Los dos conceptos, tanto el de USmax, como el de USmin, son importantes. En contextos en que se trate de determinar la *completitud* de un sistema, es necesario recurrir al Universo de Soluciones Maximales, ya que sólo los elementos del USmax determinan –cuando están correlacionados con cada uno de los casos del correspondiente UC– que el sistema sea completo. En cambio, la utilidad del concepto de Universo de Soluciones Minimales surge cuando se quiere determinar si un conjunto de enunciados (p.ej., una ley) establece alguna correlación entre un UC y un USmin dados, es decir, si tiene alguna consecuencia normativa para ciertos casos. En tal situación no importa que las soluciones no sean maximales (y que haya, por consiguiente, lagunas parciales), pues lo que interesa es determinar si hay *alguna* solución.

En el cap. I, al ocuparnos del problema de las lagunas (es decir, de la completitud), sólo hemos utilizado el concepto de

USmax. En el cap. IV haremos uso del concepto de USmin, para la definición del concepto de sistema normativo.

§ 5. *Soluciones y normas*

Se puede probar que toda solución es deónticamente equivalente a una solución maximal o a una disyunción de soluciones maximales. Por otra parte, toda solución es deónticamente equivalente a una solución minimal o a una conjunción de soluciones minimales. Resumiendo, podemos decir que toda solución, es decir, todo enunciado deóntico que no es D-contradictorio, ni D-tautológico, es D-equivalente a una disyunción de soluciones maximales (de uno o más términos) y también es equivalente a una conjunción (de uno o más términos) de soluciones minimales. Esto significa que todo enunciado deóntico puede traducirse en términos de soluciones maximales o minimales, indistintamente.

Se desprende de estas consideraciones que las soluciones maximales son, a su vez, equivalentes a conjunciones de soluciones minimales y, viceversa, las soluciones minimales son equivalentes a disyunciones de soluciones maximales. A continuación, damos algunos ejemplos de tales equivalencias.

$$UA = \{ p \}$$

Solución maximal	*Expresada en constituyentes deónticos*	*Expresada en soluciones minimales*
Fp	≡ (Pp . P ~p) ≡ (Pp . P ~p)	= (Pp ∨ ~P ~p) . (~Pp ∨ P ~p)
Op	≡ (Pp . ~P ~p) ≡ (Pp . ~Fp)	= (Pp ∨ ~P ~p) . (~Pp ∨ ~P ~p)
Php	≡ (~Pp . P ~p) ≡ (~Fp . P ~p)	= (~Pp ∨ P ~p) . (~Pp ∨ ~P ~p)

Solución minimal	*Expresada en constituyentes deónticos*	*Expresada en soluciones maximales*
Pp	≡ (Pp ∨ ~P ~p) ≡ (Fp ∨ Op)	= (Pp . P ~p) ∨ (Pp . ~P ~p)
P ~p	≡ (~Pp ∨ P ~p) ≡ (Fp ∨ Php)	= (Pp . P ~p) ∨ (~Pp . P ~p)
~Fp	≡ (~Pp ∨ ~P ~p) ≡ (Op ∨ Php)	= (~Pp . P ~p) ∨ (Pp . ~P ~p)

Solución maximal y solución minimal no son conceptos contradictorios, pues hay soluciones que no son ni maximales ni minimales (aunque sean expresables en términos tanto de soluciones maximales como de minimales). Aquellas soluciones que no son maximales serán llamadas parciales. Los conceptos de solución maximal y solución parcial son contradictorios. Las soluciones minimales son una subclase de las soluciones parciales.

Conviene hacer aquí una observación terminológica. Es habitual entre los autores que se ocupan de la lógica deóntica usar la expresión "norma" en un sentido amplio, abarcando todas las expresiones en las cuales aparece un operador deóntico. Dentro de las normas suelen distinguirse dos subclases: las normas categóricas y las normas hipotéticas o condicionales[8].

Nosotros preferimos restringir el uso del término "norma" a las expresiones que correlacionan casos con soluciones. Por lo tanto, en nuestra terminología solamente las normas hipotéticas de von Wright son normas. Las normas categóricas de von Wright corresponden a lo que nosotros llamamos "soluciones".

La distinción entre los casos elementales y complejos y la correlativa distinción entre las soluciones maximales y parciales sugiere la siguiente clasificación de normas (conviene tener presente que esta clasificación es relativa a un UP y un UA).

Cuando la norma establece una correlación entre un caso elemental y una solución (cualquiera), diremos que es *simple*. *Norma compleja* es la que correlaciona un caso complejo con una solución.

Las normas son *completas* cuando correlacionan casos con una solución maximal; cuando la solución sea parcial, la norma se llamará *incompleta*.

Llamaremos *elementales* a las normas que correlacionan un caso elemental con una solución maximal.

[8] Cfr. von Wright, *Norm and Action*, caps. VIII y IX.

Las normas elementales son simples y completas. Las normas no elementales pueden ser de tres clases: complejas y completas, simples e incompletas y complejas e incompletas.

Capítulo IV

EL CONCEPTO DE SISTEMA NORMATIVO

Después de haber analizado los conceptos de caso y de solución, tenemos que examinar el tercer elemento en función del cual hemos definido el concepto de laguna: el sistema normativo. Pero antes de definir el concepto de sistema normativo es necesario tener bien clara la noción de sistema deductivo en general, que ocupa un lugar muy importante en la metodología científica y se halla íntimamente vinculada a la noción misma de ciencia.

Ahora bien, la concepción de ciencia y con ella la de sistema han sufrido un importante cambio en los últimos tiempos. Este cambio está, a su vez, condicionado por el abandono del ideal aristotélico de la ciencia, que ha estado vigente –aunque no sin importantes modificaciones– desde la Antigüedad hasta nuestro siglo. Por eso comenzaremos este capítulo con una breve digresión histórica: tras caracterizar el ideal aristotélico y describir brevemente su influencia sobre el pensamiento científico y filosófico (§ 1), vamos a compararlo con la teoría moderna de la ciencia y la nueva concepción de sistema. Para caracterizar esta última adoptaremos las definiciones de Tarski de sistema deductivo y sistema axiomático, a fin de mostrar que, en la concepción moderna, todo el peso se traslada de los principios (axiomas y postulados) al concepto de consecuencia deductiva (§ 2).

En el § 3 mostraremos la incidencia del ideal aristotélico y su concepción de sistema en la ciencia jurídica de los últimos cuatro siglos. La tesis principal es que los errores de la dogmática jurídica están vinculados a la concepción clásica de sistema, que también es compartida –aunque con signo opuesto– por los llamados "realistas". Estos últimos, al atacar el ideal mismo de sistematización y no sólo su concepción clásica, curan la enfermedad matando al enfermo. Una de las tesis de este libro es que la concepción moderna de sistema permite reconstruir gran parte de la tarea del jurista como sistematización, sin incurrir en los errores imputables a la dogmática clásica.

Para ello es necesario definir el concepto de sistema normativo, una vez despejados los posibles equívocos ligados a las diferentes concepciones de sistema. Definimos el sistema normativo sobre la base de la concepción de Tarski en términos de consecuencia normativa, que a su vez se define en función de las nociones de correlación deductiva y correlación normativa. Distinguimos seis conceptos relacionados de sistema normativo y señalamos sus usos (§ 4).

El § 5 está dedicado a comentar la definición. Procuramos mostrar sus ventajas, que consisten, sobre todo, en su neutralidad con respecto a cuestiones tales como la naturaleza lógica de los enunciados del sistema o la procedencia de los enunciados de la base. Cabe destacar que no todos los enunciados que pertenecen a un sistema normativo (o a su base) son normas, aunque frecuentemente se los denomina así. Examinamos algunos enunciados no normativos que son típicos de los sistemas jurídicos.

Por último, se dan nuevas definiciones –que son nuevas definiciones de los mismos conceptos– de las propiedades formales más importantes de los sistemas normativos, tales como coherencia y completitud, laguna normativa, independencia y coherencia (§ 6). En el § 7 se examina el concepto de sistema jurídico.

§ 1. *La teoría de la ciencia de Aristóteles y su influencia*

Como señala acertadamente Beth –a quien seguimos en esta sección–, la concepción moderna de la metodología científica sólo puede comprenderse plenamente si se la compara con la concepción de Aristóteles, cuya teoría de la ciencia ha influido poderosamente en el pensamiento científico y filosófico desde la Antigüedad hasta nuestros días[1]. La concepción moderna

[1] Beth, *The Foundations of Mathematics*, p. 31 y ss.; Scholz, *Die Axiomatik der Alten*, "Mathesis Universalis", p. 27 y siguientes.

debe su origen a la incompatibilidad entre las exigencias principales de la teoría aristotélica y ciertos desarrollos de la ciencia moderna, entre los cuales cabe mencionar ante todo las geometrías no euclideanas, la lógica simbólica, la teoría de la relatividad y la mecánica del *quantum*. Esta incompatibilidad puso en crisis la concepción aristotélica y determinó el surgimiento de una nueva teoría de la ciencia, que designaremos con el nombre de "concepción moderna".

Aristóteles erigió en ideal de la ciencia (válido para todas las ciencias), la ciencia deductiva o apodíctica, ejemplificada luego en la geometría de Euclides. De acuerdo con ese ideal toda ciencia debe tener: *a*) principios absolutamente evidentes; *b*) estructura deductiva, y *c*) contenido real. Esto significa que toda ciencia debe cumplir con los cuatro postulados siguientes[2]:

I. *Postulado de la Realidad.* Todo enunciado científico debe referirse a un dominio específico de entidades reales.

II. *Postulado de la Verdad.* Todo enunciado científico debe ser verdadero.

III. *Postulado de la Deducción.* Si determinados enunciados pertenecen a una ciencia, toda consecuencia lógica de esos enunciados debe pertenecer a esa ciencia.

IV. *Postulado de la Evidencia.* En toda ciencia debe existir un número finito de enunciados tales, que la verdad de ellos sea tan obvia, que no necesite prueba alguna, y la verdad de todos los demás enunciados pertenecientes a esa ciencia pueda establecerse por medio de la inferencia lógica a partir de aquellos enunciados[3].

De la teoría de la ciencia de Aristóteles se desprende la necesidad de una *metafísica* como ciencia de los principios (*philo-*

[2] Beth, *The Foundations of Mathematics*, p. 32.

[3] Un postulado análogo podría formularse también para los términos (o los conceptos) que aparecen en la ciencia: debe existir un número finito de términos tales que su significado sea tan evidente, que no requiera ninguna explicación, y que todos los demás términos puedan definirse a partir de ellos. Pero como aquí no nos vamos a ocupar de términos, sino tan sólo de enunciados, omitimos esta versión del Postulado de la Evidencia.

sophia prima, como la llama el mismo Aristóteles). La función de la metafísica consiste en examinar los principios (verdaderos y evidentes) en que se basan las ciencias particulares y que éstas admiten sin demostración. Esta concepción de la metafísica perduró casi hasta nuestros días, como lo revela el empleo de títulos tales como "Metafísica de las costumbres" (Kant) o "Metafísica de la matemáticas" (Gauss), aunque el papel de la ciencia de los principios ha sido transferido en la Edad Moderna a la teoría del conocimiento. Si todo conocimiento científico es adquirido por medio de la deducción lógica, a partir de ciertos principios que deben admitirse como absolutamente evidentes, surge inevitablemente la cuestión de saber de dónde provienen esos principios y cómo puede justificarse su uso. En este sentido, las ideas innatas de Descartes, las *primæ veritates* de Leibniz y los juicios sintéticos a priori de Kant son versiones gnoseológicas de los principios metafísicos de Aristóteles.

Alrededor de 1600 se produjo la primera crisis del ideal científico de Aristóteles. La práctica científica puso de manifiesto la dificultad de satisfacer a la vez todos los postulados. Aquella crisis condujo a una escisión del ideal aristotélico y a la consiguiente división de las ciencias en dos categorías diferentes: las ciencias racionales y las ciencias empíricas.

Esta división se refleja también en la filosofía, que se escinde en dos grandes corrientes: el *racionalismo* (que se origina en Descartes y muestra una marcada preferencia por la ciencia racional) y el *empirismo* (que nace con Locke y se inspira en la observación empírica).

La *ciencia racional*, cuyo arquetipo continúa siendo la matemática, se ajusta a los postulados aristotélicos de evidencia, deducción y verdad, aunque no necesariamente al de la realidad. Esta ciencia parte de principios aceptados como evidentes y procede por rigurosa deducción lógica.

La *ciencia empírica*, en cambio, representada sobre todo por la física de Galileo y de Newton, parte de datos experimentales y procede por análisis, adecuándose así a los postulados de la realidad y la verdad, pero no necesariamente a los de la deducción y la evidencia.

El intento de Kant de conciliar la ciencia racional con la empírica y restaurar de esa manera el ideal unitario de Aristóteles, no tuvo éxito, de modo que la división tajante entre ciencias racionales y empíricas permaneció vigente hasta muy avanzado el siglo XIX.

§ 2. LA CONCEPCIÓN MODERNA DE LA CIENCIA Y LA NOCIÓN DE SISTEMA

Los últimos desarrollos en la fundamentación de las ciencias se caracterizan por una nueva concepción de sistema, que se aleja decididamente del ideal aristotélico, al abandonar el Postulado de la Evidencia, y por una atenuación de la dicotomía tradicional entre ciencias racionales y ciencias empíricas.

En las ciencias racionales –o, como es más usual decir hoy, *formales*– se abandona el Postulado de la Evidencia y se aplica una concepción mucho más rigurosa de la deducción, que se debe al surgimiento de la lógica simbólica. En las ciencias empíricas se atenúa el Postulado de la Realidad, a fin de dar cabida a la construcción de sistemas deductivos. Tanto en las ciencias formales como en las empíricas opera el mismo concepto de sistema, y la diferencia entre las dos categorías de ciencia se desplaza ahora hacia el problema de la selección o el establecimiento de los enunciados primitivos del sistema. En la ciencia empírica, esos enunciados se establecen empíricamente, y si bien no se exige que sean evidentes, deben ser enunciados verdaderos acerca de la realidad. En las ciencias formales, los enunciados primitivos no son verdades evidentes, ni tienen contenido empírico, sólo interesan para la selección de los axiomas sus propiedades formales (coherencia, completitud e independencia). Así, pues, cabe distinguir dos clases de problemas: *problemas empíricos*, que se refieren a la elección de la base en las ciencias empíricas (enunciados primitivos o axiomas del sistema), y *problemas racionales o lógicos*, que se refieren a la deducción de las consecuencias de la base. Estos últimos son los problemas de la *sistematización*, que son fundamentalmente los mismos en las ciencias formales y en las ciencias empíricas.

La comparación entre la concepción clásica de la geometría y su concepción moderna pone de manifiesto el alcance del camino recorrido desde Euclides hasta Hilbert. El sistema geométrico de Euclides, que durante siglos fue considerado como el paradigma del ideal científico y del rigor lógico, demostró tener grandes fallas, y la axiomática moderna debe su origen, en buena medida, a los intentos de corregir tales fallas[4]. En este contexto cabe destacar, sobre todo, dos problemas. En primer lugar, la concepción moderna de sistema rechaza la necesidad de considerar que los principios (postulados y axiomas de Euclides) sean verdades evidentes acerca del espacio real: con lo cual abandona los postulados de la Evidencia y de la Realidad. De paso, desaparece también la distinción entre postulados y axiomas, ya que en la concepción moderna sólo se distingue entre enunciados primitivos o axiomas (que ocupan el lugar de los principios aristotélicos, pero despojados de los atributos de verdad y de evidencia) y los enunciados derivados o teoremas.

En segundo lugar, el extraordinario refinamiento del aparato lógico, debido al advenimiento de la lógica simbólica, ha permitido detectar graves errores en la deducción de los teoremas de la geometría clásica. Muchas de las demostraciones de Euclides no se fundan exclusivamente en la deducción lógica, sino que se apoyan en la intuición[5]. De ahí que Hilbert, en su axiomatización de la geometría[6], haya puesto especial cuidado en indicar expresamente las reglas de inferencia admitidas en el sistema. Las reglas de inferencia determinan con precisión y rigor la noción de consecuencia deductiva, que pasa a ocupar el lugar central en la axiomática moderna[7].

Se puede definir el *sistema axiomático* en general como la totalidad de las consecuencias que se siguen de un conjunto finito de enunciados, llamado base axiomática o simplemente *base* del sistema.

[4] Blanché, *L'axiomatique*, cap. 1.

[5] Cfr. Blanché, *L'axiomatique*, cap. 1.

[6] En general, Hilbert, *Grundlagen der Geometrie*.

[7] Ver, para lo que sigue, Tarski, *Logic, Semantics, Metamathematics*, especialmente p. 30 y ss.; p. 38 y ss.; p. 60 y ss.; p. 320 y ss., y p. 342 y siguientes.

En la concepción moderna, *cualquier* conjunto de enunciados puede servir de base para un sistema axiomático. El único requisito es que ese conjunto sea *finito*, pero puede ser reducido o amplio (puede tratarse de un sólo enunciado o de muchos). Tampoco se exige que los enunciados de la base sean verdaderos e independientes, ni aun siquiera que sean compatibles. La compatibilidad de los enunciados de la base atañe a la coherencia del sistema, pero no a su existencia (un sistema no coherente es también un sistema; también lo son los sistemas incompletos y redundantes).

Así, pues, el concepto de sistema se funda en el de consecuencia deductiva. La noción de consecuencia depende de las reglas de inferencia adoptadas, que son las que determinan qué enunciados son consecuencias de un enunciado dado o de un conjunto dado de enunciados. [Entendemos por "enunciado" un cierto tipo de expresión lingüística (en inglés: *sentence*)]. Nos movemos aquí en un plano puramente sintáctico, ya que la cuestión de saber qué expresiones han de considerarse enunciados bien formados (que son los que desde el punto de vista semántico se llamarían enunciados con sentido –*meaningful sentences*–) en un lenguaje dado, depende de las reglas de formación del lenguaje de que se trata, que son reglas sintácticas. Obsérvese, además, que se trata aquí de sistemas de enunciados, no de sistemas de conceptos.

La especificación de las reglas de inferencia corresponde a la elucidación de cada sistema particular, pero podemos indicar aquí las exigencias mínimas que debe cumplir toda noción de consecuencia (y que corresponde a nuestra noción intuitiva). Según Tarski, toda noción de consecuencia deductiva debe satisfacer los siguientes requisitos[8]:

1. El conjunto de las consecuencias de un conjunto de enunciados consta solamente de enunciados. Quiere ello decir que solamente enunciados van a ser considerados como consecuencias.

[8] Tarski, *Logic, Semantics, Metamathematics*, p. 60 y ss., y p. 342 y siguientes.

2. Todo enunciado que pertenece a un conjunto dado ha de ser considerado como una consecuencia de ese conjunto. De aquí se desprende que todo enunciado es consecuencia de sí mismo y que los axiomas son también teoremas (por eso hemos definido el sistema axiomático como la totalidad de las consecuencias de una base y no como la base más sus consecuencias).

3. Las consecuencias de las consecuencias son, a su vez, consecuencias (es decir, si p es consecuencia de q y q es consecuencia de r, entonces p es consecuencia de r).

4. Si un enunciado de la forma condicional ($y \supset z$) es consecuencia del conjunto de enunciados X, entonces z (el consecuente del condicional) es consecuencia del conjunto de enunciados que resulta de agregar a X el enunciado y (el antecedente del condicional). (Y también a la inversa, si z es consecuencia del conjunto constituido por X e y, entonces $y \supset z$ es consecuencia de X)[9].

Este último requisito, conocido por el nombre de Teorema de la Deducción, es particularmente importante, como veremos más adelante. Para aclararlo con un ejemplo, consideremos un conjunto (que llamaremos A), formado por los dos enunciados siguientes.

i) Los que han cumplido 21 años son mayores de edad.

ii) Los mayores de edad pueden administrar sus bienes.

La exigencia anterior estipula que el enunciado condicional "Si Fulano tiene 21 años, puede administrar sus bienes" es consecuencia del conjunto A si, y sólo si, el enunciado "Fulano puede administrar sus bienes" (que es el consecuente del condicional) es consecuencia del conjunto formado por A (enunciados *i* e *ii*) y el enunciado "Fulano tiene 21 años" (que es el antecedente del condicional).

La definición de sistema axiomático como el conjunto de las consecuencias de un conjunto finito de enunciados, que pone todo el énfasis en la noción de consecuencia, permite generali-

[9] Aquí sólo mencionamos los requisitos más importantes. Para una exposición más completa, ver Tarski, *Logic, Semantics, Metamathematics*, p. 346.

zar aún más la noción de sistema. Así, Tarski distingue entre los conceptos de sistema deductivo y de sistema axiomático. El sistema axiomático es una especie del género *sistema deductivo*. Tarski define el sistema deductivo como todo conjunto de enunciados que contiene todas sus consecuencias[10]. Se desprende de esta definición que un conjunto de enunciados *A* es un sistema deductivo si, y sólo si, todas las consecuencias de *A* pertenecen a *A*, es decir, si no hay ninguna consecuencia de *A* que no esté incluida en el conjunto *A*.

Los sistemas deductivos pueden, aunque no siempre, ser axiomatizados; su axiomatización consiste en hallar un subconjunto finito de enunciados tal, que todos los demás enunciados del sistema puedan derivarse como consecuencias de dicho subconjunto, que constituye la base de la nueva presentación del sistema (sistema axiomático)[11].

Cuando un sistema deductivo tiene por lo menos una base axiomática, se dice que ese sistema es *axiomatizable*. Cabe observar que no todos los sistemas deductivos son axiomatizables; precisamente, la existencia de conjuntos de enunciados no axiomatizables obliga a distinguir entre el concepto genérico de sistema deductivo y el concepto específico de sistema axiomático.

Es perfectamente posible que un sistema deductivo pueda ser axiomatizado de distintas maneras, es decir, con distintas bases. Pero cada una de esas bases tendrá forzosamente las mismas consecuencias, ya que son axiomatizaciones del mismo sistema deductivo. Estas bases axiomáticas son, pues, *equivalentes*. Podremos generalizar la noción de equivalencia diciendo que dos conjuntos de enunciados son equivalentes si, y sólo si, sus consecuencias son las mismas. Esta definición es aplicable tanto a sistemas como a bases axiomáticas, ya que tanto unos como otras son conjuntos de enunciados. De lo cual se sigue que dos sistemas equivalentes son *idénticos* y que dos o

[10] Cfr. Tarski, *Logic, Semantics, Metamathematics*, p. 69 y 70.

[11] Para Tarski la base ha de ser un conjunto independiente (*Logic, Semantics, Metamathematics*, p. 88), pero nosotros abandonamos esta exigencia por razones prácticas.

más bases equivalentes determinan el mismo sistema (ya que tienen las mismas consecuencias).

La *construcción* de un sistema axiomático puede realizarse de dos maneras[12]:

a) Cuando el punto de partida es un sistema deductivo, el problema consiste en hallar una base axiomática, es decir, un conjunto finito de enunciados, del que puedan inferirse como consecuencias todos los enunciados del sistema originario.

b) Cuando el punto de partida es un conjunto finito de enunciados, el problema consiste en inferir todas las consecuencias de los enjuiciados primitivos (que funcionan como axiomas).

Este segundo método es el que se utiliza con mayor frecuencia, sobre todo en derecho.

§ 3. *El concepto de sistema en la ciencia jurídica*

La evolución del ideal científico que hemos descripto esquemáticamente en las dos primeras secciones de este capítulo no pudo dejar de repercutir sobre la ciencia del derecho. Y si bien esta última no logró alcanzar plenamente el ideal aristotélico no faltaron, por cierto, esfuerzos tendientes a dotar a la ciencia jurídica de una estructura deductiva *more geometrico*. Los resultados más notables de aquella tendencia son tal vez los grandes sistemas racionalistas de los siglos xvii y xviii. Al producirse, con el surgimiento de la ciencia experimental, la división de las ciencias en racionales y empíricas a que ya nos hemos referido, la ciencia del derecho fue situada por la mayoría de sus cultores (y especialmente por los filósofos del derecho) en el ámbito de las ciencias racionales. La concepción de la ciencia del derecho que encontramos en los sistemas racionalistas de derecho natural, desde Grocio y Pufendorf hasta Kant y Fichte, responde plenamente al ideal de la ciencia racional.

12 Cfr. Tarski, *Logic, Semantics, Metamathematics*, p. 40.

Todos esos sistemas tienen ciertos rasgos comunes muy típicos. En primer lugar, parten de ciertos principios evidentes, que son los principios del derecho natural. En segundo lugar, los sistemas racionalistas son desarrollos deductivos (o al menos pretenden serlo) de los principios del derecho natural. Toda proposición jurídica es inferida lógicamente y deriva su verdad de aquellos principios. Así, pues, la ciencia jurídica cumple con los postulados de la Evidencia y la Deducción. El debilitamiento del Postulado de la Realidad, típico de la ciencia racional de este período, se refleja en la ciencia jurídica en su carácter *ideal*: la ciencia del derecho no pretende describir las reglas efectivamente vigentes en la sociedad dada, sino las reglas ideales, que según los principios del derecho natural, *deben* regir. De tal manera, el ideal de sistema, vigente por entonces en la ciencia del derecho, es –en general– el mismo que opera en la concepción clásica de la geometría de Euclides.

Un importante cambio en la concepción del sistema jurídico se produce en el siglo XIX. Ese cambio se debió a la influencia de diversos factores, tanto jurídicos como filosóficos, entre los cuales cabe mencionar, como los más importantes, la codificación napoleónica en Francia, la escuela histórica de Savigny en Alemania, y el utilitarismo con Bentham y Austin, a la cabeza, en Inglaterra.

El cambio mencionado se caracteriza por el abandono de las doctrinas del derecho natural y por una nueva concepción de sistema jurídico, que cristaliza en la *dogmática jurídica*. La ciencia dogmática mantiene la estructura deductiva, pero abandona resueltamente el Postulado de la Evidencia, al desechar los principios del derecho natural y sustituirlos por las normas del derecho positivo. El positivismo de la nueva ciencia del derecho consiste en la aceptación "dogmática" de las normas creadas por el legislador positivo; los axiomas del sistema jurídico no son ya principios evidentes e inmutables del derecho natural, sino normas contingentes, puestas por el legislador humano[13].

[13] A pesar de su declarado positivismo, muchos juristas dogmáticos siguen atribuyendo a las normas del derecho positivo ciertas características propias del derecho natural. Así, por ejemplo, es bien conocida la actitud reverencial de al-

La tarea del jurista dogmático es doble; por un lado, hallar los principios generales que subyacen a las normas positivas, lo cual se realiza por medio de la operación llamada "inducción jurídica" (ver cap. V, § 5); por el otro, inferir consecuencia de esos principios generales y de las normas positivas, a fin de solucionar todos los casos (incluso los casos individuales) que puedan presentarse (Postulado de la Completitud del Derecho).

A pesar del abandono del Postulado de la Evidencia, la dogmática jurídica continúa siendo una *ciencia racional*, no empírica. La experiencia como fuente de verificación de las proposiciones científicas no tiene cabida en la ciencia dogmática; el interés del jurista se dirige hacia la deducción de las consecuencias de sus "dogmas", sin preocuparle mucho el "contenido real" de sus enunciados. Lo importante no es lo que los hombres (incluso los jueces) hagan en la realidad, sino lo que deben hacer de conformidad con las normas legisladas. No es de extrañar, pues, que las propiedades formales del sistema, tales como la coherencia, la completitud y la independencia de sus axiomas, absorban gran parte del interés del jurista dogmático.

En la primera mitad del siglo XX se produjeron notables intentos de fundar una ciencia jurídica sobre base empírica. Así, la escuela de la libre investigación científica (Geny), la jurisprudencia de intereses (Heck) y la ciencia del derecho libre (Kantorowicz), diversas escuelas sociológicas (Duguit en Francia, Roscoe Pound en Estados Unidos), el realismo estadounidense (Holmes, Cardozo, Gray, Llewellyn, Frank) y escandinavo (Hägerström, Lundstedt, Olivecrona, Alf Ross), trataron de llevar a cabo de distintas maneras y con diferente éxito la mencionada tarea.

El empirismo o realismo jurídico se dirige en primer lugar contra la pretensión de la dogmática de elaborar una ciencia del derecho como sistema deductivo. De ahí sus violentos ataques contra toda sistematización, su rechazo de la idea misma de sis-

---

gunos autores de la escuela exegética frente al Código Napoleón, y aun actualmente no es poco frecuente entre los juristas la creencia de que en el derecho positivo se hallan incorporados ciertos principios absolutos e inmutables (ver Nino, *Notas sobre la dogmática jurídica*).

tema, y su intento de fundar la verdad de los enunciados de la ciencia jurídica en la observación de hechos empíricos, a imagen y semejanza de las demás ciencias empíricas.

Los movimientos realistas han constituido en general una reacción bastante saludable contra ciertos excesos formalistas de los dogmáticos. Pero, contemplada desde el punto de vista de la metodología científica moderna, su actitud es mucho menos revolucionaria de lo que pudiera parecer a primera vista. Lejos de superar el viejo ideal de la ciencia, lo que los realistas pretenden hacer es simplemente sacar la ciencia jurídica de la categoría de las ciencias racionales y pasarla a la de las ciencias empíricas, entendidas ambas a la manera tradicional. Más aún, el rechazo de la idea misma de sistematización (es decir, de la estructura deductiva de la ciencia jurídica) revela justamente que su concepción de sistema es la misma que la de los dogmáticos (pues tanto unos como otros comparten la "concepción clásica" del sistema). Como el ideal de la ciencia racional está vinculado con el viejo concepto de sistema, el rechazo del carácter racional de la ciencia jurídica por los realistas los lleva al rechazo de la sistematización. Pero como ya tuvimos oportunidad de señalar, el carácter empírico de una ciencia no es en modo alguno incompatible con su estructura deductiva. La sistematización de sus enunciados es –en la concepción moderna– una de las tareas fundamentales de toda ciencia, tanto formal como empírica. La diferencia entre ambos tipos de ciencia consiste sobre todo en los criterios de selección de sus enunciados primitivos, no en la deducción de los enunciados derivados.

Pero esto supone, claro está, el abandono de la concepción clásica y la adopción del nuevo ideal de sistema. Esto es, exactamente, lo que nos proponemos hacer en el presente trabajo: aprovechar para la ciencia del derecho las investigaciones y adelantos metodológicos alcanzados en los últimos años en otros campos del saber (sobre todo en la fundamentación de la matemática y de la física), para mostrar: *a*) que existe un concepto de sistema que puede utilizarse con provecho en el ámbito jurídico; *b*) que la sistematización es una de las tareas fundamentales del jurista, y *c*) que en la ciencia del derecho se plantean tanto problemas empíricos como problemas lógicos, es decir, puramente racionales (sistematización). Es no menos erróneo caracterizar la ciencia jurídica como una ciencia puramente formal, que concebirla como una ciencia puramente empírica. Y esto ocurre porque la clasificación misma es ya obsoleta, si bien hay ciencias puramente formales, no hay ciencias puramente empíricas.

§ 4. *Definición de sistema normativo*

Antes de proceder a ilustrar nuestra tesis acerca de la problemática de sistematización en la ciencia jurídica –tarea que dejaremos para el próximo capítulo– dedicaremos el resto de este capítulo a la definición del concepto de sistema normativo.

Como punto de partida para nuestra definición adoptaremos las definiciones de Tarski de sistema deductivo en general y de sistema axiomático en particular, que fueron esbozadas en el § 2. Recordemos que para Tarski un sistema deductivo es un conjunto de enunciados que contiene todas sus consecuencias. Un sistema axiomático es la totalidad de las consecuencias de un conjunto finito de enunciados. Por otra parte, hemos visto en el cap. I que la *función* del sistema normativo consiste en establecer correlaciones entre casos y soluciones. Esto nos permite formular el siguiente *criterio de adecuación* para la definición de sistema normativo; usaremos para ello la noción de *conjunto normativo*.

Un conjunto normativo es un conjunto de enunciados tales que entre sus consecuencias hay enunciados que correlacionan casos con soluciones. Todo conjunto normativo que contiene todas sus consecuencias es, pues, un *sistema normativo*.

Cuando entre las consecuencias de un conjunto de enunciados figura algún enunciado que correlaciona un caso con una solución, diremos que ese conjunto tiene consecuencias normativas. Un conjunto (sistema) normativo es, por consiguiente, un conjunto (sistema) de enunciados en cuyas consecuencias hay alguna consecuencia normativa.

Esto no es una definición de sistema normativo, sino un criterio al cual habrá de adecuarse la definición. Para dar una definición satisfactoria tenemos que esclarecer la noción de consecuencia normativa. Para ello vamos a introducir un nuevo concepto: el de la *correlación deductiva*.

Llamaremos *correlación deductiva* de un conjunto de enunciados α a todo par ordenado de enunciados tales que el segundo de ellos sea *consecuencia deductiva* del primero en conjunción con α[14].

En virtud del teorema de la deducción (cfr. § 2), si el enunciado y es consecuencia de α en conjunción con el enunciado x, entonces el enunciado molecular de forma condicional $x \supset y$ es consecuencia de α. De lo cual se desprende que los enunciados x e y están correlacionados deductivamente por el conjunto de enunciados α si, y sólo si, el enunciado condicional $x \supset y$ es consecuencia de α.

Cuando una correlación deductiva es tal que el primer enunciado es un *caso* y el segundo enunciado es una *solución*, diremos que esta correlación deductiva es *normativa*. Si entre las correlaciones deductivas del conjunto de enunciados α hay, por lo menos, una correlación normativa, el conjunto α tendrá *consecuencias normativas*. Un sistema de enunciados que tiene consecuencias normativas se llamará *sistema normativo*.

La función de un sistema normativo consiste, pues, en establecer correlaciones deductivas entre casos y soluciones, y esto quiere decir que del conjunto formado por el sistema normativo y un enunciado descriptivo de un caso, se deduce el enunciado de una solución.

Con los elementos esbozados podemos definir varios conceptos de conjunto normativo y, por consiguiente, de sistema normativo.

1) Un conjunto de enunciados α es *normativo para un universo de casos* UC_i *y un universo de soluciones minimales*,

[14] Sería más exacto decir: "...es consecuencia deductiva del conjunto de enunciados que resulta de agregar al primer enunciado del par ordenado el conjunto α".

$USmin_j$, si, y sólo si, α correlaciona deductivamente un elemento del UC_i con algún elemento del $USmin_j$.

Este concepto de conjunto normativo es relativo a un UC y un USmin. Para la definición de completitud tuvimos que usar el concepto de solución maximal; pero aquí nos interesa saber si un sistema es normativo y para ello es suficiente que haya *alguna* solución (no necesariamente maximal) para algún caso. Y como toda solución implica por lo menos una solución minimal, la definición de sistema normativo se hace solamente en términos de las soluciones minimales. Es claro que si un caso no está correlacionado con ninguna solución minimal, no tiene solución alguna.

2) Un conjunto de enunciados α es normativo con relación a un UC_i si, y sólo si, α correlaciona deductivamente algún elemento del UC_i con algún elemento de algún USmin.

3) Un conjunto de enunciados α es normativo con relación a un $USmin_j$ si, y sólo si, α correlaciona deductivamente algún caso de un UC con un elemento del $USmin_j$.

Estos tres conceptos de conjunto normativo son relativos: el primero es relativo a un UC y un USmin; el segundo es relativo a un UC, y el tercero, a un USmin. El concepto siguiente no es relativo a ningún UC ni USmin; es, por lo tanto, un concepto absoluto.

4) Un conjunto de enunciados α es normativo si, y sólo si, α correlaciona deductivamente algún elemento de un UC con algún elemento de algún USmin.

Cuando un conjunto normativo (en cualquiera de los cuatro sentidos que hemos diferenciado hasta ahora) es un sistema, esto es, cuando contiene todas sus consecuencias, es un sistema normativo. Se ve, pues, que un sistema normativo puede ser relativo a un UC y un USmin, a un UC o a un USmin o absoluto.

Todos los cuatro conceptos de sistema normativo son usados en la práctica (especialmente en el derecho). La elección de uno de ellos depende del interés temático. A veces interesa determinar si un conjunto de enunciados tiene consecuencias normativas para un UC o un USmin determinados; otras veces lo que interesa es saber si tiene alguna consecuencia normativa, no ya para un UC determinado, sino para algún UC.

Entre los cuatro conceptos se da una relación de implicación que va en esta dirección: el primero implica a los otros tres; el segundo implica al cuarto, y el tercero implica al cuarto. Esto no requiere mayores pruebas; si α tiene consecuencias normativas para un UC determinado, entonces existe al menos un UC para el cual α tiene consecuencias normativas, etcétera. En el siguiente gráfico las flechas indican la relación de implicación.

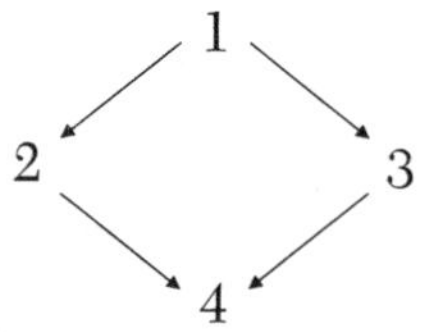

La implicación va en una sola dirección. También esto es bastante claro: el que α tenga alguna consecuencia normativa no implica (lógicamente) que tenga una consecuencia normativa para un UC determinado.

En todos estos cuatro sentidos, un sistema normativo correlaciona algún caso con alguna solución (minimal). Pero puede darse una situación particular que merece atención especial. Supongamos que un conjunto normativo correlaciona una cierta solución (que pertenece a algún USmin) con todos los casos de un cierto UC, de tal manera que todo caso del UC esté correlacionado por ese conjunto con la misma solución. Puede mostrarse fácilmente que en tal situación la solución en cuestión está también correlacionada por ese conjunto con todos los casos posibles de todos los Universos de Casos. Esto es así porque la disyunción de todos los casos de un UC es una tautología (no necesitamos recordar al lector que el UC es una división y que, por lo tanto, sus casos son lógicamente disyuntos).

Para mayor claridad veamos un ejemplo. Supongamos un UC_i con dos casos solamente: q y ~q. Supongamos, además, que α correlaciona tanto q como ~q con la solución Pp, es decir, los enunciados "Pp / q" y "Pp / ~q" son consecuencias de α. Se sigue de ahí que la solución Pp está correlacionada con todos los casos de UC_i y que el enunciado "Pp / q ∨ ~q" es consecuencia de α. Consideremos ahora algún otro UC, distinto de UC_i, por ejemplo, UC_j, que contiene cuatro casos elementales: r . s, ~r . s, r . ~s y ~r . ~s. La disyunción de esos cuatro casos es también una tautología, lo mismo que "q ∨ ~q". De "Pp / q ∨ ~q" se sigue que "Pp / (r . s .) ∨ (~r . s .) ∨ (r . ~s) ∨ (~r . ~s)" también es consecuencia de α. Podemos generalizar este resultado diciendo que Pp / t, donde "t" representa cualquier tautología.

Resumiendo: si una solución es correlacionada por α con todos los casos de un UC_i, entonces esa solución está correlacionada por α con todos los casos de cualquier UC.

Estas consideraciones permiten formular la siguiente definición de *sistema normativo categórico*.

5) Un sistema normativo α es categórico con relación a un $USmin_j$ si, y sólo si, toda solución de $USmin_j$ que α correlaciona con algún caso de algún UC, está también correlacionada por α con todos los casos de ese UC.

De esta definición se infiere que cuando un sistema normativo es categórico para un USmin, toda solución de ese USmin que α correlacione con algún caso es consecuencia directa de α.

La noción de sistema normativo categórico tiene relativamente poca importancia para la teoría jurídica, pero volveremos sobre él en conexión con el problema de clausura (cap. VII, § 6).

Por último, introduciremos la noción de *sistema puramente normativo*.

6) Un sistema α es puramente normativo si, y sólo si, es normativo (esto es, tiene alguna consecuencia normativa), pero carece de consecuencias fácticas, es decir, ningún enunciado fáctico (descriptivo) es consecuencia de α.

Se desprende que ningún enunciado descriptivo de un caso es consecuencia de un sistema puramente normativo.

Parece razonable creer que todos los sistemas jurídicos y morales deberían ser puramente normativos, ya que su función es regular conductas humanas y no describirlas. Una ley que contenga enunciados fácticos sería seguramente considerada como defectuosa. Pero una exigencia (o una regla ideal en el sentido de von Wright[15]), por más razonable que sea, no debe ser confundida con un hecho. Aunque todo el mundo esté de acuerdo en que los sistemas jurídicos deben ser puros, algunos de tales sistemas pueden no serlo. Existen ejemplos bien conocidos de enunciados declarativos en algunas constituciones.

Volveremos sobre los sistemas normativos puros al tratar el problema de la coherencia (§ 6).

§ 5. *Comentarios a la definición de sistema normativo*

La definición de sistema normativo a la manera de Tarski ofrece considerables ventajas desde el punto de vista metodológico, algunas de las cuales conviene destacar.

a) En primer lugar, nuestra definición, al caracterizar el sistema normativo por sus consecuencias, nada dice acerca de los enunciados que componen el sistema. Todo lo que se exige para que un conjunto de enunciados sea un sistema normativo (en alguno de los cuatro sentidos que hemos distinguido en esta expresión) es que tenga consecuencias normativas, pero no se prejuzga acerca de la naturaleza lógica de los demás enunciados del sistema.

Para darse cuenta de que ello constituye una gran ventaja, es conveniente considerar la definición –muy corriente– de sistema normativo como un *conjunto de normas*[16] (generalmente calificado de alguna manera). Hablar de un sistema (u orden) normativo como de un conjunto de normas, parece implicar que todos los enunciados que integran ese sistema son enunciados normativos (enunciados que expresan normas). Sin embargo, es bastante frecuente que en un sistema normativo figuren

[15] Von Wright, *Norm and Action*, p. 32 a 34.

[16] Cfr. Kelsen, *Teoría general del derecho y del Estado*, p. 129 y ss.; *Reine Rechtslehre*, 2ª ed., p. 196 y siguientes.

enunciados que muy difícilmente pueden considerarse normas. Esto es especialmente notorio en los sistemas jurídicos. Aun el más superficial examen de un cuerpo legal (un código, una constitución, una ley) revela la existencia de enunciados que no establecen obligaciones, prohibiciones o permisiones, sino que sirven para fines muy diferentes, por ejemplo, definiciones de palabras ("Con la palabra 'mercadería' se designa toda clase de efectos susceptibles de expendio" –art. 77, Cód. Penal argentino–), declaraciones políticas, expresiones de propósitos, reglas conceptuales, etcétera[17]. Ciertamente, no parece aconsejable llamar normas a todos esos enunciados, ya que ello supondría una desmesurada ampliación del campo de referencia de la palabra "norma", cuyo significado quedaría totalmente desdibujado.

Otra manera de salvar la dificultad consiste en declarar que tales enunciados no son normas, sino fragmentos de normas, que deben ser integrados con otros enunciados para formar una norma completa. De tal manera, al hablar de un conjunto de normas, ya no se habla de un conjunto de enunciados normativos: normas son entidades de otra índole, que pueden ser expresadas mediante la conjunción de varios enunciados.

Esta solución, que se podría llamar "teoría de la norma incompleta", ha sido adoptada, entre otros, por Kelsen. El inconveniente principal de esta teoría –que se presenta en forma particularmente notoria en la doctrina de Kelsen– es la dificultad de especificar las condiciones de identidad de una norma. Frente a un enunciado o a un conjunto de enunciados resulta extremadamente difícil determinar si se trata de una norma completa o no. ¿Cuáles son los enunciados que deben agregarse al art. 79 del Cód. Penal ("Se aplicará reclusión o prisión de ocho a veinticinco años, al que matare a otro...") para que constituya una norma completa? ¿Es suficiente agregarle la mayoría de los artículos de la parte general del Código o hay que integrarlo también con las disposiciones pertinentes (¿cuáles?) del Código Procesal, del derecho administrativo (p.ej., referentes al nombramiento del juez), de la Constitución, etcétera? Es significa-

[17] Cfr. von Wright, *On the Logic and Ontology of Norms*, Davis (ed.), "Philosophical logic", 1969.

tivo que Kelsen mismo nunca da ejemplo de una norma jurídica completa[18].

Ante estas dificultades, es bastante obvia la ventaja de la definición de sistema normativo en términos de consecuencias que deja abierta la posibilidad de un análisis ulterior de las distintas clases de enunciados que pueden o suelen figurar en los sistemas jurídicos o de cualquier otra índole.

b) En segundo lugar es necesario destacar que nuestra definición de sistema normativo nada dice acerca de los enunciados que constituyen su base. Estos enunciados pueden tener distinta procedencia, pueden ser de distinta índole y tampoco está determinado su número. Las cuestiones relativas a la elección de la base y a los criterios que gobiernan tal elección no atañen a la noción de sistema. Así, en un sistema jurídico, la base puede estar formada por enunciados contenidos en un código o en una ley, o extraídos de los fallos judiciales o provenientes del derecho natural. Tampoco importa el número de los enunciados de la base: se puede hacer un sistema a partir de todos los artículos de un código o sólo a partir de algunos; se pueden adoptar como base de un sistema disposiciones pertenecientes a distintos cuerpos legales o mezclarlas con normas consuetudinarias o jurisprudenciales. En cada caso obtendremos un sistema diferente; la elección de una u otra base sólo depende del interés de quien construye el sistema. La construcción de sistemas omnicomprensivos que pretenden abarcar materias muy extensas (como todo el derecho civil o todo el derecho de un país) no pasan de ser meras postulaciones programáticas; en la práctica científica los juristas parecen interesarse mucho más por la sistematización de pequeñas áreas del derecho (como la locación urbana, la responsabilidad extracontractual, el procedimiento aduanero, etcétera). En todos estos casos, se elige un cierto número de enunciados (provenientes de la legislación, de la costumbre o de la jurisprudencia) y se procura determinar sus consecuencias, especialmente las normativas.

[18] Ver la crítica de Hart, *The Concept of Law*, p. 35 y ss., y 239; *El concepto de derecho*, p. 45 y ss., y 303. Un análisis interesante de la teoría de Kelsen se encuentra en Raz, *The Concept of a Legal System*.

c) Nuestra definición de sistema normativo no prejuzga acerca del estatus ontológico de las normas. No se dice que las normas son enunciados (es decir, entidades lingüísticas), ni tampoco se dice qué clase de existencia tienen. Lo único que se presupone es que las normas *son expresables* en el lenguaje, es decir, por medio de enunciados. Esto no parece controvertible.

d) No vamos a analizar en este trabajo la estructura lógica de los enunciados que suelen aparecer en los sistemas normativos, especialmente en los sistemas jurídicos. Nos limitaremos a hacer algunas observaciones informales acerca de dos tipos de enunciados sumamente frecuentes en el derecho y que a menudo se denominan "normas", aunque no siempre encuadran en nuestra definición de "norma". Se trata de enunciados que correlacionan casos con casos y los que correlacionan soluciones con soluciones.

Como ejemplo "del primer tipo podemos mencionar el art. 126 del Cód. Civil argentino (reformado por ley 26.579): "Son menores las personas que no hubieren cumplido la edad de dieciocho años". Este artículo define el concepto de menor de edad en términos de la propiedad de tener menos de 18 años. En otras palabras, el artículo correlaciona el *caso* caracterizado por la propiedad "tener menos de 18 años" con el caso caracterizado por la propiedad "ser menor de edad". En nuestra terminología, este artículo no es una norma, puesto que no establece ninguna obligación ni permisión, es decir, no correlaciona un caso con una solución (y, por lo tanto, no tiene consecuencias normativas). Sin embargo, es muy frecuente que se lo llame "norma jurídica". Al parecer, ello ocurre por dos razones; en primer lugar, es usual llamar normas jurídicas a cada uno de los artículos de un código o de una ley cualquiera. En segundo lugar, si bien este artículo es una definición (y como tal una regla conceptual, no una norma), esta definición está estrechamente vinculada con otros enunciados que atribuyen efectos normativos al hecho de ser menor de edad, es decir, enunciados normativos que correlacionan el caso de ser menor con alguna solución (p.ej., los arts. 134 y 135, que establecen una serie de prohibiciones y derechos para los menores emancipados)[19]. Sin embargo, conviene tener presente que el enunciado que correlaciona un caso con otro no es una norma en el sentido de que no establece ninguna obligación o permisión; es, como hemos dicho, una definición del concepto de menor de edad, es decir, un postulado de significación.

En cuanto a los enunciados que correlacionan soluciones con soluciones, cabe distinguir dos posibilidades. A veces, tales enunciados pueden interpretarse como postulados de significación, sobre todo cuando definen el alcance de un derecho o de una obligación. Por ejemplo, los arts. 2862 y 2909 del Cód. Civil que establecen los derechos y obligaciones del usufructuario y determinan el alcance del derecho real de usufructo. Otras veces, un enunciado que correlaciona una solución con otra puede ser una auténtica norma. Por ejemplo, una ordenanza municipal que impone la obligación de pagar una tasa especial a los propietarios frentistas. Esta obligación no está contenida en el concepto de propiedad; es una obligación nueva, impuesta a aquellos que tienen el derecho de propiedad. El ser propietario frentista funciona aquí como un caso, sólo que se trata de un caso caracterizado por propiedades normativas (deónticas) y no por propiedades naturales.

§ 6. *Propiedades formales de los sistemas normativos*

Estamos ahora en condiciones de dar definiciones generales de propiedades estructurales de los sistemas normativos, como la completitud, la independencia y la coherencia.

a) *Completitud.* En el cap. I (§ 7), la completitud ha sido definida en términos de laguna: un sistema normativo α es completo con relación a un UC_i y un $USmax_j$ si, y sólo si, α no tiene lagunas en UC_i con relación al $USmax_j$.

Esta definición puede ser reformulada en términos de la lógica de relaciones. Como ya hemos visto, el sistema normativo establece una correlación deductiva entre los elementos de

[10] Cfr. von Wright, *On the Logic and Ontology of Norms*, p. 99 y 100.

un UC y los elementos de un USmax. Llamaremos R (α, UC_i, $USmax_j$) a la correlación deductiva que el sistema a establece entre los elementos de UC_i y los de $USmax_j$. R (α, UC_i, $USmax_j$) es una relación binaria; como toda relación binaria tiene dos sujetos: el primero y el segundo. Llamaremos *dominio* de R a la clase de todos los primeros sujetos de R, y *contradominio* (o imagen) a la de todos los segundos sujetos de R. Si la relación es *de muchos a uno*, se la llama *función*.

Con estos elementos podemos definir el concepto de completitud del modo siguiente:

Un conjunto normativo α es completo con relación a UC_i y $USmax_j$ si, y sólo si, el dominio de R (α, UC_i, $Usmax_j$) es idéntico con UC_i.

El concepto de laguna normativa puede definirse como sigue: *x* es una laguna normativa de α con relación a UC_i y $USmax_j$ si, y sólo si, *x* es un elemento de UC_i y no pertenece al dominio de R (α, UC_i, $USmax_j$).

b) *Independencia.* Dos normas son *redundantes en un caso* C_i de un UC_j en relación con un $USmin_k$ si, y sólo si, cada una de las normas correlaciona C_i con el mismo elemento de $USmin_k$. Si dos normas no son redundantes en un caso, son *independientes en ese caso.*

Un conjunto normativo α es redundante con relación a UC_i y $USmin_j$ si, y sólo si, α contiene por lo menos dos normas que son redundantes en algún caso de UC_i con relación a $USmin_j$. Un conjunto normativo que no es redundante con relación a UC_i y $USmin_j$ es *independiente* con relación a ellos dos.

Podemos generalizar esta definición de independencia diciendo que un conjunto normativo a es *independiente* en relación a UC_i y $USmin_j$ si, y sólo si, no contiene ningún subconjunto propio β, tal que la relación R (β, UC_i, $USmin_j$) sea equivalente a la relación R (α, UC_i, $USmin_j$).

Cabe observar que para la definición de independencia se ha usado el concepto de USmin (en vez de USmax).

c) *Coherencia.* Hablando en general, un sistema normativo α es *incoherente* en un caso C_i de un UC_j si α correlaciona

C_i de tal manera con dos o más soluciones, que la conjunción de esas soluciones es una contradicción deóntica. La noción de contradicción deóntica es, por supuesto, relativa al sistema de lógica deóntica que se adopte. Pero no es difícil independizar esta definición de todo concepto particular de contradicción deóntica. En efecto, es una ley lógica general que de una contradicción puede inferirse cualquier enunciado; de modo que, si un caso es correlacionado con dos o más soluciones contradictorias, entonces está correlacionado con cualquier solución. Esta observación hace posible la siguiente definición.

Un conjunto normativo α es coherente con relación a un UC_i si, y sólo si, ningún elemento de UC_i es correlacionado por α con todas las soluciones.

El concepto de coherencia no es, por lo tanto, relativo a ningún Universo de Soluciones particular, sino solamente relativo a un UC.

De esta definición se infiere que un conjunto normativo α es coherente con relación a UC_i y $USmax_j$ si, y sólo si, la relación R (α, UC_i, $USmax_j$) es una función, porque decir que R (α, UC_i, $USmax_j$) es una función significa que ningún caso de UC_i está correlacionado por α con más de una solución de $USmax_j$; por lo tanto, α es coherente.

Un conjunto normativo α es completo y coherente (con relación a UC_i y $USmax_j$) si, y sólo si, la relación R (α, UC_i, $USmax_j$) es una función cuyo dominio es C_i.

Algunos autores parecen considerar que la coherencia es propiedad necesaria de todo sistema. Para esta concepción, un conjunto de normas incoherentes no sería sistema[20].

Tal restricción del significado del término "sistema" es difícilmente aconsejable. Conjuntos normativos incoherentes no son tan raros, como todo jurista sabe por experiencia. Sin duda, un sistema normativo incoherente podría calificarse de "irracional";

[20] Kelsen subraya con insistencia que sólo los conjuntos de normas que son coherentes pueden considerarse sistemas. Cfr. *Reine Rechtslehre*, 2ª ed., p. 209 y ss., p. 280 y 329. También von Wright parece compartir esta concepción; ver *Norm and Action*, p. 210.

en este sentido, la coherencia es un ideal racional. (Más adelante –cap. IX– sostendremos que la completitud también es un ideal racional). Pero no parece que haya buenas razones para limitar la referencia del término "sistema" a los conjuntos coherentes, a menos que por "sistema normativo" entendamos un sistema normativo puro, es decir, un sistema que carezca de consecuencias fácticas. La coherencia es, ciertamente, una propiedad necesaria de los sistemas normativos puros, pues de un sistema incoherente pueden derivarse fácilmente consecuencias fácticas. (En efecto: si "$\sim t / q$" es una consecuencia de α, entonces "$\sim q$", es decir, la negación del enunciado q, que es descriptivo –fáctico–, es consecuencia de α; donde "$\sim t$" simboliza cualquier contradicción). De ahí que la ausencia de consecuencias fácticas implica que el sistema es coherente, aunque la recíproca no vale. Un sistema puede tener consecuencias fácticas y seguir siendo coherente.

§ 7. *Sistemas jurídicos*

Hemos definido el sistema normativo como sistema deductivo que tiene consecuencias normativas, para lo cual es necesario que en la base del sistema figure por lo menos un enunciado normativo. Se nos plantea ahora el problema de la definición del sistema jurídico, como subclase de sistemas normativos.

El procedimiento habitual consiste en definir el sistema jurídico a partir de la norma jurídica, es decir, primero se da una definición de norma jurídica, caracterizando su esencia o naturaleza, y luego se define el sistema jurídico como el conjunto de las normas jurídicas. De tal manera resulta que un sistema es jurídico, *porque* contiene normas jurídicas. Nuestro propósito es proceder exactamente al revés; dar una definición de sistema jurídico y luego caracterizar como jurídicas las normas que forman parte de ese sistema. En otras palabras, en vez de definir el todo (sistema) en función de sus partes (normas), definiremos las partes en función del todo.

La razón de este giro (no se sabe bien si copernicano o ptolomeico) ha de buscarse en nuestro escepticismo respecto de la viabilidad del otro procedimiento. Las dificultades con que tropieza el intento de definir la norma jurídica con independencia del sistema surgen con toda claridad en la *Teoría pura del derecho*, que provee un excelente ejemplo en este sentido.

Kelsen define la norma jurídica como la norma que establece una sanción coercitiva (esto es, impuesta por la fuerza en caso de resistencia) y socialmente organizada (es decir, ejecutada por los integrantes del grupo social). La presencia de la sanción (de la clase indicada) es lo que confiere a la norma su carácter jurídico y constituye, por lo tanto, la esencia de la juridicidad. Una definición del derecho que no tomara en cuenta –como característica definitoria– la sanción, no sería satisfactoria para Kelsen, porque no permitiría distinguir entre las normas jurídicas y otras normas sociales[21].

La idea de que el derecho está íntimamente ligado a la sanción no es nueva y es compartida en una u otra forma por casi todos los filósofos del derecho; pero Kelsen es el autor que más consecuentemente ha desarrollado esa idea al erigir la sanción en característica definitoria de cada una de las normas jurídicas. De ahí que, para Kelsen, todas las normas jurídicas tienen una estructura o forma común: todas prescriben sanciones.

Ahora bien, toda teoría monista que sostiene que todas las normas jurídicas responden a un esquema uniforme y que el derecho es el conjunto de normas así caracterizadas, debe dar cuenta del hecho de la diversidad de enunciados que suelen figurar en los códigos, leyes, decretos, constituciones y demás

[21] "A la luz del concepto dinámico, el derecho es algo creado a través de un determinado proceso, siendo jurídico todo lo creado de esta manera. El concepto dinámico, sin embargo, sólo en apariencia es un concepto del derecho. No contiene, en efecto, ninguna respuesta a la pregunta sobre la esencia de lo jurídico, ni ofrece un criterio para distinguir el derecho de otras normas sociales" (Kelsen, *Teoría general del derecho y del Estado*, p. 144).

"Si se definiera el derecho no como un orden coactivo, sino tan sólo como un orden creado conforme a la norma fundamental..., entonces una norma creada por el legislador constitucional sólo podría distinguirse de una norma moral por su origen, y una norma jurídica creada por la costumbre no podría distinguirse en absoluto de una norma moral consuetudinaria" (Kelsen, *Teoría general del derecho y del Estado*, p. 54 y 55).

textos legales. El más leve examen muestra que no todos los enunciados que figuran en tales textos son normativos (en el sentido de que expresen normas de conducta que prescriban acciones o actividades) y los que lo son no siempre establecen sanciones. De hecho sólo algunos artículos del Código Penal (en su parte especial) se ajustan directamente al esquema kelseniano. Todo o casi todo el resto de las disposiciones jurídicas no responde prima facie al esquema canónico y debe ser objeto de una reconstrucción. La tarea de la reducción de los enunciados jurídicos a la forma canónica es una tarea básica de toda teoría monista y Kelsen es bien consciente de ese problema.

En los escritos de Kelsen se pueden rastrear dos respuestas distintas al problema que nos ocupa. La primera es considerar todos los enunciados que no responden a la forma canónica como normas incompletas o fragmentos de normas[22]. Tuvimos ya la oportunidad de señalar los defectos de esta teoría (cfr. § 5), que desdibuja totalmente la noción de norma jurídica, pues no provee ningún criterio de identidad para las normas. Kelsen mismo admite tácitamente la insuficiencia de la teoría de la norma incompleta al sustituirla en la última versión de su *Teoría pura*[23] por lo que vamos a denominar *teoría de la norma no independiente*. Esta teoría constituye una respuesta mucho más refinada al problema planteado, pero –como veremos en seguida– lleva a conclusiones sorprendentes y totalmente incompatibles con la tesis originaria de Kelsen.

La teoría de la norma no independiente, en lugar de considerar los enunciados (normativos o no) que no establecen sanciones como fragmentos de otras normas, los concibe como entidades distintas, aunque no independientes, de las normas jurídicas propiamente dichas y las llama "normas no independientes". Kelsen examina nada menos que cinco ejemplos de tales normas no independientes[24] (sin decir si la enumeración es taxativa o meramente ejemplificativa).

[22] Kelsen, *Teoría general del derecho y del Estado*, p. 170.

[23] Kelsen, *Reine Rechtslehre*.

[24] Kelsen, *Reine Rechtslehre*, p. 56 a 58.

1°) Normas que prescriben (ordenan) conductas sin establecer sanciones (es decir, normas que en su anterior terminología Kelsen calificaría de *secundarias*).

2°) Normas que permiten conductas.

3°) Normas que autorizan a dictar otras normas, es decir, confieren potestad jurídica (normas de competencia).

4°) Normas derogatorias (que limitan el ámbito de validez de otras normas o suprimen del todo su validez).

5°) Normas que aclaran el sentido de otras normas, por ejemplo, al definir un concepto que aparece en ellas.

Todas estas normas no independientes sólo tienen carácter jurídico porque están en una *conexión esencial* con las normas que establecen sanciones[25]. En otras palabras, Kelsen se ve obligado a reconocer que no todas las normas que integran un orden jurídico establecen sanciones y las que no lo hacen sólo reciben su carácter jurídico por el hecho de formar parte del orden coactivo, esto es, un sistema que contiene –además– normas sancionadoras.

"De lo dicho se sigue que un orden jurídico puede ser caracterizado como un orden coactivo a pesar de que no todas sus normas establecen actos coactivos, y esto es así porque todas las normas que no establecen ellas mismas una sanción... son normas no independientes, que valen sólo en conexión con una norma que establece un acto coactivo"[26].

Esto equivale al abandono de su pretensión de dar una definición de norma jurídica de tal modo que la característica distintiva del derecho en general sea la característica distintiva de todas y cada una de las normas jurídicas y que el orden jurídico se defina a partir de la norma jurídica.

Es evidente que las normas que Kelsen llama "no independientes" no serían normas jurídicas si no estuvieran en una conexión esencial con las normas sancionadoras, es decir, si no se

[25] Kelsen, *Reine Rechtslehre*, p. 51.

[26] Kelsen, *Reine Rechtslehre*, p. 59.

integraran en un sistema que contiene, además, algunas normas que establecen sanciones. La teoría de las normas no independientes implica, pues, renunciar a la definición del derecho en el nivel de la norma jurídica para sustituirla por una definición en el nivel del orden o sistema. Esto es exactamente lo que nosotros nos proponemos hacer.

Se puede preservar la idea de que la sanción es característica definitoria del derecho definiendo el sistema jurídico como el sistema normativo que contiene enunciados prescriptivos de sanciones, es decir, entre cuyas consecuencias hay normas o soluciones cuyo contenido es un acto coactivo[27]. Luego cabe definir la norma jurídica como toda norma que forma parte de un sistema jurídico. De esta manera no se exige que cada una de las normas jurídicas contenga una sanción, pero se requiere que el orden jurídico tenga sanciones.

Otra ventaja de esta definición es que permite dar cuenta de la diversidad de los enunciados jurídicos, entre los cuales cabe distinguir:

1) Enunciados que prescriben actos coactivos; estos enunciados son normativos y son jurídicos, como si dijéramos, "por derecho propio", pues son ellos los que permiten calificar de jurídico al sistema que los contiene.

2) Enunciados que ordenan, prohíben o permiten conductas, pero que no establecen sanciones. Estos enunciados son normativos, pero tomados aisladamente no serían jurídicos y sólo adquieren ese carácter cuando forman parte de un sistema jurídico.

A esta categoría pertenecen también las normas de competencia que no son más que una subclase de las normas permisivas (cfr., cap. VIII, § 3). Por lo tanto, esta categoría comprende las normas no independientes mencionadas por Kelsen en los puntos 1º, 2º y 3º.

27 La idea de que la sanción es característica definitoria del orden jurídico, pero no de cada una de sus normas se encuentra, entre otros, en Hart, *El concepto de derecho*, cap. V. Cfr., también, Raz, *The Concept of a Legal System*, especialmente cap. VI.

3) Enunciados que no son normativos, pero que influyen en los efectos normativos de otros enunciados. Si bien ellos mismos no son normas, tales enunciados tienen relevancia normativa en conexión con otras normas y son jurídicos en tanto en cuanto integran un sistema jurídico. El ejemplo más importante lo constituyen las definiciones o postulados de significación, a los que ya nos hemos referido en el § 5. También Kelsen –quien destaca reiteradamente la diferencia entre normas y definiciones[28]– menciona estas últimas en el punto 5º como ejemplo de una variante de normas no independientes. El artículo del Código Penal que dice que "asesinato consiste en provocar intencionalmente la muerte de otra persona" es –dice Kelsen– una definición de asesinato y sólo tiene carácter normativo en conexión con otro artículo del mismo Código que determina que si un hombre comete asesinato, debe ser castigado con la pena de muerte[29].

Nos inclinamos a pensar que las llamadas normas derogatorias (mencionadas por Kelsen en el punto 4º) tampoco son normas y deben incluirse en la categoría de enunciados no normativos[30].

4) Por último, en los sistemas jurídicos suelen aparecer enunciados que no tienen influencia alguna sobre las consecuencias normativas del sistema, verbigracia enunciados que presentan teorías políticas, expresan la gratitud del pueblo al Jefe del Estado o invocan la protección de Dios... Tales enunciados carecen de toda relevancia normativa en general y jurídica en particular[31]. Si tales enunciados son considerados parte integrante del sistema jurídico o no, no es una cuestión tan importante; Kelsen se inclina a eliminarlos del todo, lo cual parece ser bastante razonable.

Para terminar, cabe hacer una acotación terminológica. Así como los juristas suelen ser generosos con la expresión "norma jurídica" y la aplican a cualquier artículo de un código o de una

[28] Kelsen, *Reine Rechtslehre*, p. 17 y 51.

[29] Kelsen, *Reine Rechtslehre*, p. 58.

[30] Cfr. von Wright, *Norm and Action*, p. 196 y 197.

[31] Kelsen, *Reine Rechtslehre*, p. 54.

ley, tenga o no carácter normativo, tampoco vacilarían en calificar de "jurídico" un sistema basado en unos cuantos artículos de un código, aun cuando no establecieran sanción alguna. Tal es el caso del modelo expuesto en el cap. I: los arts. 2777 y 2778 del Cód. Civil no hacen mención de sanción alguna; sin embargo, un sistema basado en esos dos artículos sería normalmente llamado jurídico. La razón de ello está en que esos dos artículos forman parte de un conjunto más vasto (derecho argentino) que sí contiene sanciones. Podríamos, pues, estipular que un sistema normativo que tomado aisladamente no sería jurídico por carecer de sanciones puede, no obstante, ser denominado jurídico si es un subsistema de un sistema jurídico.

Parte Segunda

ALGUNOS PROBLEMAS METODOLÓGICOS DE LA CIENCIA DEL DERECHO

Capítulo V

PROBLEMAS DE SISTEMATIZACIÓN EN EL DERECHO

§ 1. *Introducción*

El propósito de este capítulo es destacar la importancia del concepto de sistema, elaborado en el capítulo anterior, como herramienta metodológica, mostrando que la sistematización ocupa un lugar central en la problemática de las ciencias normativas. Para ilustrar esta tesis hemos elegido la ciencia jurídica, pero los resultados de los análisis pueden fácilmente extenderse a otras ciencias que versen sobre el discurso normativo.

La ciencia jurídica se ocupa de los sistemas jurídicos; los enunciados que forman parte de tales sistemas serán denominados *enunciados de derecho*[1].

Nos interesa, en particular, trazar una clara línea divisoria entre los *problemas lógicos* que corresponden a la compleja actividad de los juristas que llamamos *sistematización* de los enunciados de derecho, y los *problemas empíricos* referentes a la *identificación* previa de tales enunciados, aunque esta división no agota, por cierto, toda la problemática de la ciencia del derecho (en el cap. VI examinaremos también algunos problemas

[1] Usamos deliberadamente la expresión neutral "enunciados de derecho" en vez de la más usual "normas jurídicas", porque –como ya lo hemos hecho notar– no todos los enunciados que aparecen en el discurso jurídico (p.ej., en un texto legal) son enunciados normativos.

axiológicos). Problemas diferentes exigen métodos diferentes y su confusión puede originar graves dificultades metodológicas. De hecho, en la teoría jurídica cabe observar dos tendencias opuestas, pero igualmente deformantes: la primera, que podríamos llamar *racionalismo* o *formalismo*, consiste en desconocer o menospreciar la importancia de los problemas empíricos, con la consiguiente pretensión de resolver todos los problemas con que se enfrenta la ciencia del derecho mediante métodos puramente racionales (deductivos). El vicio opuesto –*empirismo* o *realismo*– pone excesivo énfasis en la problemática empírica, llegando incluso a negar toda importancia a la sistematización.

Sería erróneo, sin embargo, confiar demasiado en las explicaciones que los juristas dan acerca de su propia actividad como científicos. Es un hecho bien conocido que excelentes científicos –físicos, biólogos o historiadores– no siempre desempeñan un papel igualmente brillante cuando incursionan en la fundamentación de su propia ciencia. En el derecho –donde la investigación metodológica ha sido muy descuidada–, el peligro de una distorsión involuntaria de los hechos, motivada por concepciones teóricas erróneas, es aún mayor.

Por ese motivo, las teorizaciones de los juristas acerca del carácter de los problemas y de los métodos de su propia ciencia tienen escaso valor informativo. Lo que interesa no son tanto las declaraciones programáticas de una u otra escuela, como la actividad científica de los juristas. Por eso es necesario observar qué hacen los juristas cuando se dedican a construir ciencia del derecho y no cuando combaten las concepciones teóricas de otros autores.

Por otra parte, no hay que perder de vista que la metodología no se ocupa de la descripción de los procesos psicológicos que ocurren en la mente del científico, sino de la reconstrucción racional de los procedimientos lógicos mediante los cuales el científico justifica sus aserciones[2].

[2] Cfr. Popper, *Logic of Scientific Discovery*, traducido como *Lógica de la investigación científica*; Carnap, *Logical Foundations of Probability*, p. 37 a 51.

Teniendo en cuenta las distinciones señaladas, se procede en el § 2 a caracterizar esquemáticamente las diversas etapas de la actividad sistematizadora, señalando a la vez los elementos que se usan en la sistematización y cuya presencia, por tanto, está presupuesta, ya que constituyen el material con el cual se construye el sistema. Pero una cosa es el manejo lógico de un material dado y otra, muy diferente, la identificación previa de ese material. A la elucidación de este último problema está dedicado el § 3, que trata, en especial, de la identificación y la selección de los enunciados de derecho que han de constituir la base del sistema.

En el § 4 se examina la segunda etapa de la sistematización, que consiste en la reformulación del sistema en busca de una base más general y económica, lo cual obedece a exigencias de orden práctico. El descubrimiento de los principios generales "implícitos" en el derecho plantea el problema del carácter lógico de esa operación (§ 5). Contrariamente a la opinión de muchos autores, se sostiene que esta operación es deductiva, y se advierte contra el peligro de considerar la deducción lógica como una actividad puramente mecánica: el uso de métodos deductivos es perfectamente compatible con el carácter creador de la ciencia (§ 6). Por último, se analizan en los § 7 y 8 algunas cuestiones relativas a los cambios de los sistemas jurídicos y a la función que la llamada "interpretación del derecho" desempeña en tales cambios. Estas consideraciones destacan la importancia de las reglas de inferencia para la determinación del sistema.

§ 2. La ciencia jurídica y la sistematización del derecho

Los filósofos del derecho parecen estar de acuerdo en que *la* tarea o, por lo menos, la más importante tarea de la ciencia jurídica consiste en la *descripción* del derecho positivo y su *presentación* en forma ordenada o "sistemática", mediante lo cual se tiende a facilitar el conocimiento del derecho y su manejo por parte de los individuos sometidos al orden jurídico y, en especial, por quienes deben hacerlo por razones profesionales (abogados, jueces, funcionarios, etcétera).

Sin embargo, este acuerdo básico no es más que aparente; debajo de expresiones tales como "descripción" o "sistematización" suelen esconderse ideas muy dispares y a menudo antagónicas. Conviene, por lo tanto, detenerse a analizar con mayor precisión en qué consiste esa actividad típica de los juristas.

Por lo pronto, parece claro que la descripción del derecho no consiste en la mera transcripción de las leyes y de las otras normas jurídicas, sino que comprende, además, la operación que los juristas denominan vagamente "interpretación" y que consiste, fundamentalmente, en la determinación de las consecuencias que se derivan de tales normas. En particular, los juristas están interesados en descubrir cuáles son las soluciones que el derecho establece para tales o cuales casos (los casos de los que se ocupa la ciencia jurídica son, salvo contadas excepciones, casos genéricos). Así, pues, buena parte de lo que los juristas llaman "interpretación" en este contexto, puede ser reconstruido como determinación de las consecuencias normativas de un conjunto de enunciados de derecho para un problema o una materia determinada. Y esto, en nuestra terminología, no es otra cosa que la construcción de un sistema deductivo axiomático, que adopta dichos enunciados como axiomas (es lo que hicimos en pequeña escala en el cap. I; al determinar las consecuencias de los artículos pertinentes del Código de Freitas o del Código Civil argentino, adoptamos una determinada interpretación de tales artículos).

La determinación del contenido del sistema mediante la derivación de las consecuencias, en general, y de las consecuencias normativas para una materia determinada, en particular, no agota la problemática de la sistematización. Frecuentemente, los juristas tratan, además, de encontrar una base axiomática nueva, más reducida y, por lo mismo, más fácilmente manejable que la anterior. Es lo que se tiene, por lo común, *in mente*, cuando se habla de la presentación ordenada y sistemática del material jurídico. Más adelante (§ 4 y 5), examinaremos con algún detalle esta operación.

Si la sistematización de un conjunto de enunciados consiste –en su primera etapa– en la determinación de las consecuencias normativas para una materia, esta actividad presupone la presencia de ciertos elementos a partir de los cuales el jurista emprende su tarea sistematizadora. Estos elementos son: *a*) un problema o conjunto de problemas (materia), cuya regulación por el derecho interesa al jurista; *b*) un conjunto de enunciados de derecho que regulan dicha materia, y *c*) un conjunto de reglas de inferencia que el jurista usa para la derivación de las consecuencias. Examinemos brevemente estos elementos.

a) *Materia.* A la ciencia del derecho le interesa determinar el estatus normativo que el derecho confiere a ciertas conductas (Universo de Acciones) en ciertas circunstancias (Universo de Discurso). El Universo de Acciones (en un cierto Universo de Discurso) determina la materia. La extensión de la materia depende del interés del científico y es, por lo tanto, en cierto sentido arbitraria. Un jurista puede querer ocuparse de la reivindicación de las cosas inmuebles contra terceros poseedores, de la responsabilidad extracontractual, de los arrendamientos rurales o del procedimiento legislativo. Lo importante es que se trata siempre de un sector de problemas limitado, y aunque todos los problemas jurídicos son estudiados por algún jurista, ningún jurista se consagra a todos los problemas a la vez, sino que se limita a una materia más o menos amplia[3].

b) *Enunciados de derecho.* El segundo elemento determinante de un sistema jurídico es el conjunto de enunciados de derecho que constituyen su base axiomática. Los juristas lla-

[3] Para simplificar la exposición, sólo consideramos las consecuencias normativas, es decir, los enunciados que correlacionan casos con soluciones. Por consiguiente, nuestra caracterización de la noción de materia es un tanto estrecha; nuestro esquema sólo es directamente aplicable a problemas normativos (cfr. cap. II, § 3). Pero los sistemas normativos –y también los sistemas jurídicos– pueden contener, además, otros tipos de enunciados: por ejemplo, los que correlacionan casos con casos, soluciones con soluciones, etcétera (cfr. cap. IV, § 5). Sin embargo, teniendo en cuenta que, en todos esos enunciados, se trata de correlaciones entre ciertos elementos pertenecientes a dos universos distintos, resulta fácil extender el esquema del modelo a tales situaciones.

man *válidos* (comúnmente se habla de normas válidas) a los enunciados que se consideran admisibles para figurar en la base de un sistema jurídico y también a las consecuencias de tales enunciados. Para identificar los enunciados válidos usan los juristas de ciertos criterios, que llamaremos *criterios de identificación*. Dentro de la clase de los enunciados admisibles (válidos), los juristas se limitan a considerar, por lo común, sólo aquellos que tienen consecuencias y, en particular, consecuencias normativas para la materia elegida. Los problemas de identificación y selección de los enunciados de la base serán examinados en la sección siguiente, pero es importante tener ya presente que cualquiera que sea el procedimiento que se utilice para identificar los enunciados de la base, no se puede hablar de sistema ni de sistematización, mientras no se haya acotado un conjunto determinado de enunciados de derecho. Tratándose del derecho positivo, ese conjunto será siempre finito, pero su extensión puede variar grandemente. De hecho, ese conjunto nunca abarca todos los enunciados de derecho identificados como válidos según un criterio determinado, sino algún subconjunto de tales enunciados.

c) *Reglas de inferencia.* Es un hecho de capital importancia que los juristas consideran como derecho no sólo los enunciados identificados como válidos de conformidad con los criterios de identificación vigentes, sino también los enunciados que son *consecuencias* de tales enunciados. Así, para dar un ejemplo trivial, pero suficientemente ilustrativo, de lo que queremos decir, parece indudable que si en una ley figura el enunciado: "Todos los ciudadanos mayores de 22 años tienen derecho al voto" y esa ley se acepta como derecho válido, entonces el enunciado "Los ciudadanos de 30 años de edad tienen derecho al voto", que es una consecuencia (se infiere) del enunciado anterior, también será considerado como un enunciado de derecho válido, aunque no figure expresamente en dicha ley (¡esto es, precisamente, lo que justifica nuestra caracterización de los sistemas jurídicos como sistemas deductivos!).

Ahora bien, para determinar cuáles son las consecuencias de un conjunto de enunciados, es necesario usar ciertas reglas de inferencia, que son las que definen la noción de consecuencia. Demás está decir que las consecuencias de un mismo conjunto de enunciados serán distintas si se usan distintas reglas de inferencia. Un enunciado que sea consecuencia de la base con ciertas reglas de inferencia, podrá dejar de serlo si se suprime alguna de las reglas, y viceversa, un enunciado que no sea consecuencia puede llegar a serlo si se introduce alguna regla de inferencia nueva. El contenido de un sistema axiomático (normativo o no) está determinado, en otras palabras, no sólo por los enunciados de la base, sino también por las reglas de inferencia.

Los juristas rara vez se detienen a analizar las reglas de inferencia que usan de hecho, y muchas veces ni siquiera son conscientes de su existencia. Es que la filosofía del derecho tradicional no se ha ocupado de esta cuestión; sólo muy recientemente los filósofos del derecho han empezado a interesarse por este problema, que encaran generalmente bajo el rótulo de "lógica jurídica"[4]. Este atraso no es mayormente asombroso; la lógica del discurso normativo (que estudia las inferencias normativas) no ha sido objeto de preocupación hasta hace muy poco. Su tratamiento sistemático comienza en 1951, con la aparición del ya clásico ensayo de von Wright, *Deontic Logic*[5]. Por tanto, la lógica deóntica es una importante rama de la lógica formal, y es de esperar que este desarrollo será aprovechado también en el ámbito jurídico[6].

Los tres elementos mencionados (la materia, los enunciados de la base y las reglas de inferencia) determinan el contenido del sistema, y la labor del científico consiste en formularlo explícitamente y, a lo más, en reorganizarlo. (Esto refleja la idea de que la ciencia no "crea", sino sólo conoce o describe el derecho.)

[4] Cfr. Klug, *Juristische Logik* (traducido como *Lógica jurídica*); Schreiber, *Logik des Rechts* (traducido como *Lógica del derecho*); Kalinowski, *Introduction a la logique juridique*.

[5] Von Wright, *Deontic Logic*, "Mind", 60, 1951, en "Logical Studies".

[6] Cfr. la bibliografía citada en von Wright, *An Essay in Deontic Logic and the General Theory of Action*, "Acta Philosophica Fennica", 1968; ver, también, Conte, *Bibliografia di logica giuridica 1936-1960*, "Rivista Internazionale di Filosofia del Diritto", 38, 1961.

La sistematización consiste, esquemáticamente, en los siguientes pasos.

1) *Determinación del UC y del US.* Para saber cuáles son las consecuencias normativas, esto es, las correlaciones entre casos y soluciones, hay que saber cuáles son los casos y las soluciones posibles, es decir, hay que identificar el Universo de Casos y el Universo de Soluciones correspondientes a la materia de que se trata.

La determinación del US no ofrece problemas, ya que el US es una función del Universo de Acciones (UA). En cambio, el UC no está determinado por el UD, ya que el UC es el resultado de una clasificación de los elementos del UD sobre la base de ciertas propiedades (UP). Por lo tanto, para determinar el UC es necesario saber cuáles son las propiedades relevantes para generar el Universo de Casos. Por lo común, los juristas extraen esas propiedades de los enunciados del derecho que constituyen la base del sistema; pero no siempre es así, pues a veces la elección del UP obedece a otros criterios. Esta cuestión da lugar a importantes problemas lógicos y axiológicos (lagunas axiológicas) que se estudiarán en el capítulo siguiente.

2) *Derivación de las consecuencias de la base.* Una vez determinados el UC y el US, el jurista procede a derivar las consecuencias normativas de la base para el UC y el US, identificando, de tal manera, cómo están solucionados los distintos casos del UC (como lo hicimos en el cap. I). Para ello se utilizan las reglas de inferencia.

El despliegue del sistema que consiste en la formulación explícita de las consecuencias de la base permite descubrir las propiedades formales del sistema (coherencia y completitud) y las de la base (independencia).

3) *Reformulación del sistema.* Consiste en la sustitución de la base originaria por otra. Así ocurre, sobre todo, cuando el número de los enunciados de la base es muy elevado. La posibilidad de reemplazar una base por otra más reducida, pero normativamente equivalente a la anterior, se considera, por lo común, una ventaja, pues de ese modo se hace más fácil el ma-

nejo del sistema. Por otra parte, esa operación no modifica el sistema, pues sólo atañe a la presentación de él. Muchas veces, cuando los juristas hablan de la sistematización del derecho, se refieren justamente a lo que nosotros llamamos reformulación.

La sistematización, al exhibir las propiedades formales del sistema, permite identificar los casos de incoherencia o laguna, que son considerados, por lo común, como defectos del sistema. Esto posibilita al jurista formular propuestas para la modificación del sistema. La crítica de los sistemas jurídicos que consiste en señalar sus defectos y en proponer remedios para las fallas, forma parte de la tarea de la ciencia jurídica. Sin embargo, esa actividad excede ya el marco de la mera sistematización.

Como la primera etapa de la sistematización –la formulación del sistema– ha sido ya suficientemente analizada y ejemplificada en el cap. I, nos limitaremos al comentario de la segunda etapa (reformulación). Pero antes tenemos que decir unas cuantas palabras sobre el problema empírico de la identificación de los enunciados de la base.

§ 3. *La identificación de la base y el problema de la validez*

Antes de proceder a la sistematización, el jurista debe determinar el material que va a sistematizar, es decir, tiene que identificar los enunciados que utilizará como base axiomática del sistema. Y aunque cualquier conjunto de enunciados puede servir de base para un sistema axiomático, no cualquier enunciado –ni siquiera cualquier enunciado de derecho– puede figurar en la base de un determinado sistema jurídico. Para ello, el enunciado debe reunir ciertas características especiales. Siguiendo la terminología tradicional, llamaremos *válidos* a los enunciados de derecho que los juristas aceptan como admisibles para integrar la base de un sistema jurídico. Para seleccionar los enunciados de la base, los juristas usan ciertos criterios que llamaremos *criterios de identificación*. Estos criterios establecen qué requisitos debe reunir un enunciado de derecho para que sea válido. La noción de validez es, por lo tanto, relativa a un criterio o un conjunto de criterios de identificación.

Los criterios de identificación comprenden dos clases de reglas: reglas de admisión, que estipulan las condiciones bajo las cuales un enunciado es válido, y reglas de rechazo, que establecen cuándo un enunciado de derecho, válido según las reglas de admisión, deja de serlo.

Las reglas de admisión señalan las distintas *fuentes* de producción del derecho: legislación, jurisprudencia, costumbre, entre otras. Las reglas de rechazo indican las formas en que un enunciado válido puede perder su validez (derogación, desuso, etcétera).

Muchas de las controversias entre distintas escuelas jurídicas no se refieren a problemas metodológicos (sistematización), sino a la elección de los criterios de identificación y, por ende, a las fuentes del derecho. Así, por ejemplo, gran parte de la polémica entre el iusnaturalismo y el positivismo jurídico tiene su origen en la discrepancia acerca de las fuentes admisibles; el positivismo sólo admite como válidos los enunciados emanados de alguna autoridad empírica (humana), mientras que los partidarios de la doctrina del derecho natural admiten otras fuentes supraempíricas (naturaleza, Dios, etcétera). A su vez, dentro de la posición positivista, cabe distinguir numerosos matices. Para algunos positivistas (escuela exegética), la legislación es la única fuente del derecho; otros admiten al lado de la legislación otras fuentes, como la costumbre o la jurisprudencia. La polémica de Gény contra la escuela exegética, o la de Heck y sus partidarios (jurisprudencia de intereses) contra la jurisprudencia de los conceptos (*Begriffsjurisprudenz*), tuvieron, entre otras cosas, la finalidad de ampliar el conjunto de los criterios de identificación, propiciando la admisión de nuevas fuentes del derecho.

Las reglas de admisión y las de rechazo *definen*, conjuntamente, la noción de enunciado de derecho válido[7]. Son, por lo tanto, *reglas conceptuales* (definiciones). Esas definiciones adoptan por lo común la forma de *definiciones recursivas*: mediante la sucesiva aplicación de tales reglas se puede, en un número fi-

[7] Sólo nos interesa en este contexto el sentido descriptivo del término válido; quedan fuera, por lo tanto, sus posibles connotaciones prescriptivas o valorativas.

nito de pasos, establecer si un enunciado dado es válido o no (para el criterio en cuestión).

Las reglas conceptuales no deben confundirse con las normas de conducta; estas últimas establecen que una conducta es obligatoria, prohibida o permitida. Las reglas conceptuales, en cambio, se limitan a regular el uso de un concepto (o de un término), pero no prohíben ni permiten nada. Hacemos esta advertencia porque en la filosofía del derecho existe cierta tendencia a identificar los criterios de validez con las normas de competencia[8].

Ahora bien, las normas de competencia son (una clase especial de) normas permisivas; son normas de conducta que permiten crear nuevas normas[9]. Los criterios de identificación hacen, a menudo, referencia a las normas de competencia, pero ello no autoriza a confundirlos.

Un ejemplo aclarará lo dicho. Una regla de admisión que instituye la legislación (en sentido amplio) como fuente de enunciados válidos, puede tener (y frecuentemente tiene) la siguiente forma:

a) Todos los enunciados que pertenecen al conjunto C (v.gr., una Constitución) son válidos.

b) Si existe un enunciado válido que autoriza (permite) a una autoridad normativa *x* formular el enunciado *p*, y *x* ha formulado *p*, entonces *p* es válido.

c) Todos los enunciados que son consecuencia (se infieren) de los enunciados válidos, son válidos.

[8] Así, por ejemplo, en Kelsen la norma básica no sólo suministra el criterio último de validez de todo el orden jurídico, sino que, además, otorga competencia al primer legislador. Pero es claro que una definición no puede otorgar a nadie competencia para crear normas jurídicas. Tampoco Hart distingue claramente entre el estatus lógico de la *rule of recognition* (regla de reconocimiento), que corresponde a nuestro criterio de identificación, y el de las *rules of change* (reglas de cambio), que corresponden a las normas de competencia. El mero hecho de usar la misma expresión "*rule*" (regla) para referirse a unas y a otras ya es criticable, pues esa terminología tiende a encubrir la diferencia (cfr. Bulygin, *Sobre la regla de reconocimiento*, "Derecho, filosofía y lenguaje. Homenaje a Ambrosio L. Gioja", p. 31 y siguientes).

[9] Cfr. von Wright, *Norm and Action*, p. 198 y siguientes.

Las reglas *a*, *b* y *c* constituyen, conjuntamente, una definición recursiva de "enunciado válido". Esto quiere decir que la aplicación reiterada de tales reglas permite establecer si un enunciado dado es o no válido para este criterio (de hecho, las reglas de admisión suelen estar complementadas por las reglas de rechazo, pero es ésta una complicación que podemos pasar por alto).

Como se advertirá fácilmente, la regla *b* hace expresa referencia a las normas de competencia (normas que autorizan a formular enunciados válidos); para establecer la validez de un enunciado es necesario, por consiguiente, conocer el contenido de ciertas normas de competencia (con la excepción del caso límite en que la regla *a* es suficiente, por sí sola, es decir, cuando se trata de los enunciados constitucionales mismos). Pero las reglas *a*, *b* y *c* no son ellas mismas normas de conducta, sino meras definiciones.

Corresponde a la filosofía del derecho elucidar los criterios de identificación que los científicos *usan* de hecho para identificar los enunciados de derechos válidos, es decir, los criterios efectivamente *vigentes* en una comunidad dada[10]. Este problema suele encararse bajo tres rótulos diferentes: *1*) la definición del concepto de derecho; *2*) las fuentes del derecho, y *3*) la unidad del ordenamiento jurídico[11].

Llamaremos *ordenamiento* al conjunto formado por todos los enunciados válidos conforme a un cierto criterio de identificación. La unidad del ordenamiento está dada por el criterio de identificación.

El concepto de ordenamiento es un caso especial –en cierto sentido un caso límite– del concepto más general de sistema. En efecto, es el sistema formado por todos los enunciados válidos (téngase presente que las consecuencias de los enunciados válidos son, a su vez, válidas).

10 "For the most part the rule of recognition is not stated, but its existence is shown in the way in which particular rules are identified, either by courts or other officials or private persons or their advisers" (Hart, *The Concept of Law*, p. 98).

11 Las contribuciones más importantes al análisis de este último tema se hallan en Bentham y Austin y, en la época reciente, en Kelsen, Ross y Hart.

Cuando los filósofos del derecho hablan de sistemas jurídicos utilizan casi siempre esta expresión en el sentido de "ordenamiento", es decir, se refieren a la totalidad de las normas válidas según un criterio de identificación[12]. El concepto más general de sistema, que hemos tratado de caracterizar en este trabajo (*cualquier* conjunto de enunciados que contenga todas sus consecuencias) ha recibido muy escasa atención por parte de los filósofos del derecho. Sin embargo, es este último concepto –el concepto generalizado de sistema– el que se usa en la ciencia jurídica, o mejor dicho, el que permite reconstruir racionalmente la práctica científica de los juristas. En efecto, los científicos construyen siempre sus sistemas a partir de algún subconjunto del ordenamiento formado por aquellos enunciados válidos que son relevantes para la materia que interesa elucidar. A nadie se le ocurre identificar *todos* los enunciados válidos, y tan ciclópea empresa –digna de un Ireneo Funes– sería de muy escasa utilidad, precisamente porque las propiedades de los sistemas normativos, como la coherencia, la completitud (lagunas) y la independencia, así como la noción misma de sistema normativo, son conceptos *relacionales*. Lo que interesa al jurista es determinar las consecuencias normativas *para* una materia (un UC y un US), y ello constituye un criterio selectivo que restringe considerablemente la extensión de la base, pues aquellos enunciados de derecho que carecen manifiestamente de consecuencias para la materia elegida son descartados de entrada[13]. De ahí que la identificación de los enunciados válidos sólo constituye el primer paso en la determinación de la base. Para esa primera etapa todo lo que el jurista necesita es un criterio que le permita decidir si un enunciado es o no válido, pero no determinar cuáles son todos los enunciados válidos. El segundo paso consiste en seleccionar –dentro de la clase de los enunciados de derecho válidos– aquellos que tienen consecuencias (y sobre todo, consecuencias normativas) para la materia elegida.

[12] Cfr. las obras ya citadas de Kelsen, Ross, Hart y Raz.

[13] Como ya lo señalamos, los filósofos del derecho suelen plantear los problemas de completitud (lagunas) y coherencia con referencia a todo el ordenamiento, y eso es, precisamente, lo que hace estériles sus análisis. Es uno de los temas en los que el divorcio entre la ciencia y la filosofía es más patente.

Si bien la elección de la materia es arbitraria en el sentido de que depende enteramente del interés del jurista, la selección de los enunciados que han de integrar la base no lo es, pues está determinada por dos factores: los enunciados de la base deben ser enunciados de derecho válidos, y la base debe contener todos los enunciados que tengan consecuencias normativas para la materia elegida[14].

El problema de seleccionar todos los enunciados relevantes para la materia varía según las distintas fuentes del derecho. Cuando se trata de la *legislación*, el problema suele estar ya resuelto (por lo menos en parte) por el legislador, quien, por lo común, ordena las leyes de acuerdo con las materias, realizando así una tarea sistematizadora previa. Esa tendencia a legislar en forma sistemática se ha acentuado notablemente a partir de la sanción del Código Napoleón, en lo que se ha dado en llamar el movimiento de codificación. Lo característico de esa tendencia es que las leyes o los artículos de un código suelen estar agrupados según materias. La presencia de las llamadas "partes generales" en los códigos modernos corresponde a la segunda etapa de sistematización, que examinaremos en la sección siguiente. Obsérvese que la tarea teórica que realiza el que elabora un proyecto de ley, es exactamente la misma que la del jurista dogmático: ambos construyen sistemas normativos, sólo que el primero de ellos no está ligado por enunciados preexistentes (válidos), sino que los elige libremente (esos enunciados sólo adquieren validez cuando el legislador sanciona el proyecto y lo convierte en ley).

Tratándose de la *jurisprudencia*, la selección de los enunciados de la base ofrece considerables dificultades. En primer

[14] De hecho, como que el derecho se formula en el lenguaje ordinario, las inferencias de los juristas rara vez son rigurosamente formales y la cuestión de saber si un determinado enunciado tiene o no tales consecuencias y si ha de figurar, por lo tanto, en la base, no puede resolverse a veces por medios puramente racionales. En esas situaciones todo lo que puede hacer el científico, en cuanto tal, es señalar las posibles alternativas y las consecuencias de cada una de ellas, dejando a la decisión de las autoridades competentes la elección de una u otra. Sobre este tema, véase Fiedler, *Juristische Logik in mathematischer Sicht*, "Archiv für Rechts-und Sozial-philosophie", vol. 1966, LII/1, traducido como *Derecho, lógica, matemática*.

lugar, los fallos judiciales no están sistematizados como los códigos. Esta circunstancia obliga al jurista a revisar un gran número de fallos para estar razonablemente seguro de que no se le han escapado enunciados relevantes para su materia. A ello se agrega la dificultad adicional de tener que extraer las *rationes decidendi* de cada uno de los fallos que considera, pues la "jurisprudencia" no es el conjunto de las decisiones que los jueces dictan para solucionar casos individuales, sino los enunciados *generales* que les sirven de fundamento. Ya hemos dicho que a la ciencia del derecho le interesa la solución de los casos genéricos; por lo tanto, la base debe estar integrada por enunciados generales y, sobre todo, por normas generales[15].

Ahora bien, la *ratio decidendi* no siempre está formulada claramente. Aunque el juez esté obligado a fundar expresamente su decisión, los considerandos de la sentencia contienen a menudo demasiadas o insuficientes cosas. A veces, el juez no indica todo el fundamento (p.ej., por considerarlo obvio); otras veces aduce argumentos superfluos, que no son necesarios para la fundamentación de la sentencia. Desentrañar la *ratio decidendi*, esto es, la pauta general de la que la decisión del juez es un caso de aplicación, es una de las tareas más importantes del jurista que se ocupa del derecho jurisprudencial[16].

Resumiendo, podemos decir que la integración de la base de un sistema está condicionada por los siguientes factores:

a) Los criterios de identificación que el jurista utiliza.

b) La materia elegida.

c) El momento cronológico con referencia al cual se hace la identificación de los enunciados válidos.

El factor temporal es muy importante. Las distintas fuentes del derecho producen continuamente nuevos enunciados válidos, mientras que otros pierden su validez (por derogación,

[15] Cfr. Bulygin, *Sentenza giudiziaria e creazione di diritto*, "Rivista Internazionale di Filosofia del Diritto", anno XLIV, fasc. II, 1967.

[16] Cfr. Carrió, *Recurso de amparo y técnica judicial*, donde se encuentra un excelente ejemplo de las dificultades que puede ofrecer la determinación de la norma general aplicada por un tribunal.

desuso, etcétera). Así, pues, la aplicación de los mismos criterios de identificación en momentos diferentes, da lugar a diferentes resultados. La identificación de los enunciados de la base es un problema empírico, precisamente porque los criterios de identificación y de selección se aplican a un material que el científico encuentra en la experiencia; el contenido de la experiencia varía con el transcurso del tiempo. En este sentido, los sistemas normativos son relativos a un momento cronológico dado: son sistemas momentáneos (volveremos más adelante sobre este problema; cfr. § 7).

§ 4. *Reformulación del sistema y la génesis de los principios generales*

La importancia de la tarea que hemos descrito como la primera etapa de la sistematización estriba en que al derivarse las consecuencias y, especialmente, las consecuencias normativas de la base, se hace explícito el contenido del sistema y se ponen de manifiesto sus defectos (si los tiene): lagunas, incoherencias y redundancias. Esto es lo que se lograba, en pequeña escala, con la construcción de la matriz del sistema (cap. I), que no era otra cosa que la derivación de las consecuencias normativas.

La manera más segura de evitar esos defectos parece consistir en solucionar caso por caso mediante normas elementales (recuérdese que por "norma elemental" entendemos la que correlaciona un caso elemental con una solución maximal). Este hecho da origen a una tendencia dentro de la técnica legislativa, que tradicionalmente suele denominarse *casuismo*.

El casuismo tiene indudables ventajas, entre las cuales la más importante es la de facilitar la creación de sistemas completos, coherentes e independientes, pero adolece también de muy grandes inconvenientes. Su defecto principal consiste en la gran proliferación de normas; si para cada caso hace falta una norma, es evidente que el número de las normas de la base tendrá que ser extraordinariamente grande si el sistema pretende ser completo con relación a una materia relativamente compleja.

Por otra parte, la ausencia de lagunas, contradicciones y redundancias no es el único criterio que usan los juristas para la valoración de los sistemas. A él se agrega otro, que siguiendo a Jhering llamaremos *principio de economía*[17]. De acuerdo con este principio, la base de un sistema jurídico debe ser lo más reducida posible; tiene que constar del menor número posible de enunciados. Ello implica –si el sistema ha de ser completo– que los enunciados de la base y, en particular, sus normas deben ser lo más generales que sea posible. Una norma es *general* –en el sentido aquí relevante del término– cuando soluciona una cierta pluralidad de casos. Este concepto de generalidad es un concepto comparativo: una norma es más general que otra, cuando soluciona mayor número de casos (elementales). Las normas generales son las que hemos llamado normas complejas (cap. III, § 5), y que, al solucionar un caso complejo, solucionan todos los casos elementales incluidos en ese caso complejo. Este concepto de generalidad debe distinguirse de otro, también muy usual en la teoría jurídica, y que no es un concepto comparativo, sino absoluto. En este otro sentido, una norma es general cuando soluciona casos genéricos y se contrapone a normas individuales, que solucionan casos individuales. Las normas elementales son generales en el segundo sentido, no en el primero. Dado que el uso de la palabra "general" en los dos sentidos es muy firme, no nos pareció oportuno propiciar un cambio terminológico. Cabe confiar en que el contexto aclarará de qué concepto de generalidad se trata en cada situación.

Las ventajas de un sistema con base reducida y general son manifiestas: el relativamente pequeño número de enunciados permite tener una mejor visión del conjunto y un manejo práctico más fácil. Pero también tiene sus peligros: es más difícil prever todas las consecuencias de las normas muy generales, lo cual lleva implícito el peligro de que el sistema resulte incompleto, incoherente o redundante.

Como técnica legislativa, la legislación por medio de normas generales (complejas) parece gozar de más favor entre los juristas, con la posible excepción del mundo anglosajón, donde

[17] Jhering, *El espíritu del derecho romano*, t. III, p. 25 y siguientes.

la tendencia hacia al casuismo ha sido tradicionalmente muy fuerte. La reducción del número de los artículos de un código se considera generalmente que es un progreso. Uno de los reproches que repetidamente se ha dirigido contra Freitas, es que su Código es demasiado casuista y, por lo tanto, excesivamente frondoso (el número de los artículos llega en el Código de Freitas a 4908, a pesar de que quedó incompleto), Vélez Sársfield logró reducir la cantidad de artículos a 4051, y el Código Civil alemán (BGB) –considerado por lo común como uno de los más perfectos desde el punto de vista técnico– sólo contiene 2385 artículos. La comparación del Código de Vélez Sársfield con el de Freitas ilustra de paso los peligros de una generalización apresurada. En el cap. I vimos que Vélez Sársfield redujo a dos las cuatro normas de Freitas referentes al problema de la reivindicación contra terceros poseedores, ¡con el resultado de que en el sistema de Vélez Sársfield aparecieron tres lagunas!

El jurista no crea la base; se encuentra –una vez realizada la tarea de identificación– frente a una base dada. La primera etapa de su labor sistematizadora consiste en la derivación de las consecuencias. La segunda, en la reformulación de la base. Ésta persigue la finalidad de eliminar ciertos defectos del sistema.

Los posibles defectos de un sistema tienen diferente "gravitación". La incompletitud y la incoherencia afectan al sistema mismo, en el sentido de que su eliminación requiere una modificación del sistema. En otras palabras: si un sistema tiene lagunas o incoherencias, la única manera de eliminarlas es la construcción de un nuevo sistema, distinto del anterior. En cambio, la redundancia y el casuismo no afectan al sistema, sino a la *presentación* o *formulación* de él. Para eliminar estos dos últimos defectos es suficiente modificar la base del sistema, pero esta modificación de la base no afecta (no modifica) al sistema mismo, ya que el sistema derivado de la nueva base sigue siendo normativamente equivalente al anterior.

Este hecho determina que las posibilidades del científico frente a diferentes defectos del sistema son, a su vez, distintas. Se considera, por lo común, que el científico no puede por sí solo modificar el sistema impuesto por el legislador, razón por la cual no puede eliminar las lagunas y las incoherencias. Sólo puede formular *propuestas* para su eliminación. En cambio, sí puede eliminar las redundancias y el casuismo; lo puede hacer *reformulando* la base del sistema. Y puede hacerlo sin extralimitarse en su función de científico, siempre que la nueva base sea normativamente equivalente a la base anterior.

La reformulación de la base de un sistema jurídico se ha considerado tradicionalmente una de las tareas más importantes de la ciencia dogmática del derecho, puesto que tal reformulación va íntimamente ligada a la elaboración de las denominadas "partes generales" y de los principios generales del derecho[18].

Las dos exigencias –la eliminación de las redundancias y el principio de economía–, en cierto modo, se oponen entre sí: a mayor generalidad, mayor peligro de redundancias. Por lo común, el principio de economía es considerado por los juristas como más importante, por lo cual se contentan con la eliminación de las normas totalmente redundantes, sin pretender eliminar todas las redundancias parciales, que al fin y al cabo no constituyen defecto grave.

La finalidad principal de la reformulación radica, por consiguiente, en el hallazgo de normas generales, es decir en la sustitución de una pluralidad de normas por una norma más general. Para ilustrar el procedimiento usado a ese fin, veamos un ejemplo.

Supongamos que el jurista comprueba la existencia de las siguientes normas.

N_1: Si hay mala fe del enajenante, buena fe del adquirente y título oneroso, procede la reivindicación.

N_2: Si hay mala fe del enajenante, mala fe del adquirente y título oneroso, procede la reivindicación.

N_3: Si hay mala fe del enajenante, buena fe del adquirente y título gratuito, procede la reivindicación.

N_4: Si hay mala fe del enajenante, mala fe del adquirente y título gratuito, procede la reivindicación.

[18] Jhering, *El espíritu del derecho romano*, t. III, p. 49 y ss.; Soler, *Interpretación de la ley*, p. 171, 174 y 181.

Entonces puede reemplazar las cuatro normas elementales por una sola norma compleja, que diga:

N_5: Si hay mala fe en el enajenante, procede la reivindicación.

La nueva norma (N_5) es normativamente equivalente al conjunto formado por las cuatro normas primitivas $\{N_1, N_2, N_3, N_4\}$ pues sus consecuencias normativas son idénticas.

Resumiendo, podemos decir que la *reformulación del sistema* consiste en la sustitución de la base del sistema por otra base nueva –más reducida y general–, pero normativamente equivalente a la base primitiva. Este último requisito es muy importante: sólo si la nueva base tiene las mismas consecuencias normativas que la base anterior puede hablarse de reformulación del mismo sistema; si la nueva base no recoge alguna de las consecuencias normativas de la base primitiva o tiene consecuencias que ella no tenía, no se tratará ya del mismo sistema, sino de dos sistemas diferentes. La actividad teórica de los científicos de derecho no consiste, sin embargo, en la modificación del derecho, que es tarea propia del legislador. En este sentido está justificado el reproche que solía formularse contra la jurisprudencia de conceptos, en la medida en que pretendía ella sacar nuevas normas (nuevas consecuencias normativas) por medio del método de la construcción jurídica, que no va de suyo más allá de la definición y el análisis de los conceptos jurídicos. Semejante pretensión de la jurisprudencia de conceptos o es vana, si no se trata más que de la formulación explícita de las normas que ya están contenidas implícitamente en el sistema, o transgrede los límites de la función cognoscitiva de la ciencia, al invadir el terreno de la creación del derecho, que es función política que compete al legislador.

Cuando los enunciados de la base son extraídos de textos legales, la reformulación tiene el carácter de tarea complementaria: siempre que el legislador haya procedido sistemáticamente al dictar la ley. Pero la importancia de la reformulación se pone realmente de manifiesto cuando falta esa sistematización previa; por ejemplo, cuando se trata de enunciados provenientes de la jurisprudencia (recuérdese que esos enunciados no son las sentencias individuales, sino sus fundamentos generales, las *rationes decidendi* de los fallos).

Reducir la pluralidad de los enunciados de origen jurisprudencial a unos pocos enunciados generales, de los que los demás puedan deducirse, es uno de los objetivos de la ciencia jurídica. Esto significa que la base del sistema –formada originariamente por todos los enunciados generales que los jueces usan para fundamentar sus decisiones–, queda sustituida por otra nueva base, que consta de unos pocos enunciados, sin que con ello se modifiquen las consecuencias normativas del sistema. Un excelente ejemplo de cómo se lleva a cabo esta tarea nos suministra Carrió sobre la sentencia arbitraria[19]. De una gran cantidad de sentencias en las que la Corte decide sobre la procedencia del recurso por sentencia arbitraria, Carrió procura extraer algunas pocas pautas generales, que comprenden todas las causales de arbitrariedad admitidas por la Corte. De tal manera sistematiza el material suministrado por la jurisprudencia (que es su finalidad declarada), sistematización que consiste en la *axiomatización* del sistema con una nueva base, mucho más reducida, pero normativamente equivalente a la anterior.

Lo que hemos dicho acerca de la reformulación se aplica por igual a la elaboración de las partes generales de las distintas materias y a la extracción de los llamados *principios generales del derecho*[20]. Todo parece indicar que ambas actividades consisten, sustancialmente, en lo mismo: la formulación de normas cada vez más generales. Entre las normas que los juristas llaman "principios generales" (en este contexto) y las normas que integran las "partes generales", sólo hay diferencia de grado, en el sentido de que las primeras suelen ser más generales que las segundas. Es muy difícil, si no del todo imposible, trazar una

[19] Carrió, *El recurso extraordinario por sentencia arbitraria en la jurisprudencia de la Suprema Corte*, especialmente, p. 55.

[20] Cfr. Soler, *La interpretación de la ley*, p. 171 y 181. Éste es, desde luego, sólo uno de los sentidos en que los juristas usan la expresión "principios generales del derecho". No pretendemos analizar aquí todos los significados de esta multívoca expresión. Cfr. Carrió, *Principi di diritto e positivismo giuridico*, "Rivista di Filosofia", 61, 1970, p. 127 a 148.

línea divisoria entre normas y principios[21]. Uno de los posibles criterios parece ser éste: que los principios son tan generales, que pueden aplicarse a distintas materias, mientras que las "partes generales" son relativas a una sola materia. Pero es importante tener presente que el procedimiento usado para la elaboración de la parte general de una materia y la formulación de un principio general parece ser exactamente el mismo.

§ 5. *La llamada "inducción jurídica"*

¿Cuál es la naturaleza lógica de la operación mediante la cual el jurista transforma una pluralidad de normas en una norma de mayor generalidad (normativamente) equivalente a las normas primitivas? El examen de esta cuestión puede arrojar alguna luz sobre los métodos y el carácter de la ciencia jurídica.

Sebastián Soler, tras señalar que "el trabajo principal de la reconstrucción propiamente técnica de un sistema jurídico no es... una pura serie deductiva", sostiene que la generalización consistente en la extracción de las "reglas y principios generales de los preceptos concretos y aislados del derecho positivo" es una operación *inductiva*[22]. Pero Soler opone esta "inducción jurídica", en la que la conclusión está plenamente garantizada por las premisas, a la "inducción por enumeración", que se practica en las ciencias fácticas y cuyo resultado es meramente probable. Al mismo tiempo, Soler subraya, al polemizar con Kantorowicz, que la inducción jurídica no es un silogismo y que el silogismo no es "la única manera posible de llegar a conclusiones lógicamente válidas"[23].

[21] Entre los autores contemporáneos, el que más énfasis pone en esta distinción es Dworkin. No es muy claro, sin embargo, cuál es su criterio diferencial. Cfr. Dworkin, *Is a Law a System of Rules?*, en Summers (ed.), "Essays in Legal Philosophy" (publicado originalmente como *The Model of Rules*, "University of Chicago Law Review", 35, 1967). Para la crítica de la posición de Dworkin, ver Carrió, *Principios jurídicos y positivismo jurídico*, y Raz, *Legal Principles and the Limits of Law*, "Yale Law Journal", 81, 1972, p. 823 a 854.

[22] Soler, *La interpretación de la ley*, p. 176.

[23] Soler, *La interpretación de la ley*, p. 178.

Que el silogismo no es la única forma de razonamiento lógicamente válido es una verdad ampliamente demostrada por la lógica contemporánea. La observación de Soler no deja de tener, sin embargo, su importancia, porque no pocos juristas –aun aquellos que escriben sobre temas de lógica– ignoran, curiosamente, muchos adelantos de la teoría lógica. Más interesante, empero, es la cuestión de saber si la operación calificada por Soler como "inducción jurídica" es –lógicamente hablando– una inducción o una deducción.

Aristóteles define la inducción como el "paso de los particulares a los universales"[24]. Siguiendo esta definición, la tradición aristotélica caracteriza la diferencia entre el razonamiento deductivo y el razonamiento inductivo en los siguientes términos: el razonamiento deductivo es una conclusión de lo universal a lo particular o lo singular, el razonamiento inductivo es una conclusión de lo particular a lo universal[25]. Esta caracterización es manifiestamente insuficiente; la conclusión de un razonamiento deductivo no tiene por qué ser particular, ni es necesario que sus premisas sean generales. Por eso, en la lógica moderna se adopta otro criterio de diferenciación: deductivo es todo razonamiento lógicamente válido, es decir, un razonamiento en el cual la verdad de las premisas garantiza la verdad de la conclusión, esto es, no puede darse el caso de que las premisas sean verdaderas y la conclusión falsa. Otra manera de expresar la misma idea es decir que las premisas implican lógicamente la conclusión. En un razonamiento inductivo, en cambio, no se da tal relación de implicación lógica; las premisas no garantizan la verdad de la conclusión, sino que se limitan a indicar tan sólo su grado de probabilidad o confirmación[26].

Frente a la distinción formulada en estos términos, resulta evidente que la operación que Soler llama inducción jurídica es una inferencia deductiva, si es verdad que conduce, como lo afirma, a conclusiones lógicamente válidas y que

[24] Aristóteles, *Tópica*, i. 12 (105ª 10-16).

[25] Überweg, *System der Logik und Geschichte der logischen Lehren*.

[26] Carnap, *Logical Foundations of Probability*, p. 43 y siguientes.

las premisas garantizan plenamente la verdad de la conclusión[27].

Sin embargo, es interesante observar que la terminología de Soler –aunque no esté de acuerdo con la terminología usada en la lógica moderna– tiene antecedentes muy ilustres. Fue nada menos que Aristóteles el que por primera vez examinó esta forma de inferencia, que consiste en una generalización a partir de *todos* los casos de un género[28].

Aristóteles llama *inducción* a este razonamiento y señala que en cierto modo esa inducción –que manifiestamente es distinta de la inducción que caracteriza Aristóteles en *Topica*– puede oponerse al silogismo, aunque también puede ser considerada como un caso especial de este último, e insiste en que esta inducción "procede a través de una enumeración de todos los casos"[29]. El ejemplo mencionado por Aristóteles es, como lo señala Prior[30], poco feliz, ya que es extraído de la ciencia natural, donde justamente no se presenta la posibilidad de examinar todos los casos de una generalización. Sin embargo, añade Prior, la "inducción" aristotélica tiene múltiples usos en "ciencias más abstractas" (como la lógica y la matemática) y proporciona un ejemplo tomado de la lógica. Prior analiza los intentos de Aristóteles y de De Morgan de reducir esta forma de inferencia a una de las figuras del silogismo. No tenemos por qué entrar en estos tecnicismos; lo cierto es que la "inducción" aristotélica es una forma de inferencia lógicamente válida, aunque no sea reducible sin más a figuras silogísticas, y es, por consiguiente, una inferencia deductiva. Este tipo de inferencia es muy usado en matemáticas[31] y –según parece, si tiene razón Soler– también en la ciencia jurídica.

Para decidir si la inducción jurídica es efectivamente una inferencia lógicamente válida del mismo tipo que la inducción

[27] Soler, *La interpretación de la ley*, p. 176 y siguientes.

[28] Aristóteles, *Analytica priora*, II, 23 (68^b 15-29).

[29] Aristóteles, *Analytica priora*, II, 23 (68^b 28-29).

[30] Prior, *Formal Logic*, p. 141 a 145.

[31] Barkley Rosser, *Logic for Mathematicians*, p. 34 y 35.

aristotélica y el razonamiento por casos de los matemáticos, tenemos que analizar sus supuestos. Hemos visto ya que la validez de la inducción aristotélica depende esencialmente de la posibilidad de inspeccionar *todos* los casos de un género. La diferencia con el silogismo común puede expresarse –como lo subraya Prior– en un lenguaje kantiano, diciendo que en vez de probar un caso por la regla, en la inducción se prueba la regla observando el resultado en todos los casos.

Una posibilidad de inspeccionar *todos* los casos se da cuando su número es finito. Si el número de los casos posibles es infinito, no se pueden revisar todos ellos. Soler insiste en que la inducción jurídica es una inferencia lógicamente válida porque se cumple en ella esta condición: el material que maneja el jurista es limitado, ya que el número de reglas de las que el jurista extrae el principio general es *finito*. "La inducción jurídica es legítima solamente en la medida en que el principio general es extraído de *la totalidad* de los preceptos inferiores, y la operación es posible, porque la serie de estos últimos es siempre limitada". Esta tesis parece implicar que el conjunto de enunciados válidos es necesariamente finito, propiedad a la que Soler alude bajo el nombre de "finitud lógica del sistema"[32].

La tesis del finitismo es verdadera para el derecho positivo. Si el derecho positivo es el derecho creado por los hombres, entonces el número de los enunciados válidos no puede ser infinito, ya que éstos han sido formulados mediante pasos sucesivos y finitos.

Si se acepta la posición positivista, según la cual todo derecho es derecho positivo, entonces la tesis finitista es válida sin restricciones. Pero para una posición iusnaturalista esto no es necesariamente así. Un sistema de derecho natural puede estar formado (aunque no necesariamente) por un infinito número de enunciados creados por Dios (que, como ser infinito, bien puede crear un número infinito de enunciados). En este caso la tarea de la sistematización (o mejor, de la *axiomatización*) consistiría en hallar una base finita equivalente al sistema

[32] Soler, *La interpretación de la ley*, p. 178.

de derecho natural. Pero también es posible que el conjunto de los enunciados del derecho natural de este tipo no sea axiomatizable.

Desde el punto de vista práctico, es indudable que la ciencia del derecho de los últimos ciento cincuenta años opera casi exclusivamente con el derecho positivo. Muy rara vez se admiten en la base enunciados que no sean de derecho positivo. Esto vale incluso para los juristas dogmáticos que en el plano filosófico o ético son partidarios declarados de la doctrina del derecho natural.

Por consiguiente, en el ámbito jurídico se cumple –por lo menos para el derecho positivo– la condición de finitud, necesaria para la validez lógica del razonamiento por casos. La inducción jurídica es, por lo tanto, una inferencia deductiva (lógicamente válida) del mismo tipo que la que se usa en las ciencias formales: la lógica y la matemática.

§ 6. *La función creadora de la ciencia jurídica*

El hecho de que la relación entre los enunciados de la base originaria y los "principios generales", es decir, los enunciados de la nueva base, sea la de implicación lógica y que, por consiguiente, la inferencia de los últimos a partir de los primeros sea una inferencia deductiva, no significa en modo alguno que la tarea sistematizadora de la ciencia jurídica sea una actividad puramente mecánica. Existe un arraigado prejuicio –y no sólo entre los juristas– que tiende a identificar el ámbito de la lógica deductiva con la actividad automática, como si todas las operaciones dentro del campo de la lógica no fueran más que operaciones mecánicas. Tal vez sea por eso que Soler agrega a su caracterización de la reconstrucción técnica del sistema jurídico, que ésta "no consiste en una pura serie deductiva"[33].

Sin embargo, la identificación de la deducción lógica con lo mecánico es un gravísimo error, que conviene denunciar con

[33] Soler, *La interpretación de la ley*, p. 176.

todo énfasis, pues conduce a muchas confusiones en la teoría del derecho.

Una actividad teórica puede ser calificada de mecánica sólo si existen procedimientos efectivos para la solución de los *problemas en cuestión*. Se entiende por procedimiento efectivo la existencia de un conjunto de reglas que determinen unívocamente cada uno de los pasos del procedimiento que, en todo caso de aplicación, conduce a la solución buscada en un número finito de pasos. En particular, un procedimiento de decisión (*Entscheidungsverfahren*) efectivo para una clase de enunciados es, en la sintaxis lógica, el que permite determinar –en un número finito de pasos– si un enunciado de esa clase es un teorema derivable de los axiomas y, en la semántica, si el enunciado es verdadero o falso[34].

Conviene, por consiguiente, separar con cuidado aquellas cuestiones para las cuales existen procedimientos efectivos de las que carecen –a veces necesariamente, es decir, por razones lógicas– de tal procedimiento de solución. Carnap, a quien seguimos en este punto, distingue tres tipos de problemas[35]:

I. *Primer problema: hallazgo de una conclusión.* Dado un conjunto de enunciados como premisas, se trata de hallar una conclusión (lógicamente implicada por las premisas) que sirva para ciertos fines. Por ejemplo, dado un conjunto de axiomas geométricos se quiere encontrar teoremas referentes a ciertas configuraciones.

Es un hecho muy importante que *ni en la lógica, ni en la matemática existen procedimientos efectivos para solucionar problemas de esta índole*.

En algunas áreas de la matemática existen procedimientos efectivos: encontrar el producto de 2 x 2, la raíz cuadrada de 25 o calcular el número π hasta 20 decimales, son operaciones puramente mecánicas, que sólo difieren entre sí por el grado de complejidad. Pero nada más falso que imaginarse al matemáti-

[34] Carnap, *Logical Foundations of Probability*, § 43, p. 193; *The Logical Syntax of Language*, § 15; *Formalization of Logic*, § 29.

[35] Carnap, *Logical Foundations of Probability*, § 43, p. 192 a 199.

co realizando meras operaciones de cálculo. Encontrar un nuevo teorema fecundo e interesante –en la lógica, en la geometría o en el cálculo infinitesimal– es un problema para el cual no existen, en general, procedimientos efectivos. Es una actividad en la cual se combinan los factores racionales y los meramente intuitivos: no hay reglas fijas capaces de guiar "mecánicamente" esa actividad, que requiere talento, intuición, imaginación creadora y, a veces, suerte. Gran parte del trabajo de los lógicos y de los matemáticos consiste en este tipo de actividad[36].

II. *Segundo problema: construcción de una prueba.* Dados dos enunciados, se trata de averiguar si el primero de ellos implica lógicamente al segundo, o dicho de otro modo, si el segundo se deduce (se infiere, es derivable) del primero.

Aquí tenemos nuevamente un tipo de problemas que desempeña un papel fundamental en la lógica y en la matemática y para el cual no existe, en general, un procedimiento efectivo de decisión. También aquí el trabajo del lógico o del matemático dista mucho de ser puramente mecánico, ya que requiere la intervención de factores racionalmente no controlables, es decir, elementos creadores.

Los dos problemas (I y II) están íntimamente vinculados. Así como el hallazgo de un teorema es una actividad que escapa a reglas racionales, lo mismo acaece con la construcción de una prueba, a pesar de la existencia de reglas lógicas que regulan la deducción de un teorema. Pues estas reglas sólo indican cuáles son los pasos permitidos y cuáles son los prohibidos, pero no dicen qué pasos (entre los permitidos) deben concretamente tomarse para la construcción de la prueba buscada. Sólo en las partes más elementales de la lógica deductiva, por ejemplo, en la lógica proposicional, existen procedimientos de decisión efectivos, como el método de las tablas de verdad. Pero para el cálculo funcional de primer orden no hay ya ni puede haber –como lo demuestra el teorema de Church– tales procedimientos.

III. *Tercer problema: examen de una prueba dada.* Dados dos enunciados y la prueba de que el primero de ellos implica

[36] Cfr. Popper, *The Logic of Scientific Discovery*, p. 31 y 55.

lógicamente al segundo, se trata de averiguar si la pretendida prueba es, realmente, una prueba válida, es decir, si está de acuerdo con las reglas de inferencia.

Para la solución de este tercer problema existen, en general, procedimientos efectivos. Se puede comprobar si cada uno de los pasos de la prueba dada se conforma a las reglas de inferencia. Esta tarea puede describirse como puramente "mecánica".

Los dos primeros problemas, el descubrimiento de una conclusión y la construcción de una prueba, pertenecen a lo que Reichenbach[37] llama el *contexto de descubrimiento*, para el cual no existen reglas lógicas capaces de reemplazar la función creadora del hombre. El tercer problema, el examen de una prueba dada, pertenece, en cambio, al *contexto de justificación*: se trata de la justificación de una prueba dada mediante las reglas lógicas. El contexto de la justificación es el que constituye el campo propio de la lógica formal.

Teniendo en cuenta estas distinciones –frecuentemente pasadas por alto en discusiones jurídicas– y la limitación esencial de la tarea mecánica que esas distinciones implican, podemos volver a examinar la cuestión acerca del pretendido "mecanicismo" de la actividad sistematizadora del jurista. Resulta claro que a pesar de ser deductivo el razonamiento del jurista que extrae principios generales (normas complejas) de enunciados de derecho dados y a pesar de que la relación entre sus premisas y la conclusión (la nueva base) es la de implicación lógica, la tarea de la reconstrucción del sistema o, mejor dicho, de la reformulación de la base que consiste, entre otras cosas, en descubrir los principios generales implícitos, dista mucho de ser mecánica. Esta tarea exige un considerable grado de ingenio, imaginación creadora y aquella intuición especial que los alemanes llaman *Einfühlung*. Es en este campo donde la diferencia entre el talento y la mera laboriosidad se hace patente y donde es indispensable la presencia del primero. Pero, no sólo el hallazgo de los principios generales, sino también la construcción de la prue-

[37] Reichenbach, *La filosofía científica*, p. 210 (original en inglés, *The Rise of Scientific Philosophy*).

ba de que éstos se deducen efectivamente de los enunciados de la base es una actividad creadora.

La función creadora de la ciencia jurídica no consiste, desde luego, en la creación de nuevos enunciados de derecho, ni se confunde, por lo tanto, con la creación legislativa. En la confusión de estas dos tareas –ambas creadoras, pero en diferente sentido– han incurrido frecuentemente los juristas[38]. Como reacción contra tales confusiones, muchos autores modernos suelen trazar una distinción tajante entre la función de creación normativa del legislador y la función cognoscitiva del científico, caracterizando esta última como mera *descripción* del derecho[39]. La distinción misma es perfectamente justificada, pero la caracterización de la actividad científica como mera descripción es poco afortunada, pues parece dejar fuera precisamente aquella tarea de la ciencia en la que más se muestra su carácter creador.

Resulta, por lo tanto, injustificado el temor de aquellos juristas que –identificando erróneamente el ámbito de la deducción lógica con el campo de la actividad mecánica– previenen contra una excesiva "matematización" del derecho y contemplan con profunda desconfianza, cuando no con abierta hostilidad, los intentos de aplicar la lógica simbólica al ámbito jurídico[40]. Tales temores se originan en el desconocimiento de la naturaleza de la lógica y de la matemática y del enorme e insustituible papel que la imaginación creadora desempeña en esas ciencias[41]. La progresiva racionalización de un campo de saber mediante la explicación y la precisión del aparato conceptual y de las reglas lógicas usadas sólo conduce a la eliminación de temores irracionales, factores emotivos y supersticiones míticas, seudoargumentos y seudoproblemas, pero jamás excluirá la función creadora del genio, ni lo reemplazará por autómatas y computadoras.

[38] Ver como ejemplo de tal confusión, Jellinek, *Schöpferische Rechtswissenschaft*.

[39] Cfr. Kelsen y Ross, en sus obras citadas.

[40] Ejemplo típico de esta posición es Recaséns Siches, *Nueva filosofía de la interpretación del derecho*.

[41] Cfr. Fiedler, *Derecho, lógica, matemática*.

§ 7. Cambios del sistema

Hemos caracterizado el sistema de derecho como un sistema normativo cuya base está formada por enunciados de derecho válidos. Que los juristas reformulen la base del sistema, sustituyendo unos enunciados por otros, no afecta el contenido normativo y, por ende, la identidad del sistema, siempre que la nueva base sea normativamente equivalente a la primitiva, es decir, siempre que las consecuencias normativas sean las mismas. Sin embargo, se habla a menudo de cambios del sistema. Este modo de hablar es peligroso, pues puede dar lugar a confusiones.

Cuando se dice que un sistema cambia –porque se modifica alguna de sus consecuencias normativas– lo que se quiere decir es que deja de ser el mismo sistema para convertirse en otro, distinto del anterior. Esto es una consecuencia directa de nuestra definición de sistema: el criterio de identidad está dado por la totalidad de las consecuencias. Por consiguiente, la expresión "cambio del sistema" no debe entenderse en el sentido de modificación del *mismo* sistema (que permanecería idéntico a través del cambio), sino en el sentido de una sustitución de un sistema por otro, distinto del anterior. Éste es un significado perfectamente natural del término "cambio".

Lo que vale para los sistemas normativos en general, vale también para los *ordenamientos jurídicos*, que son una especie del género sistema normativo: recuérdese que un ordenamiento es un sistema formado por todos los enunciados válidos conforme a un criterio de identificación. También el ordenamiento jurídico es un sistema momentáneo que no puede cambiar sin perder su identidad. Los llamados cambios del ordenamiento jurídico son sustituciones de un ordenamiento por otro.

Estas reflexiones muestran que nuestro concepto de ordenamiento jurídico no refleja el significado que expresiones tales como "derecho argentino" u "orden jurídico francés" tienen en el lenguaje corriente. Es indudable que el derecho argentino cambia a través del tiempo sin perder su identidad, es decir, sin dejar de ser el mismo derecho argentino. En otras palabras, el derecho argentino no es un ordenamiento momentáneo, referido a un momento temporal dado.

Sin embargo, la expresión "derecho argentino" es traducible a nuestro lenguaje, en el sentido de que su significado puede ser expresado en términos de "ordenamiento momentáneo". En efecto, en nuestra terminología, el derecho argentino no es *un* ordenamiento jurídico, sino una *secuencia temporal y discontinua* de ordenamientos jurídicos. Ciertamente, no es fácil determinar cuál es el criterio de unidad en estos ordenamientos. Lo más probable es que en el lenguaje ordinario haya varios criterios (no necesariamente coherentes ni excesivamente rigurosos). Uno de ellos parece ser el territorio en el cual tales ordenamientos son eficaces (vigentes). Conforme a este criterio el derecho francés sería la secuencia de todos los ordenamientos momentáneos que han sido vigentes en Francia[42].

[42] Tampoco es fácil determinar cuál es exactamente el significado de las expresiones "ordenamiento" o "sistema" jurídico en los escritos de los filósofos del derecho. Kelsen, por ejemplo, define "*Rechtsordnung*" como el conjunto de las normas que tienen un fundamento de validez común en la *Grundnorm* (*Reine Rechtslehre*, p. 32, 196 y siguientes). Pero no es claro si en su concepto el ordenamiento jurídico es momentáneo (conjunto de normas válidas en un cierto momento) o no (conjunto de normas válidas en cualquier tiempo, siempre que tengan su fundamento de validez en la misma norma básica). En favor de esta segunda interpretación se puede alegar que Kelsen sólo habla del cambio de un orden jurídico cuando cambia la norma básica, por ejemplo, a causa de una revolución (cfr. p. 213 y 214). En tal caso, el criterio de identidad de un orden jurídico estaría dado por la identidad del criterio de identificación de la validez (norma básica) y el sistema continuaría siendo el mismo a través del tiempo, mientras no cambiara la norma básica. Pero esta interpretación es difícil de conciliar con la afirmación de Kelsen de que la unidad del ordenamiento jurídico está dada por la ausencia de contradicción entre sus normas (p. 209). Pues si la validez de las normas que forman un orden no está referida a un momento temporal y el orden está formado por las normas válidas en cualquier tiempo, entonces resulta que las normas derogadas (es decir, normas que han sido válidas en el pasado, pero han dejado de serlo en algún momento) *integran* también el orden jurídico. En tal caso, sería milagroso que no hubiese normas contradictorias, pues normalmente, cuando se deroga una norma, se pone en su lugar otra norma, incompatible con la anterior. Nos inclinamos a creer, por consiguiente, que también el ordenamiento jurídico (*Rechtsordnung*) de Kelsen es momentáneo, es

Teniendo presente estas consideraciones acerca del significado del término "cambio", veamos ahora cuáles son las distintas causas que provocan el cambio de un sistema por otro.

a) *Cambio de la base.* Como es obvio, toda modificación de la base que altera las consecuencias normativas del sistema, provoca su cambio. Pero la modificación del contenido normativo de la base puede deberse a dos circunstancias distintas.

1) *Cambio del criterio de identificación.* Toda modificación (ampliación o restricción) de los criterios de identificación es susceptible de producir un cambio de la base. El hecho de que la adopción de un punto de partida diferente lleve a resultados diferentes no es mayormente sorpresivo.

2) *Aplicación de los mismos criterios en distintos momentos.* Éste es el caso más común y quizá podríamos decir "normal" del cambio de un sistema. La promulgación de una nueva ley, el surgimiento de una nueva costumbre, la derogación de una norma cualquiera, todos estos hechos provocan normalmente una modificación del sistema correspondiente. Lo que varía aquí no es el criterio de identificación, sino los enunciados identificados como válidos, según este criterio. Desde luego, puede haber leyes que no modifican el contenido normativo del sistema y no provocan, por lo tanto, ningún cambio. A esta categoría pertenecen las leyes aclaratorias, las recopilaciones, etcétera.

b) *Cambio de las reglas de inferencia.* Como el contenido del sistema está determinado tanto por los enunciados de la base,

---

decir, referido a un momento temporal dado. Por otra parte, aun cuando su ordenamiento no fuera momentáneo, tampoco coincidiría con lo que se entiende por "ordenamiento jurídico" en el lenguaje ordinario. El derecho argentino no pierde su identidad a causa de una revolución; sigue siendo el mismo derecho. Los cambios de criterios de identificación no afectan su continuidad.

Buena parte de lo dicho acerca de Kelsen puede aplicarse, *mutatis mutandi*, al concepto de sistema jurídico de Hart. Aunque éste no da una definición explícita de *legal system* ni indica expresamente cuáles son sus criterios de identidad, todo parece indicar que un sistema jurídico no es, a su juicio, un sistema momentáneo, ya que su identidad está dada, fundamentalmente, por la identidad de la regla de reconocimiento (cfr. *The Concept of Law*, p. 114 y siguientes).

como por las reglas de inferencia que permiten extraer consecuencias de dichos enunciados, el cambio del sistema puede originarse, no sólo en la modificación de la base, sino también en la modificación de las reglas de inferencia. En cierto sentido es incluso más fácil cambiar estas últimas, porque, por lo común, no se indica expresamente cuáles son las reglas usadas. Pero eso supone siempre un cambio de los criterios de identificación.

§ 8. *Cambios de interpretación*

A veces no resulta fácil determinar qué es lo que ha cambiado en un sistema: si la base o las reglas de inferencia.

En este sentido, el fenómeno que los juristas llaman "cambio de interpretación" plantea problemas muy interesantes. Parece claro que todo cambio de interpretación de un enunciado de derecho cualquiera (p.ej., de un artículo de un código o de una ley) por parte de los jueces es susceptible de provocar una modificación de sus consecuencias normativas. Pero la modificación de las consecuencias implica que el sistema ya no es el mismo. ¿Cómo han de "interpretarse" tales cambios de interpretación? ¿A cuál de los dos elementos determinantes del sistema, los enunciados de la base o las reglas de inferencia, afecta el cambio de la jurisprudencia?

No es fácil responder a esta pregunta. Comenzaremos su análisis con un ejemplo que cita Cossio[43].

El Código Civil argentino establecía en su art. 450, inc. 8°: "*Son prohibidos absolutamente al tutor, aunque el juez indebidamente lo autorice... 8°) Prestar dinero de sus pupilos, por más ventajosas que sean las condiciones*" (inciso derogado por ley 17.711). Esta disposición era igualmente aplicable a los curadores. La prohibición terminante de prestar el dinero de los pupilos fue, durante mucho tiempo, aplicada a todo tipo de préstamos, inclusive préstamos hipotecarios, ya que la ley no hacía

[43] Cossio, *Teoría de la verdad jurídica*, p. 194 y 195.

distinción alguna, hasta que en 1951 la Cámara Civil de la Capital resolvió, en acuerdo plenario, autorizar al curador dar en préstamo hipotecario el dinero de su pupilo[44].

No vamos a examinar las circunstancias del caso que motivó esta famosa decisión, ni los argumentos esgrimidos en su apoyo por los camaristas. Nos interesa analizar los efectos del fallo. Es evidente que el fallo plenario de la Cámara provocó un cambio de las consecuencias del art. 450. Antes del plenario, los tutores (y los curadores) no podían invertir el dinero de sus pupilos en préstamos hipotecarios; después de la sentencia que comentamos, este acto ya no es considerado como prohibido, sino como un acto lícito. Hay dos maneras posibles de explicar este fenómeno. La primera (que llamaremos la versión A) consiste en decir que el fallo plenario ha cambiado el significado del texto del art. 450 del Cód. Civil, sustituyéndolo por otro. La otra manera de describir los mismos hechos (que llamaremos la versión B) consiste en sostener que el art. 450 no ha sido modificado y que el cambio de las consecuencias se debe a un cambio de las reglas de inferencia.

Ambas versiones tienen sus inconvenientes. Los juristas se muestran, por lo común, bastante reacios a la idea de admitir que todo cambio de interpretación signifique una modificación de los enunciados de derecho, sobre todo cuando se trata de derecho legislado. La idea de que el juez, al interpretar una ley de una manera distinta, modifica la ley, parece oponerse a hábitos mentales muy arraigados y, en especial, implica reconocer a los jueces una función creadora del derecho que va mucho más allá de lo que se piensa que debe ser la función judicial. Probablemente la mayoría de los juristas rechazarían esta descripción del fenómeno, aunque tampoco es muy claro si estarían dispuestos a aceptar la versión B.

Esta última presenta también grandes inconvenientes, pues implica una ampliación excesiva de la clase de las reglas de inferencia. Todo cambio de interpretación significa, en esta versión, la introducción de nuevas reglas de inferencia y/o la eli-

[44] CCiv Cap, Sala B, 27/2/51, *JA*, 1951-III-13, nº 13.038.

minación de las anteriores. Pero si además de las reglas de inferencia lógica, se permite la introducción (o la eliminación) de reglas *ad hoc* para cada término, se desdibuja la noción de consecuencia, definitoria del sistema. Las reglas de inferencia dejan de ser apriorísticas, para convertirse en reglas contingentes. Ahora bien, existen poderosas razones para otorgar el estatus de necesarias (*a priori*) a las leyes que gobiernan la noción de consecuencia, por ser ésta una noción central de todo el esquema conceptual de la ciencia jurídica[45]. Y ello implica no admitir más reglas de inferencia que las de la lógica.

Antes de tomar una decisión en favor de una de estas dos versiones, cabe subrayar dos cosas.

i) Que estas dos versiones constituyen un dilema del cual no hay escapatoria. Si se admite que las consecuencias han variado, forzoso es admitir que se han modificado los enunciados de la base o las reglas de inferencia. No hay otra posibilidad.

Esto requiere tal vez una aclaración. Muchos juristas estarían dispuestos a decir que lo que modifica un cambio de interpretación es el *significado* de algún término y que los jueces, al interpretar, definen o, mejor dicho, redefinen los términos (o los conceptos) que aparecen en el texto legal. Esto es perfectamente correcto. Pero desde el punto de vista sintáctico –que es el plano en el cual nos movemos– una definición (o una redefinición) *es* una modificación de las consecuencias del enunciado en el cual figura el término en cuestión, y la modificación de las consecuencias significa que ha variado el enunciado o que han variado las reglas de inferencia que determinan las consecuencias.

ii) Las dos versiones (A y B) son descriptivamente equivalentes, es decir, su contenido empírico es exactamente el mismo, pues las dos describen los mismos hechos, aunque con otro lenguaje. Las diferencias entre ellas no se refieren, por lo tanto, a su contenido, sino al lenguaje usado. Esto significa que, en principio, se puede adoptar cualquiera de las dos versiones.

[45] Cfr. Quine, *Methods of Logic*, "Introduction", y *Two Dogmas of Empiricism*, en "From a Logical Point of View", p. 20 y siguientes.

Lo cual quiere decir, a su vez, que en lugar de una sola descripción verdadera de un sistema, existen varias (es decir, toda una clase de) descripciones verdaderas, equivalentes entre sí[46]. Sin embargo, entre las descripciones equivalentes hay una, y solo una, en la cual las reglas de inferencia son *reglas lógicas*. Llamaremos a esta descripción *sistema normal*. Un sistema normal es, por consiguiente, un sistema en el cual no se admiten otras reglas de inferencia que las de la lógica (cualquiera que sea la lógica utilizada).

Para un sistema normal todo cambio de consecuencias –por ejemplo, en virtud de un cambio de interpretación– significará que se han modificado los enunciados de la base.

Adoptaremos la convención de usar las expresiones "sistema", "sistema normativo" o "sistema jurídico", en el sentido de un sistema normal, es decir, vamos a elegir siempre aquella descripción del sistema que conduzca a un sistema normal, salvo indicación expresa en contrario. La adopción de esta convención equivale a decidirse por la versión A, pues todo cambio del sistema se describirá como un cambio de los enunciados de la base, y no de los reglas de inferencia, que permanecerán inalteradas.

Este resultado nos permite también ensayar una posible interpretación de uno de los argumentos que Cossio esgrime contra la existencia de las lagunas en el derecho (para el análisis de otros argumentos de Cossio, ver cap. VII, § 5, y cap. VIII, § 5).

La tesis de Cossio, según la cual "no hay lagunas porque hay jueces" –y esto quiere decir que "no hay lagunas porque hay interpretación"[47]– puede interpretarse en este sentido: no hay lagunas porque todo conjunto de enunciados de derecho (tomado como base) es capaz de suministrar soluciones para todos los casos posibles, siempre que el criterio para la admisión de las reglas de inferencia sea lo suficientemente elástico. Cuando

[46] En cierto modo, nuestro problema es similar al problema matemático de la congruencia. Cfr. Reichenbach, *La filosofía científica*, p. 119 y ss., y 124 a 129.

[47] Cossio, *La plenitud del ordenamiento jurídico*, p. 58 y ss., especialmente, p. 62.

un caso no está expresamente solucionado por las normas de la base, se introduce una regla de inferencia apropiada que permita inferir una solución para el caso en cuestión. La tarea de la interpretación consistiría, según esta teoría, precisamente en la derivación de soluciones para los casos no solucionados explícitamente, lo cual se realiza mediante la oportuna introducción de nuevas reglas de inferencia. Esto significa –si nuestra interpretación de la tesis de Cossio es correcta– que Cossio adopta la versión B. Sin embargo, aunque es legítimo considerar todo cambio de interpretación como un cambio de las reglas de inferencia, de ello no se infiere que las lagunas no existan. La adopción de la versión B sólo autoriza a decir que un sistema incompleto (con lagunas) puede ser transformado mediante la interpretación (esto es, mediante la introdución de nuevas reglas de inferencia) en un sistema completo (sin lagunas). Pero en ambos casos se trata, como es obvio, de dos sistemas diferentes. El argumento que analizamos no autoriza a Cossio a sostener que las lagunas no existen. Lejos de apoyar su tesis, su propia argumentación –siempre que se acepte nuestra interpretación– presupone la existencia de lagunas.

Capítulo VI

EL PROBLEMA DE LA RELEVANCIA Y LAS LAGUNAS AXIOLÓGICAS

En este capítulo se analizan algunos problemas –lógicos y axiológicos– con relación a la determinación del Universo de Casos. Esta última actividad forma parte –como lo hemos comprobado en el capítulo anterior– de la tarea de sistematización. En efecto, una vez elegida la materia e identificados los enunciados de la base del sistema, el jurista tiene que determinar cuáles son los casos posibles, a fin de poder establecer luego de qué manera el sistema soluciona esos casos.

El Universo de Casos se genera a partir del Universo de Propiedades. Según el número de las propiedades del UP, cabe hablar de diferentes niveles de UC.

Entre los Universos de Casos de distinto nivel se dan ciertas relaciones interesantes, en particular la relación de ser más o menos fino (§ 1).

En la § 2 se examina la forma en que el mismo sistema normativo soluciona los casos de los distintos Universos de Casos. La solución completa de un UC resuelve en forma completa todos los Universos de Casos más finos, pero si se elige un UC menos fino, pueden aparecer lagunas.

Sin embargo, aunque un sistema, completo respecto de un UC, es también completo con respecto a todos los UC más finos, en todos ellos hay algunas propiedades que son *irrelevantes* para las soluciones del sistema, en el sentido de que la solución es la misma, esté o no esté presente la propiedad en cuestión.

La definición del concepto de relevancia se elabora en tres pasos en el § 3. Esta noción tiene mucha importancia. Cabe mostrar que para todo sistema normativo existe un UP tal, que contiene todas las propiedades relevantes y sólo las propiedades relevantes para ese sistema. Este hecho proporciona un criterio de adecuación para la elección del Universo de Casos (*tesis de relevancia*); adecuado es, en este sentido, aquel Universo de Casos que está construido a partir del Universo de Propiedades Relevantes.

Por otra parte, la cuestión de saber cuáles son las propiedades que *deben ser relevantes*, es decir, que merecen ser tenidas en cuenta para dar soluciones diferentes, es un problema valorativo. Llamamos *hipótesis de relevancia* a la proposición que identifica aquellas propiedades que deben ser relevantes de acuerdo con un criterio axiológico. La hipótesis de relevancia constituye un criterio de adecuación axiológica para los sistemas normativos: la coincidencia entre la hipótesis de relevancia y la tesis de relevancia del sistema es una condición necesaria, aunque no suficiente, para que un sistema sea axiológicamente adecuado (§ 4 y 5). Especial atención merece el caso en que exista una propiedad tal, que debe ser relevante (según la hipótesis de relevancia), pero no lo es para el sistema: tales casos son *lagunas axiológicas*. En el § 5 se elabora una definición rigurosa de laguna axiológica.

En el § 6 se muestra –mediante ejemplos– que la frecuente confusión entre lagunas axiológicas y lagunas normativas se debe a la deficiente caracterización de estas nociones, lo cual pone de manifiesto la necesidad de dar definiciones rigurosas de ambos conceptos. La aludida confusión se manifiesta también en la conocida distinción entre lagunas originarias y derivadas, pues estas últimas no son lagunas normativas, sino axiológicas.

§ 1. *Universos de Casos de distintos niveles*

En los análisis siguientes nos vamos a referir a Universos de Casos que se generan a partir de un conjunto de propiedades (un UP). Como hemos visto (cap. II, § 2), ésta no es la única manera como puede originarse un Universo de Casos, pero para simplificar la exposición nos limitaremos a los Universos de Casos de este tipo (que ciertamente es el más común). Por otra parte, muchas de las cosas que decimos son aplicables –*mutatis mutandis*– al otro tipo de Universo de Casos.

En la definición generalizada (cap. II, § 2), todo conjunto de casos que forman una división es un Universo de Casos. Nos interesa estudiar aquí las relaciones entre los distintos Universos de Casos.

A partir de los diversos Universos de Propiedades incluidos en un conjunto de propiedades dado se pueden construir distintos UC formando distintas divisiones. Esto es así porque con cualquier número de propiedades y sus negaciones se puede formar una división. De ese modo resultarán distintos UC las divisiones formadas por una propiedad del UP y su negación, por dos propiedades y sus negaciones, etcétera.

Llamaremos *amplitud* de un Universo de Propiedades al número finito *n* de las propiedades que componen este UP.

Es claro que el número *n* no puede ser infinito, ya que se trata de propiedades expresables en un lenguaje y aunque las propiedades de una cosa o de un estado de cosas sean infinitas, los predicados de un lenguaje (es decir, las expresiones de ese lenguaje que nombran propiedades) son siempre finitos. Esto no quiere decir que haya propiedades inefables, que no puedan expresarse en ningún lenguaje, sino que en ningún lenguaje pueden expresarse todas las propiedades, aunque toda propiedad puede ser expresada en algún lenguaje.

Todo Universo de Casos es una función de un UP, esto es, de un número finito de propiedades (*n*). El número *n*, no sólo mide la amplitud del UP, sino también el *nivel* del correspondiente UC.

Con los distintos conjuntos de propiedades incluidos en un determinado Universo (UP) pueden formarse diferentes Universos de Casos (UC) que pertenecerán a diferentes niveles. El siguiente diagrama muestra los UC posibles para un UP de amplitud 4, es decir, un UP compuesto de cuatro propiedades: p, q, r y s. [La expresión "UC (pqrs)" se lee: el Universo de Casos caracterizado por las propiedades p, q, r y s].

DIAGRAMA VI-1

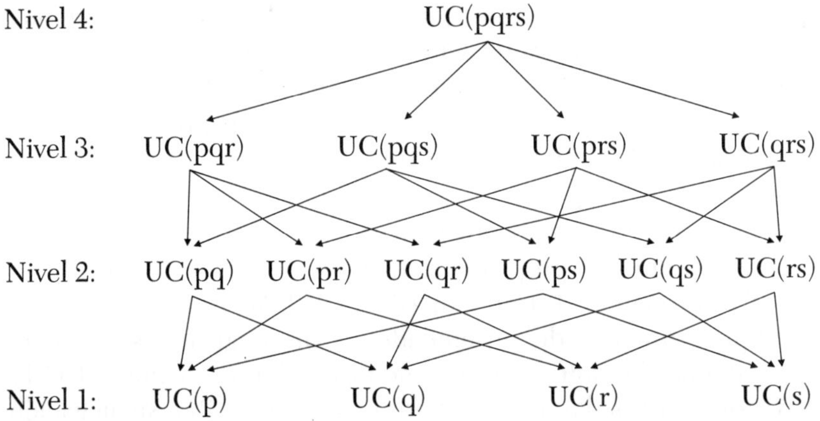

El diagrama muestra que para un UP de amplitud 4 se pueden formar cuatro divisiones o Universos de Casos de nivel 1, seis UC de nivel 2, cuatro UC de nivel 3 y un UC de nivel 4. El número de los casos de cada UC puede calcularse fácilmente mediante la fórmula 2^n (donde *n* indica el nivel del UC). Por lo tanto, cada UC de nivel 1 posee dos casos; cada UC de nivel 2 tiene cuatro casos; cada UC de nivel 3, ocho casos, y el UC de nivel 4, 16 casos.

Entre los Universos de Casos pertenecientes a distintos niveles y también entre los casos de esos UC se dan ciertas relaciones que conviene puntualizar.

Las flechas que en el diagrama VI-1 unen los distintos UC simbolizan la relación de (ser división) *más fina que*.

Se dice que una división D_1 es más fina que una división D_2 si, y sólo si, todo elemento de D_1 implica lógicamente algún elemento de D_2 y hay, por lo menos, un elemento de D_1 que no está implicado por ningún elemento de D_2.

La relación de *más fino* se da igualmente entre los Universos de Casos, ya que estos últimos son divisiones (cfr. cap. II, § 2). En el diagrama VI-1, el UC(pqrs) es más fino que el UC (pqr), este último es más fino que UC(pq), que, a su vez, es más fino que UC(p). La relación va en la dirección de la flecha, en el sentido de que el UC del que parte la flecha es más fino que el UC al que la flecha se dirige. Es una relación transitiva, asimétrica e irreflexiva.

Los UC que no están unidos (directa o indirectamente, esto es, a través de otros UC) por una flecha, no son ni más ni menos finos; diremos que son *incomparables*. Cabe observar que todos los UC de un mismo nivel son incomparables entre sí; pero también existen ciertos UC que pertenecen a distintos niveles y son, no obstante, incomparables entre sí. Por ejemplo, el UC(pqr) no es comparable (respecto de la relación *más fino*) con el UC(ps). En el diagrama VI-1, sólo aquellos UC que están (directa o indirectamente –a través de otros UC–) unidos por medio de la flecha, son comparables entre sí.

De la definición de la relación *más fino que* surge que todo *caso* de un UC más fino *implica lógicamente* algún caso de un UC menos fino, pero no es implicado por él (la relación de implicación lógica entre los casos de dos UC de diferente nivel va en una sola dirección).

El diagrama VI-2 muestra las relaciones de implicación lógica entre los casos de dos UC de diferente nivel, que están simbolizadas por las flechas.

DIAGRAMA VI-2

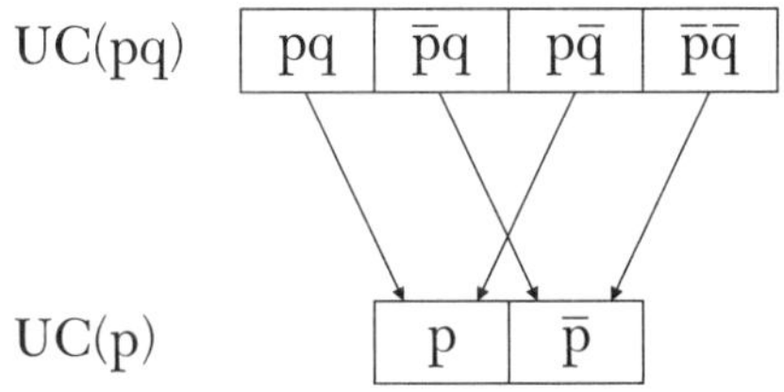

§ 2. *La completitud del sistema y el problema de la relevancia*

La completitud, tal como la hemos definido en los caps. I (§ 6) y IV (§ 6), es una propiedad de los sistemas normativos *relativa* a un Universo de Casos. De aquí se desprende que un sistema completo respecto de un UC puede no serlo respecto de otro UC, aun cuando se trate del mismo UA. Veamos, ahora, cómo se comporta la completitud de un sistema con respecto a los UC de distintos niveles.

Tomemos como ejemplo dos Universos de Casos, de los que el primero sea más fino que el segundo. El primero se caracteriza por las propiedades p, q; el segundo, por la propiedad p. El primero UC (pq), tiene cuatro casos; el segundo, UC(p), sólo dos.

Supongamos que un sistema normativo α es completo respecto de UC(p), es decir, del Universo de Casos menos fino. Esto quiere decir que los casos p y ~p están solucionados por α, lo cual a su vez implica que entre las consecuencias deductivas de α figuran dos enunciados que correlacionan el caso p y el caso ~p con alguna solución (maximal). Supongamos que estas soluciones son S_1 para p y S_2 para ~p. Esto quiere decir que los enunciados "si p entonces S_1" y "si ~p entonces S_2" son consecuencias de α.

¿De qué manera repercute la solución de los casos del UC menos fino sobre los casos del UC más fino?

Como muestran las flechas en el diagrama VI-2, el caso pq implica lógicamente el caso p. Siendo el enunciado "si p entonces S_1" consecuencia de α, resulta que el enunciado "si pq entonces S_1" también es consecuencia de α.

Así, pues, el sistema α soluciona el caso pq al correlacionarlo indirectamente con la solución S_1. En forma similar, cabe mostrar que los demás casos del UC (pq) están correlacionados por α con soluciones maximales; a saber, los casos pq y p~q con la solución S_1, y los casos ~pq y ~p~q, con la solución S_2. Cabe concluir, pues, que la solución de todos los casos del UC(p) soluciona también los casos del UC(pq). Generalizando, pues, podemos decir:

(T_1) Si un sistema normativo α es completo con respecto a un UC_i entonces será también completo respecto de todos los UC que sean más finos que C_i.

Consideremos, ahora, que el sistema α es completo con respecto al UC(pq), es decir, en relación al UC más fino. Supongamos que el caso pq está correlacionado con la solución S_1

y el caso p~q con la solución S_2. ¿Cuál es la solución que corresponde, en esta situación, a los casos del Universo menos fino? ¿De qué manera soluciona α por ejemplo, el caso p?

Es evidente que del hecho de que el enunciado "si pq entonces S_1" sea consecuencia de α no se infiere que el enunciado "si p entonces S_1" lo sea, aun cuando es verdad que "pq" implica lógicamente "p". Pero como "p" equivale a la disyunción "pq ∨ p~q" y, por tanto, la implica, cabe mostrar que se puede inferir que el enunciado "si p, entonces S_1 o S_2" es consecuencia de α. Quiere ello decir que p está correlacionado con la disyunción de dos soluciones distintas S_1 y S_2. Esto significa que frente a un caso caracterizado por la propiedad p no sabemos qué solución le corresponde, de acuerdo con el sistema α. Para solucionar este caso hay que saber si está presente o ausente la propiedad q. La solución de los casos de un UC más fino *no implica*, por consiguiente, que estén solucionados los casos de un UC menos fino. Lo cual no quiere decir que los casos de una división menos fina no puedan resultar, de hecho, solucionados. Así ocurriría, en nuestro ejemplo, si todos los casos del UC(pq) estuvieran correlacionados con la misma solución. Entonces estarían solucionados también los casos p y ~p del UC(p). Pero esto no es consecuencia lógica del mero hecho de que el UC más fino esté solucionado, sino del hecho de que está solucionado de una manera muy especial. Cabe concluir, por lo tanto:

(T_2) El que un sistema normativo α sea completo respecto de un UC_i, no implica que sea completo con relación a los UC menos finos que UC_i.

Volvamos ahora a nuestro primer ejemplo (diagrama VI-2). La solución de los casos del UC menos fino (UC[p]), resuelve también todos y cada uno de los casos de la división más fina (UC[pq]). En nuestro ejemplo, S_1 es la solución para los casos pq y p~q, y S_2 para los casos ~pq y ~p~q. Resulta, pues, que los casos en que la propiedad p está presente se correlacionan con la solución S_1, independientemente de que la propiedad q esté presente o no. Lo mismo sucede en los otros dos casos: si la propiedad p está ausente, la solución es la misma, esté o no la propiedad q. Esto revela que la propiedad q es irrelevante, ya que su presencia o ausencia no influye en ningún momento en las soluciones que para los casos del UC(pq) se infieren del sistema α.

Generalizando esta observación, podemos afirmar:

(T_3) Si un sistema normativo α soluciona los casos de un Universo de Casos (UC_i), entonces soluciona de tal manera los casos de todo UC_j, más fino que UC_i, que las propiedades que caracterizan a UC_j y no al UC_i son irrelevantes para las soluciones de α cuando α es coherente en UC_j.

Esta última restricción es necesaria, ya que si el sistema no fuera coherente en UC_j, las propiedades de UC_j que no caracterizan el UC_i podrían no obstante ser relevantes para las soluciones de los casos de UC_j. Considérese, por ejemplo, un sistema normativo β que contenga las normas "S_1 / p", "S_2 / ~p" y "S_2 / q". Este sistema es completo (y coherente) con relación a UC(p); pero con relación al UC (p,q) –que es más fino que el UC(p)– β ya no es coherente, pues el caso pq está correlacionado por β con dos soluciones distintas (S_1 y S_2 son aquí soluciones maximales y, por lo tanto, mutuamente excluyentes). Sin embargo, la propiedad q no es irrelevante en UC(pq): su presencia (caso pq) da lugar a una incoherencia, mientras que su ausencia (caso p~q) está solucionada en forma coherente.

Este ejemplo sugiere que la coherencia y la completitud de un sistema normativo se comportan de distintas maneras respecto de Universos de Casos más o menos finos. La completitud se mantiene en una dirección: de los Universos de Casos menos finos hacia los más finos, pero no viceversa. La coherencia, en cambio, se mantiene en la dirección opuesta: de los Universos de Casos más finos hacia los menos finos, pero no al contrario (acabamos de considerar un ejemplo de un sistema normativo β que era coherente en relación al UC[p] e incoherente en relación al UC[pq]).

Estas observaciones con respecto a la coherencia pueden ser generalizadas del siguiente modo:

(T_4) Si un sistema normativo es coherente en un UC_i, entonces es también coherente en todo UC_j *menos fino* que UC_i.

(T_5) Si un sistema normativo es incoherente en un UC_i entonces es también incoherente en cualquier UC_j *más fino* que el UC_i (aunque puede ser coherente con relación a un UC_k menos fino que el UC_i).

(A propósito de la relación de ser más fino entre los Universos de Soluciones, ver Apéndice, T42 y T43.)

§ 3. *Propiedades relevantes e irrelevantes*

Para definir la noción de relevancia introduciremos la siguiente convención terminológica. Extendiendo el concepto de propiedad complementaria (cap. I, § 3) a casos, diremos que *dos casos son complementarios con respecto a una propiedad* p si, y sólo si, los dos casos difieren entre sí en que p está presente en uno de ellos y ausente en el otro, siendo iguales todas las demás propiedades definitorias del caso. Así, los casos caracterizados por las propiedades pqrs... n y ~pqrs... n son complementarios con respecto a p.

De esta definición se desprende que un caso C_i tiene un caso complementario y solamente uno, respecto de cada una de las propiedades definitorias de C_i *en un Universo de Casos*. Por ejemplo en el UC(pqr), el caso pqr es complementario del caso ~pqr con respecto a la propiedad p; es complementario de p~qr con respecto a q y es complementario de pq~r respecto de r.

Con la ayuda de la noción de caso complementario definiremos tres conceptos de relevancia, pues una propiedad puede ser relevante con relación a un caso, relevante con relación a un UC y relevante con relación a un UA. Los tres conceptos de relevancia –y sus contradictorios: irrelevancia relativa a un caso, a un UC o a un UA– son, a su vez *relativos* a un sistema normativo y un Universo de Soluciones Minimales (USmin).

La propiedad p es *relevante en el caso* C_i de un UC_j con relación a un sistema normativo α y un UA_k = Df. el caso C_i y su caso complementario con respecto a p en UC_j tienen diferente estatus normativo con relación a α y el UA_k.

Decir que dos casos tienen diferente estatus normativo con relación a un sistema normativo α y un UA_k significa que hay un elemento (una solución) del USmin correspondiente al UA_k que está correlacionado por α con uno de los casos y no con el otro.

La propiedad p es *irrelevante en el caso* C_i de un UC_j con relación a un sistema normativo α y un UA_k = Df. p no es relevante en C_i, es decir, el caso C_i y su complementario con respecto a p en UC_j tienen igual estatus normativo con relación a α y el USmin correspondiente a UA_k.

Decir que dos casos tienen igual estatus normativo con relación a α y un USmin significa que o los dos casos están correlacionados con las mismas soluciones, o no lo están con ninguna.

La propiedad p es *relevante en el* UC_i con relación a un sistema normativo α y un UA_j = Df. existe por lo menos un caso del UC_i en el cual p es relevante con relación a α y el USmin correspondiente a UA_j.

La propiedad p es *irrelevante en el* UC_i con relación a un sistema normativo α y un UA_j = Df. p no es relevante en UC_i, es decir, p es irrelevante en todos los casos del UC_i (con relación a α y el UA_j).

La propiedad p es *relevante en un* UA_j con relación a un sistema normativo α = Df. existe por lo menos un UC_i en el cual p es relevante en relación a α y UA_j.

La propiedad p es *irrelevante en un* UA_j con relación a un sistema normativo α = Df. p no es relevante en UA_j, es decir, no existe ningún UC_i tal, que p sea relevante en este UC_i con relación a α y UA_j.

Los tres conceptos de relevancia y los tres conceptos de irrelevancia están lógicamente relacionados entre sí de la siguiente manera.

Si una propiedad es relevante para un caso, será también relevante para el UC al cual pertenezca dicho caso y para el correspondiente UA.

Si una propiedad es irrelevante para un UA, será irrelevante también para cualquier UC de este UA y para cualquier caso de cualquier UC del mismo UA.

En cambio, de la relevancia para un UA nada se puede inferir acerca de la relevancia para un UC determinado y de la relevancia para un UC no se infiere la relevancia para un caso determinado de ese UC. Lo mismo vale a propósito de la irrelevancia. El que una propiedad sea irrelevante para un caso no implica que lo sea para el UC, y la irrelevancia para un UC no implica que la propiedad en cuestión sea irrelevante para el UA.

§ 4. *La tesis y la hipótesis de relevancia*

El término "relevante", tal como se usa en expresiones tales como "propiedad relevante" o "propiedad irrelevante", es notoriamente ambiguo. Las definiciones de la sección precedente no pretenden abarcar todos los significados que este término adopta en los distintos usos, sino tan sólo reflejar *un* significado típico. Lo llamaremos el *significado descriptivo* de "relevante".

Decir que una propiedad es relevante en el sentido descriptivo (para un caso y con relación a un sistema normativo y un universo de soluciones) es afirmar un *estado de cosas* que *de hecho* se da; ese estado de cosas consiste en que el caso en cuestión y su caso complementario *tienen* diferente estatus normativo.

Pero la palabra "relevante" es también frecuentemente usada en otro sentido, que podríamos llamar su *significado prescriptivo*. Decir que una propiedad es relevante en el sentido prescriptivo es afirmar que un estado de cosas *debe* o debería darse, esto es, que un caso y su complementario *deben* tener diferente estatus normativo. Así, por ejemplo, en las frases "la propiedad p es relevante para este caso, aunque el legislador no la haya tenido en cuenta" o "el legislador no tuvo en cuenta la propiedad p al solucionar el caso C, pero p es relevante", que son por cierto bastante comunes, el término "relevante" está usado en el sentido prescriptivo (si lo estuviera en el sentido descriptivo, ambas frases serían contradictorias).

La ambigüedad apuntada es capaz de producir confusiones y de hecho las produce a menudo en el discurso jurídico. Conviene, por consiguiente, trazar una distinción terminológica para evitar esta ambigüedad. Para ello, usaremos la palabra "relevante" exclusivamente en su sentido descriptivo (como lo hemos hecho en la sección anterior) y para decir que una propiedad es relevante en el sentido prescriptivo diremos que ella *debe ser relevante*. Con esto no pretendemos corregir los usos lingüísticos de los juristas, sino tan sólo evitar equívocos en nuestra exposición.

Estamos ahora en condiciones de distinguir entre dos nociones que aparecen frecuentemente confundidas en la teoría jurídica y, a fin de mantener claramente la separación, acuñaremos nombres para cada una de ellas.

Llamaremos *tesis de relevancia* de un sistema normativo α para un UA_i a la proposición que identifica el conjunto de las propiedades relevantes con relación a α y UA_i.

Llamaremos *hipótesis de relevancia* para un UA_i a la proposición que identifica el conjunto de propiedades que *deben ser* relevantes para UA_i.

Cuando un UP contiene sólo propiedades relevantes y todas las propiedades relevantes (con respecto a α y UA_i), diremos que ese Universo de Propiedades *satisface* la tesis de relevancia de α para UA_i, y lo llamaremos *Universo de Propiedades Relevantes* (UPR), con respecto a α y UA_i. Es importante tener presente que esta noción es relativa a un sistema normativo y a un Universo de Acciones.

Se puede también extender la noción de relevancia a los universos de casos. Llamaremos *Universo de Casos Relevantes* (UCR) respecto de un sistema normativo α y un UA_i al UC correspondiente al UPR, es decir, a la división formada por todas las propiedades del Universo de Propiedades Relevantes.

Se puede probar fácilmente que para todo sistema normativo y para todo UA, existe a lo sumo un UP que satisface la tesis de relevancia, es decir, un UPR. Por lo tanto, existe a lo sumo un UCR. Es necesario incluir la cláusula "a lo sumo", porque si el sistema es categórico o carece de consecuencias normativas para un UA, entonces no hay propiedades relevantes para ese UA y, por consiguiente, no existe ningún UPR. Pero si el sistema normativo tiene consecuencias normativas para el UA y no es categórico, entonces existe un Universo de Propiedades, y solamente uno, que satisface la tesis de relevancia. Y entonces existirá también un UCR, pero no más de un UCR.

El UCR ocupa una posición de privilegio entre los posibles UC. En efecto, sabemos, en virtud de T_3 (§ 2), que todo UC más fino que UCR tiene, con relación a todo conjunto normativo α coherente, propiedades irrelevantes (es decir, distinciones superfluas, que no inciden en las soluciones de los casos). Por otra parte, en todo UC menos fino que el UCR *necesariamente* hay lagunas cuando el sistema es coherente en UCR. Esta última tesis se puede demostrar mediante la siguiente reducción al absurdo: supongamos que un UC_i menos fino que el UCR carece de lagunas; esto quiere decir que el sistema es completo con respecto al UC_i; pero entonces, en virtud de T_3 todo UC más fino tiene propiedades irrelevantes (para este UC) –siempre que α sea coherente en UCR– y como el UCR es, por hipótesis, más fino que el UC_i, resulta que el UCR tiene propiedades irrelevantes, lo cual contradice su definición.

En consecuencia, podemos concluir: *a*) que un sistema coherente y completo con respecto al UCR es incompleto con respecto a cualquier UC menos fino que el UCR; *b*) si un sistema tiene lagunas en el UCR, tendrá más lagunas en cualquier UC menos fino, y *c*) si un sistema es completo con respecto al UCR, lo será también con respecto a cualquier UC más fino y, además, todas las propiedades que distinguen al UC más fino son irrelevantes (siempre que α sea coherente).

De lo cual se infiere que, a los efectos de determinar si un sistema normativo es completo con respecto a un UA, convendrá elegir como punto de referencia el UCR de ese UA (con respecto al sistema), para lo cual es necesario determinar la tesis de relevancia del sistema para el UA en cuestión.

Así, por ejemplo, en el modelo del cap. I, el UP formado por las propiedades de buena fe del enajenante (BFE), buena fe del adquirente (BFA) y título oneroso (TO), satisface la tesis de relevancia de los sistemas S_1 a S_4, pues éstas son todas las propiedades relevantes (para el UA del modelo y para los siste mas considerados). Por lo tanto, el Universo de Casos construido a partir de este UP es el UCR.

Estas consideraciones muestran la importancia de la tesis de relevancia. No menos importante es el papel que desempeña la hipótesis de relevancia.

La *hipótesis de relevancia* determina el conjunto de propiedades que deben ser relevantes para un UA. La cuestión de saber si una propiedad debe o no debe ser relevante para un UA determinado es un *problema axiológico*. Por consiguiente, la hipótesis de relevancia supone un *criterio valorativo*: una propiedad relevante (en sentido prescriptivo) para un criterio valorativo puede no ser relevante (en sentido prescriptivo) para otro. Con ello no queremos decir que el criterio de valor implícito en hipótesis de relevancia sea necesariamente subjetivo (es decir, relativo a un sujeto); sólo afirmamos que toda hipótesis de relevancia supone la existencia de *un criterio axiológico determinado*.

Este criterio de valor puede ser subjetivo; por ejemplo, cuando expresa las preferencias personales de una persona (que puede ser un juez, un jurista o un simple mortal). Pero también puede ser objetivo; la objetividad, a su vez, puede ser relativa a algún otro valor o conjunto de valores, o absoluta, como acaece cuando el criterio de valor está dado por el derecho natural. No tenemos por qué pronunciarnos aquí acerca de cuestiones tan debatidas como la posibilidad de juicios de valor objetivos o la existencia del derecho natural; estas cuestiones escapan a nuestra problemática. Lo único que interesa en este contexto es que la hipótesis de relevancia supone siempre algún criterio axiológico.

Cabe observar que a diferencia de la tesis de relevancia que es relativa a un sistema normativo y a un UA, la hipótesis de relevancia sólo es relativa a un UA determinado. Podría expresarse esta diferencia diciendo que la tesis de relevancia es un *criterio* para la selección del UP y, por consiguiente, del UC para determinar las propiedades formales (completitud y coherencia) de un sistema dado, mientras que la hipótesis de relevancia es un *criterio de adecuación axiológica para los sistemas normativos*.

Diremos que un sistema normativo *satisface* el criterio de adecuación axiológica dado por una hipótesis de relevancia con respecto a un UA si, y sólo si, su tesis de relevancia coincide (es coextensiva) con la hipótesis de relevancia en cuestión.

Hablando en términos generales, un sistema normativo es axiológicamente inadecuado (injusto, malo) para un UA, cuando sus soluciones son inadecuadas (injustas, malas). Cuando las soluciones que se derivan del sistema son adecuadas (justas, buenas), el sistema es axiológicamente adecuado.

Pero la satisfacción de la hipótesis de relevancia es tan sólo una *condición necesaria*, pero no suficiente para la adecuación axiológica de un sistema normativo para un UA. En otras palabras, un sistema que no satisfaga la hipótesis de relevancia, es *eo ipso*, axiológicamente inadecuado; pero un sistema que la satisfaga puede, no obstante, ser inadecuado por otras razones. Es que un sistema para el cual son relevantes todas las propiedades que deben serlo (es decir, que toma en cuenta todas las circunstancias que deben ser tomadas en cuenta), puede no correlacionar los casos (o algún caso) con aquellas soluciones con las que debe hacerlo y, en este sentido, suministrar soluciones inadecuadas.

Generalizando, pues, podemos decir que un sistema normativo puede ser considerado axiológicamente inadecuado (injusto) para un UA por dos razones: por no adecuarse a la hipótesis de relevancia, es decir, por "elegir mal" los casos, o por no correlacionar los casos con aquellas soluciones con las que debe correlacionarlos, es decir, por solucionar "mal" los casos correctamente elegidos. Como es obvio, los dos defectos no son incompatibles: un sistema puede también solucionar mal, casos mal elegidos.

§ 5. *Lagunas axiológicas*

En el lenguaje de los juristas en general y muy especialmente en el de los jueces, se usa a menudo la expresión "laguna del derecho" (o "laguna de la ley") para designar situaciones en las cuales, si bien existe una solución –por lo cual esas situaciones no son lagunas normativas–, la solución existente es axiológicamente inadecuada. Pero no toda solución injusta o mala supone una laguna; los juristas hablan de lagunas –en el sentido que tratamos de caracterizar– cuando la solución es inadecuada *porque* el legislador no tuvo en cuenta una distinción que debía haber tomado en cuenta. Este tipo de lagunas suponen, pues, la existencia de una propiedad relevante (en el sentido prescriptivo del término) para el caso en cuestión, que, sin embargo, es irrelevante (en el sentido descriptivo) para el sistema considerado. El uso del término "laguna" no es aquí del todo arbitrario: se piensa que el legislador no ha tenido en cuenta la propiedad en cuestión *por no haberla previsto*, y que de haberla considerado, hubiera dado una solución diferente; en vez de solucionar el caso en forma genérica, le hubiera dado una solución específica (lo cual puede, de hecho, ser verdad en muchos casos).

Llamaremos *laguna axiológica* a este concepto de laguna, a fin de distinguirlo de la laguna normativa. El concepto de laguna axiológica desempeña un papel muy importante en la teoría y en la práctica jurídica, por lo cual urge dar una definición rigurosa de este concepto, máxime cuando el uso indiscriminado del término "laguna" tiende a borrar importantes diferencias conceptuales, que importa destacar. Sin embargo, ésta no es una tarea fácil; en cierto modo, las primeras cuatro secciones de este capítulo no son más que largos prolegómenos para una definición de laguna axiológica.

Vamos a proponer la siguiente definición de laguna axiológica.

Un caso C_i de un UC_j es una *laguna axiológica* del sistema normativo α con relación a un UA_k = Df. el caso C_i está solucionado por α y existe una propiedad p tal, que p *debe ser* relevante para C_i (de acuerdo con una determinada hipótesis de relevancia) y p *es* irrelevante para α con relación al UA_k.

Esta definición, que en realidad es menos complicada de lo que parece a primera vista, requiere, sin duda, algunos comentarios explicativos.

En primer lugar, *laguna axiológica* es algo que se predica (es una propiedad) de un caso. Este concepto es, además, *relativo* a un sistema normativo, a un Universo de Acciones y también *a una hipótesis de relevancia*. Obsérvese, en segundo lugar, que para la existencia de una laguna axiológica es necesario que el caso tenga una solución. De lo contrario, se trataría de una laguna normativa, y los conceptos de laguna normativa y laguna axiológica son en nuestra definición incompatibles (mutuamente excluyentes).

En tercer lugar, se exige la existencia de una propiedad que debe ser relevante de acuerdo con un determinado criterio axiológico (hipótesis de relevancia). En el caso de la laguna axiológica, la solución existente se considera axiológicamente inadecuada, *porque* no toma en cuenta la propiedad conceptuada relevante, es decir, porque el sistema no hace un distingo que debe hacerse. Se tiene que tratar, además, de una propiedad relevante (en el sentido prescriptivo) *en este caso*. Por último, la propiedad valorada como relevante tiene que ser *irrelevante para el UA* y no sólo para el caso en cuestión. Es decir, tiene que ser una propiedad que no pertenezca al conjunto identificado en la tesis de relevancia del sistema. Porque si la propiedad es irrelevante en el caso en cuestión, pero es relevante para algún otro caso, entonces –si bien la solución es axiológicamente inadecuada– ya no se podrá decir que el legislador no ha previsto o no ha considerado esta propiedad y, en consecuencia, no se trataría ya de una laguna axiológica en nuestra definición de la expresión, aunque es posible que los usos lingüísticos de los juristas no sean muy precisos a este respecto.

Creemos que nuestra definición recoge un uso, muy común entre los juristas, del término "laguna" y, al delimitar su significado, permite trazar importantes distinciones conceptuales que habitualmente permanecen ocultas por falta de una clara distinción terminológica. En particular, permite distinguir las lagunas axiológicas de las lagunas normativas, por un lado, y de otros defectos axiológicos (políticos o éticos), por el otro.

Ya se ha subrayado que no toda solución axiológicamente inadecuada es llamada "laguna" por los juristas. Si el legislador ha considerado todas las circunstancias (que deben ser) relevantes del caso y después lo solucionó mal (injustamente), el resultado es un defecto axiológico del sistema, pero no una laguna. Para poder hablar de una laguna axiológica, es necesario que haya una discrepancia entre la tesis de relevancia del sistema y la hipótesis de relevancia (para el UA). Desde luego, el hecho de que la tesis y la hipótesis de relevancia coincidan (es decir, el hecho de que el legislador haya tomado en cuenta todas las propiedades que deben ser relevantes) no asegura la adecuación axiológica de todas las soluciones del sistema. Las soluciones pueden ser injustas, aunque se hayan tomado en cuenta todas las distinciones pertinentes. Pero en esos casos no hay lagunas axiológicas.

Sin embargo, la discrepancia entre la tesis y la hipótesis de relevancia sólo es una condición necesaria, pero no suficiente para la existencia de lagunas axiológicas. Esa discrepancia puede provenir de tres situaciones distintas que conviene examinar por separado.

Situación I. La hipótesis de relevancia es más amplia que la tesis. Esto significa que existe por lo menos una propiedad que debe ser relevante y que no lo es para el sistema, y que el Universo de Casos de la hipótesis de relevancia –UC (Hip)– es más fino que el UC relevante (UCR).

En esta situación existe por lo menos un caso de laguna axiológica. (Más adelante tendremos ocasión de examinar ejemplos de lagunas axiológicas).

Situación II. La hipótesis de relevancia es menos amplia que la tesis. Esto quiere decir que existe por lo menos una propiedad relevante que no debe serlo y que el UC de la hipótesis es menos fino que el UC relevante. Aquí el legislador –en vez de pasar por alto una distinción– ha hecho demasiadas distinciones. Ello trae como consecuencia que algunas soluciones sean injustas, pero este caso no es una laguna axiológica.

Consideremos como ejemplo el sistema S_1 del modelo, es decir, el sistema de Freitas. Supongamos que de acuerdo con una hipótesis de relevancia la buena fe del enajenante sea considerada como irrelevante para la procedencia de la reivindicación. En tal caso, la solución dada por el sistema de Freitas al caso 2 (véase la tabla 1-4 del cap. I, § 7) es injusta: la solución debería ser la misma que en el caso 1, o sea, FR. Pero esta situación difícilmente podría considerarse laguna.

Situación III. La tesis y la hipótesis de relevancia son distintas, pero incomparables. Lo cual significa que hay propiedades relevantes que no deben serlo, y propiedades irrelevantes que deben ser relevantes. En tal caso, el UCR y el UC (Hip) son incomparables.

Esta situación no ofrece interés autónomo, ya que no se trata más que de una combinación de las otras dos situaciones. Por lo tanto, en esta situación pueden presentarse casos de laguna axiológica y también casos de inadecuación axiológica (injusticia), que no son lagunas.

Como ejemplo podríamos considerar una hipótesis de relevancia (para el modelo del cap. I), para la cual no debe ser relevante la buena fe del enajenante y, en cambio, debe ser relevante la inscripción del inmueble en el registro de la propiedad (ésta es, en términos generales, la hipótesis de relevancia que propone Dassen en el artículo citado). En la medida en que el sistema (o los sistemas S_1 a S_4) no contemple la propiedad de estar inscripto en el registro, habrá lagunas axiológicas; pero, además, habrá soluciones deficientes por otras razones: por haber otorgado relevancia a la buena o la mala fe del enajenante.

§ 6. *Las lagunas axiológicas en la teoría jurídica*

Tal vez no sea exagerado afirmar que en la teoría jurídica se observan dos tendencias perniciosas. Por un lado, muchos juristas tienden a confundir las lagunas axiológicas con las lagunas normativas; por el otro, existe la tendencia a no distinguir claramente entre lagunas axiológicas y otros desacuerdos valorativos.

La confusión entre las lagunas axiológicas y las normativas se debe, en buena medida, al uso indiscriminado y poco feliz del término "laguna" (en combinación con la ya aludida ambigüedad de la palabra "relevante"). Desgraciadamente, la confusión no es sólo terminológica, sino conceptual. Esta confusión es casi tradicional en la doctrina alemana, de la que vamos a extraer algunos ejemplos.

La mayoría de los autores alemanes insisten en la necesidad de distinguir entre defecto (ético o político) de la ley y laguna, lo cual parecería revelar la intención de separar las cuestiones valorativas de las cuestiones lógicas. Sin embargo, al definir el concepto de laguna recurren nuevamente a criterios valorativos, borrando con el codo la distinción trazada con la mano. Un buen ejemplo en este sentido nos suministra Karl Engisch. Ya en su primera aproximación al problema encontramos el reflejo de la ambigüedad básica, cuando Engisch describe la laguna como una "insuficiencia insatisfactoria dentro de un todo" (*unbefriedigende Unvollständigkeit innerhalb eines Ganzen*)[1]. Antes de hablar de insuficiencia insatisfactoria, habría que definir primero qué se entiende por insuficiencia (*Unvollständigkeit*). La cuestión de saber si una insuficiencia (en el sentido de falta de solución) es insatisfactoria o no, es un problema valorativo, que presupone ya el concepto de insuficiencia. Y la cuestión acerca de la existencia o inexistencia de una solución no es un problema valorativo. Al no separar, pues, estas dos cuestiones, Engisch no logra encontrar un criterio satisfactorio para distinguir las lagunas normativas de las axiológicas, a pesar de tener la intención de hacerlo y de haber realizado esfuerzos en ese sentido. Así, por ejemplo, hablando de una solución dada por el derecho positivo, dice: "Si no estamos de acuerdo con esta solución, podemos hablar en verdad de una 'laguna político-jurídica', de una laguna crítica', de una laguna no auténtica', es decir, de una laguna desde el punto de vista de un futuro derecho mejor (*de lege ferenda*), pero no de una laguna verdadera y auténtica, es decir, de una laguna en el derecho vigente (*de lege lata*)"[2]. Dos líneas después, Engisch manifiesta expresamente su intención de limitar su definición del concepto de laguna a las lagunas *de lege lata*. Así,

[1] Engisch, *Einführung in das juristische Denken*, traducido como *Introducción al pensamiento jurídico*, p. 172.

[2] Engisch, *Einführung in das juristische Denken*, traducido como *Introducción al pensamiento jurídico*, p. 176.

pues, su definición parece apuntar a lo que llamamos laguna normativa: "Lagunas son insuficiencias del derecho positivo (escrito o consuetudinario) que percibimos como ausencia de regulación jurídica para determinadas situaciones objetivas en que cabía esperarla y cuya eliminación exige y admite una decisión judicial complementaria del derecho. Las lagunas aparecen allí donde ni la ley ni el derecho consuetudinario suministran una respuesta inmediata a una pregunta jurídica"[3].

Sin embargo, el ejemplo que Engisch cita como un típico caso de laguna y que debería servir para ilustrar su definición, es un patente caso de laguna axiológica (presencia de una solución insatisfactoria) y no de laguna normativa (ausencia de una solución). Se trata del conocido fallo del Tribunal del Reich alemán del 11 de marzo de 1927, referente a la interrupción del embarazo por indicación médica.

El Código Penal vigente a la sazón en Alemania reprimía el aborto en forma genérica (§ 218), sin contemplar el caso de aborto por prescripción médica para salvar la vida o la salud de la mujer. Un médico que practicó el aborto para evitar el suicidio de una mujer, que según el informe psiquiátrico tenía tendencias suicidas a raíz del embarazo, fue sometido a proceso y absuelto por el Tribunal del Reich sobre la base de una supuesta laguna del Código Penal, que fue llenada por el Tribunal mediante la aplicación extensiva del § 54 del mismo Código, referente al estado de necesidad (este artículo habla del peligro inminente para el autor del hecho o de un pariente y, por lo tanto, era a todas luces inaplicable, ya que el médico que practicó el aborto no estaba en peligro, ni era pariente de la mujer).

Engisch admite que el caso del médico encuadra perfectamente en el § 218 y, sin embargo, afirma que se trata de una laguna típica. Esto contradice abiertamente su propia definición de laguna; según ella, hay laguna cuando el derecho no da respuesta alguna a una pregunta jurídica; en el ejemplo, en cambio, la ley da una respuesta, sólo que esa respuesta le parece a Engisch (y al Tribunal) insatisfactoria (injusta). Y la solución

[3] Engisch, *Einführung in das juristische Denken*, traducido como *Introducción al pensamiento jurídico*, p. 174.

del Código es injusta porque no toma en cuenta una distinción que tanto a Engisch como al Tribunal les parece relevante: la distinción entre aborto común y aborto atenuado por la intención de salvar la vida de la mujer. En otras palabras, tenemos aquí un conflicto entre la hipótesis de relevancia del Tribunal y la tesis de relevancia del Código, es decir, un conflicto valorativo. Se trata, por consiguiente, de un caso típico de lo que hemos llamado "laguna axiológica".

La misma ambigüedad oscilante entre cuestiones lógicas y axiológicas encontramos en otros autores, como Bierling[4], Binder[5], Sauer[6], Larenz[7], Bartholomejczik[8], etc.; Esser dice directa-

[4] "Sólo se puede hablar de una laguna del derecho cuando las normas (legales, contractuales o consuetudinarias) existentes no satisfacen por completo la intención de determinadas relaciones jurídicas o grupos de relaciones jurídicas" (Bierling, *Juristische Prinzipienlehre*, t. IV, p. 383).

[5] "Existe una laguna en el derecho cuando una exigencia de derecho, fundamentada objetivamente por las circunstancias sociales y económicas que nos vienen dadas, no encuentra satisfacción en el derecho" (Binder, *Philosophie des Rechts*, p. 984).

[6] "Existe una laguna cuando la ley calla 'precisamente cuando se espera una norma jurídica para un hecho'. Una norma es 'esperada' cuando hace posible un resultado en el sentido de la 'ley jurídica fundamental', esto es, de la idea del derecho" (Sauer, *Juristische Methodenlehre*, p. 283).

[7] "Sólo se puede fijar el límite entre una 'laguna de regulación' y un 'defecto' únicamente en sentido político-jurídico (*de lege ferenda*), preguntándose si el 'carácter incompleto' viene dado ya desde el punto de vista del fin *inmanente a la ley*, o sólo desde una consideración independiente y crítica frente a la ley. En los dos casos se trata, como lo han subrayado correctamente Heck y Binder, sobre todo, de una cuestión de valoración y no meramente de una constatación lógico-formal. El que en la ley se note la falta de una regla que *debería* contener (bien por su propio propósito y finalidad, bien en virtud de una fundamentada exigencia político-jurídico o jurídico-ética), es un juicio de valor. Pues bien, la diferencia entre 'laguna' y defecto deriva de la diferencia del criterio de valor que se ha puesto por base: éste reside, ante todo, en la misma ley como *todo de sentido* que aspira a una regulación completa en sí y materialmente armoniosa; en segundo lugar, en principios extrajurídicos de valoración. Existe una laguna de la regulación allí donde falta una regla cuya existencia puede ser esperada de conformidad con las ideas fundamentales y la teleología inmanente de la regulación legal" (Larenz, *Metodología de la ciencia del derecho*, p. 295).

[8] Bartholomejczik, *Die Kunst der Gesetzesauslegung*, p. 82.

mente: "Ya la sola (y decisiva) pregunta de si hay que admitir la existencia de una 'laguna' en la ley, constituye un juicio valorativo y una decisión de la voluntad" (!)[9]. Si la existencia de las lagunas depende de la decisión de la voluntad, toda discusión racional del tema se hace, obviamente, imposible.

El hecho de que muchos autores se refugien en fórmulas tan vagas como vacuas, apelando al sentimiento jurídico (*Rechtsgefühl*), a principios supralegales (*übergesetzliche Grundsätze*), al fin inmanente de la ley, a la idea de la corrección (*Richtigkeitsgedanke*), a la idea del derecho (*Rechtsidee*), o la naturaleza de las cosas (*Natur der Sache*)[10], revela claramente la presencia de una perplejidad básica.

No es de extrañar que frente a esta situación, bastante lamentable, otros pensadores hayan optado por cortar el nudo gordiano, negando totalmente la existencia de lagunas normativas, que no serían –en su opinión– más que otras tantas ficciones tendientes a ocultar el hecho de que los juristas (y en es-

[9] Esser, *Grundsatz und Norm in der richterlichen Fortbildung des Privatrechts*, traducido como *Principio y norma en la elaboración jurisprudencial del derecho privado*, p. 322.

[10] Cfr. Garzón Valdés, *Derecho y "naturaleza de las cosas"*. Curiosamente, muchos autores que parecen distinguir entre lagunas lógicas (ausencia de solución) y lagunas axiológicas (presencia de una solución insatisfactoria), no consideran necesario dar una definición medianamente exacta del primer concepto. Cfr., por ejemplo, Enneccerus - Nipperdey, *Allgemeiner Teil des Bürgerlichen Rechts*, § 58, p. 336 y ss.; Nawiasky, *Allgemeine Rechtslehre. System der rechtlichen Grundbegriffe*, p. 142 y siguientes. Para la crítica de Nawiasky, ver Klug, *Rechtslücke und Rechtsgeltung*, en "Festschrift für Hans Carl Nipperdey", p. 76 y 77. Pero tampoco es satisfactoria la definición de Klug; para este autor sólo hay laguna cuando un caso no está solucionado y existe una norma que dice que el caso en cuestión debe ser solucionado. Esto significa una restricción excesiva del concepto de laguna, que lo hace prácticamente inaplicable.

En cambio, se encuentra una concepción de laguna muy interesante en Fiedler, *Juristische Logik in mathematischer Sicht*, "Archiv für Rechts-und Sozialphilosophie", 1966, LII/1, p. 93 a 116, reproducido en Bulygin - Garzón Valdés, *Derecho, lógica, matemática*. La concepción de Fiedler es muy similar a la expuesta en este trabajo. Lamentablemente, Fiedler no ha desarrollado sus ideas, pero sus ejemplos pueden fácilmente adaptarse a la terminología usada en este libro.

pecial, los jueces) –encubriendo con el piadoso manto de la ciencia sus valoraciones políticas y éticas–, proclaman la necesidad de llenar una laguna cuando en realidad pretenden alterar el derecho existente. El representante más notable de esta tendencia es, sin duda, Hans Kelsen[11].

Pero el que se haya abusado del término "laguna" no demuestra la inexistencia de lagunas normativas, y en todo caso, antes de hablar de la inexistencia de las lagunas, hay que definir el concepto de laguna, puesto que si no sabemos a qué entidad se refiere esa palabra, mal podremos decidir la cuestión acerca de la existencia o no de ella.

La tesis de que todo orden jurídico es necesariamente completo se estudiará en el cap. VII. Lo que interesa destacar aquí es que Kelsen no distingue entre lagunas axiológicas y otros desacuerdos valorativos. Nos encontramos, pues, ante la segunda de las dos tendencias a que aludimos al comienzo de esta sección. Esta teoría es incapaz de dar cuenta de un uso muy difundido de la palabra "laguna" que hemos tratado de caracterizar bajo el nombre de "laguna axiológica".

En la doctrina alemana suele distinguirse a veces entre lagunas primarias (originarias) y lagunas secundarias (derivadas). Lagunas primarias –se sostiene– son las que existen en un orden normativo desde el momento de la creación de él; las lagunas secundarias aparecen con posterioridad, ya sea a consecuencia de una modificación de la situación fáctica (p.ej., mediante el progreso técnico) o a causa de un cambio en las valoraciones[12].

¿De qué manera pueden aparecer lagunas en un orden normativo completo? No es difícil contestar a esta pregunta. Dado que el concepto de laguna normativa (incompletitud) es

[11] Como precursor de Kelsen, en este sentido, puede ser considerado Zitelmann, *Las lagunas del derecho*, en Savigny - Kirchmann - Zitelmam - Kantorowickz, "La ciencia del derecho".

Cfr. Kelsen, *Teoría pura del derecho*, p. 176 y ss.; *Teoría general del derecho y del Estado*, p. 174 a 177; *Reine Rechtslehre*, 2ª ed., p. 251 y siguientes.

[12] Cfr. Engisch, *Der Begriff der Rechtslücke*, "Sauerfestschirft", p. 85 y ss.; Larenz, *Metodología de la ciencia del derecho*, y Klug, *Observations sur le problème des lacunes en droit*, "Logique et Analyse", 10, 1967, p. 98 a 115.

relativo a un UC y un US, una modificación en alguno de esos elementos puede ocasionar la aparición de lagunas normativas, por ejemplo cuando se elige un UC menos fino que el originario, o un US más fino. En esto no parece haber ningún misterio.

Sin embargo, en la mayoría de los casos, cuando se habla de lagunas secundarias o derivadas, no se trata realmente de lagunas normativas, sino de lagunas axiológicas o lagunas de reconocimiento. Para ilustrar este aserto consideremos un bien conocido ejemplo de laguna derivada, que ya fue analizado por Zitelmann en su famoso trabajo *Lücken im Recht*.

El Código de Comercio alemán regulaba de distinta manera la celebración de los contratos entre presentes y entre ausentes (como lo hace también nuestro Código Civil). La invención del teléfono planteó la cuestión de saber qué disposiciones debían aplicarse a los contratos celebrados por teléfono. Esto es un ejemplo típico de lo que los juristas llaman laguna derivada, originada en un invento técnico. Sin embargo, es claro que en este caso no hay ninguna laguna normativa, como ya lo señaló Zitelmann. La invención del teléfono puede crear dos clases de problemas, ninguno de los cuales puede atribuirse a la presencia de lagunas normativas. El primer problema consiste en saber cómo clasificar los contratos celebrados por teléfono: ¿deben considerarse como contratos entre presentes o entre ausentes? Hemos dado el nombre de "lagunas de reconocimiento" a esta clase de problemas (cfr. cap. II, § 4). Aquí sabemos que el caso tiene una solución, pues la clasificación de los contratos en contratos entre presentes y contratos entre ausentes es exhaustiva; pero no sabemos cómo es esa solución, porque no sabemos a cuál de las dos categorías conjuntamente exhaustivas y mutuamente excluyentes pertenece el caso en cuestión.

Este problema de clasificación podría fácilmente solucionarse (parece obvio que un contrato celebrado por teléfono es un contrato entre ausentes), si no fuera por una complicación que da lugar a dificultades de otra índole. Supongamos que se decidiera considerar los contratos celebrados por teléfono como contratos entre ausentes. En tal caso sería razonable hacer una distinción entre dos formas de contratos entre ausentes –contratos celebrados por correo y contratos celebrados por teléfono–, a fin de tratarlos en forma diferente. Puesto que en los contratos telefónicos la oferta y su aceptación son simultáneas, parece mucho más razonable aplicar a este modo de celebrar contratos las reglas que regulan los contratos entre presentes. Nos encontramos aquí frente a un típico caso de laguna axiológica. Lo que ha sucedido es que la invención del teléfono ha producido una "necesidad" de modificar el derecho, tomando en cuenta una circunstancia que no había sido y hasta aquel momento no pudo haber sido tomada en cuenta por el derecho: se trata, pues, de un conflicto entre la hipótesis de relevancia y la tesis de relevancia del Código de Comercio alemán vigente a la sazón. Lo que no hubo nunca ahí, ni antes ni después de la invención del teléfono, fue una laguna normativa.

No cabe duda de que una nueva propiedad puede llegar a existir como resultado de avances tecnológicos. Pero su presencia sólo puede crear un problema cuando esa propiedad sea valorada como (prescriptivamente) relevante. Lo cual muestra que las llamadas lagunas derivadas son, en realidad, lagunas axiológicas. Tales lagunas no surgen, como se pretende, de dos modos diferentes[13], sino de un solo modo: mediante los cambios en las valoraciones. Los cambios fácticos sólo pueden dar lugar a lagunas axiológicas cuando van acompañados de nuevas valoraciones.

[13] Cfr. Larenz, *Metodología de la ciencia del derecho*, y Engisch, *Introducción al pensamiento jurídico*.

Capítulo VII

EL PROBLEMA DE LA CLAUSURA

§ 1. *Sistemas abiertos y sistemas cerrados*

La definición del concepto de laguna normativa, elaborada en el primer capítulo, ha servido para poner de manifiesto el carácter relacional de este concepto: laguna es una propiedad de un sistema normativo en relación con un conjunto de circunstancias o casos (UC) y un conjunto de conductas calificadas deónticamente o soluciones (USmax).

Los resultados alcanzados hasta ahora en la presente investigación pueden parecer en cierto modo decepcionantes a quienes esperaban una respuesta categórica a la cuestión de saber si existen o no lagunas en el derecho, pues nada hemos dicho todavía acerca de su existencia. Sin embargo, es bastante obvio (o, por lo menos, debería serlo) que no se puede plantear con sentido la pregunta acerca de la existencia de un objeto sin haberse puesto de acuerdo previamente acerca de qué objeto se está hablando. El problema conceptual de la definición constituye, por lo tanto, una base necesaria, aunque no suficiente, para una posible respuesta a la pregunta relativa a la existencia de tales o cuales lagunas en tal o cual sistema normativo.

Ahora bien, es claro que si la completitud de un sistema es relativa a un UC y un US determinados, la pregunta por la existencia de las lagunas es un problema empírico, que sólo puede ser resuelto en cada caso concreto, para un sistema, un universo de casos y un universo de soluciones determinados. Sobre este punto nada puede decirse en una obra de carácter general como la presente.

Sin embargo, el problema de la existencia (o mejor, de la inexistencia) de las lagunas puede ser –y ha sido– planteado al nivel puramente conceptual. Por ejemplo, si se lograra probar por medios puramente conceptuales que los sistemas pertenecientes a un cierto tipo son necesariamente completos respecto de todo UC y todo US, el problema de la existencia de las lagunas quedaría resuelto en forma negativa para ese tipo de sistemas.

La idea de sistemas normativos *cerrados*, es decir, sistemas necesariamente completos por contraposición a sistemas abiertos, ha sido ampliamente analizada en la filosofía jurídica y también en la lógica deóntica. Muchos filósofos del derecho creen que todos los sistemas son cerrados en este sentido (postulado de la plenitud hermética del derecho) y casi *todos* ellos comparten la opinión de que existen *algunos* sistemas jurídicos cerrados, como, por ejemplo, un sistema de derecho penal que contiene la regla *nullum crimen, nulla pœna, sine lege*.

Como punto de partida para el análisis del problema de la clausura adoptaremos (en forma provisional) la definición de clausura dada por von Wright[1]: "Un sistema normativo es cerrado cuando toda acción es deónticamente determinada en él... Un sistema que no es cerrado se denominará *abierto*".

En la terminología de von Wright, una acción es deónticamente determinada en un sistema S "cuando ella es permitida o prohibida en ese sistema".

La definición trascripta parece ser adecuada sólo para los sistemas normativos categóricos, pues no toma en cuenta el hecho de que una acción puede darse en distintas circunstancias o casos. Pero von Wright mismo formula una definición de clausura más genérica, en términos de lo que él llama *cálculo diádico*:

"Todo sistema de normas S es por lo tanto *cerrado*, cuando para todo valor de las variables resulta verdadero que o bien

[1] Von Wright, *An Essay in Deontic Logic and the General Theory of Action*, "Acta Philosophica Fennica", XXI, 1968, p. 83.

una norma que dice que P (p / q), o bien una norma que dice que O (–p / q) pertenece a ese sistema"[2].

Esta última definición puede fácilmente ser adaptada a nuestra terminología; sólo tenemos que estipular que el dominio de los valores de la variable p son acciones (contenidos deónticos) y el de la variable q, casos. Esto significaría que un sistema normativo cerrado es tal que en él toda acción es deónticamente determinada en todo caso posible. Como veremos más adelante, la referencia a "todos los casos posibles" tiene que estar sujeta a algunas restricciones (cfr. § 6).

Los sistemas que no son cerrados se llamarán abiertos. Un sistema abierto puede ser completo, pero su completitud es "esencialmente dependiente" de la elección del Universo de Casos y del Universo de Soluciones.

El problema de los sistemas normativos cerrados, esto es, el problema de la clausura, será analizado en tres pasos.

En primer lugar, examinaremos la tesis de que todos los sistemas normativos son cerrados por razones puramente conceptuales (§ 2 y 3). Esta tesis ha sido sostenida por algunos lógicos (deónticos).

En segundo lugar, analizaremos la tesis de que todos los sistemas *jurídicos* son necesariamente cerrados (§ 4 y 5). Esta doctrina –bastante popular entre los filósofos del derecho– se ha apoyado en diversas razones. La mayoría de los argumentos esgrimidos por los filósofos del derecho en apoyo de esta tesis son idénticos a los expuestos en los § 2 y 3. Esto se muestra en el § 5. Otros tipos de argumentos –especialmente los vinculados con la función judicial– serán examinados en el § 7.

En el § 6 nos ocupamos de la posibilidad de sistemas normativos cerrados y de la clausura por medio de reglas especiales, que denominamos "reglas de clausura". Este análisis lleva a una depuración del concepto de clausura y muestra la importancia de la noción de relevancia elaborada en el capítulo anterior. El papel desempeñado por la conocida regla

[2] Von Wright, *An Essay in Deontic Logic and the General Theory of Action*, "Acta Philosophica Fennica", XXI, 1968, p. 84.

nullum crimen sine lege en los contextos jurídicos, se estudia en el § 7.

§ 2. Clausura basada en la interdefinibilidad de "permitido" y "prohibido"

Los argumentos de aquellos autores que sostienen que todos los sistemas normativos son necesariamente cerrados, giran alrededor del llamado Principio de Prohibición[3], que puede enunciarse así:

Todo lo que no está prohibido, está permitido. (Otra manera de enunciar este principio es decir que todo está permitido o prohibido. Consideraremos estas dos formulaciones como estrictamente equivalentes).

Si el Principio de Prohibición fuera una verdad necesaria, todo acto (estado de cosas) estaría normado (como permitido o como prohibido) y todo sistema sería, por consiguiente, cerrado (carente de lagunas). Ahora bien, si "permitido" y "prohibido" son interdefinibles, es decir, si "permitido" significa lo mismo que "no prohibido" y "prohibido" significa "no permitido", entonces el Principio de Prohibición expresa una verdad necesaria, ya que es analítico. Resulta, por lo tanto, que si se acepta que los caracteres deónticos permitido y prohibido son interdefinibles con la ayuda de la negación, es decir, son conceptos contradictorios, todo sistema normativo será trivialmente cerrado, pues todas las conductas son deónticamente caracterizadas por todo sistema normativo. Tal es la conclusión a que llega von Wright en su obra *An Essay in Deontic Logic and the General Theory of Action*[4].

[3] Hemos tomado esta terminología de Gioja, *El postulado jurídico de la prohibición*. La expresión "Principio de Prohibición" no es muy usual, pero lo importante es no confundirlo con el llamado "Principio de Permisión" (von Wright) o con la regla *nullum crimen*, que se examinarán más adelante.

[4] Von Wright, *An Essay in Deontic Logic and the General Theory of Action*, "Acta Philosophica Fennica", XXI, 1968, p. 82 y ss., cfr. en especial, p. 85. "Thus, if we regard the two deontic characters of permission and obligation (prohibition)

Sin embargo, von Wright no considera satisfactorio este resultado, ya que en algún sentido es obvio que pueden existir sistemas normativos incompletos (con lagunas). Justamente, para evitar un resultado como éste, von Wright rechaza la interdefinibilidad de "permitido" y "prohibido", considerando la permisión un carácter deóntico autónomo[5]. No obstante, también parece claro que, al menos en algún sentido, "permitido" significa lo mismo que "no prohibido", y por eso en la obra de von Wright se advierte una vacilación respecto de esta cuestión. Así, en el primer libro mencionado acepta nuevamente la interdefinibilidad de "permitido" y "prohibido", pero distingue seis distintos conceptos de permitido y seis correspondientes conceptos de prohibido (obligatorio), con lo cual se hace posible la existencia de sistemas abiertos, siempre que los conceptos de permitido y prohibido que figuran en el Principio de Prohibición no sean "correspondientes", ya que los conceptos "no correspondientes" no son interdefinibles.

El origen de las dificultades de von Wright ha de buscarse –a nuestro modo de ver– en su aceptación de la tesis de que la interdefinibilidad de "permitido" y "prohibido" implica que todos los sistemas normativos son necesariamente cerrados. Creemos que las dos proposiciones son independientes y que es perfectamente posible aceptar la interdefinibilidad y rechazar la clausura necesaria de los sistemas. Trataremos de mostrar que detrás del Principio de Prohibición se esconde una engañosa ambigüedad y que el Principio o es analíticamente verdadero, pero no clausura el sistema (no excluye la posibilidad de lagunas), o bien presupone lo que debería probar, a saber, que todos los sistemas normativos son cerrados. En ningún caso puede desempeñar simultáneamente las dos funciones que tradicionalmente se le atribuyen: ser necesariamente verdadero y clausurar todos los sistemas.

Para desentrañar la ambigüedad tenemos que comenzar por hacer una distinción muy importante (y muy conocida

---

as being interdefinable, it follows from the above answer to question b that every normative system is, trivially, a *closed* system".

[5] Von Wright, *Norm and Action*, p. 100 y siguientes.

en la filosofía jurídica) entre *normas* y *proposiciones normativas*[6].

Las normas son enunciados *prescriptivos* que se usan para ordenar, prohibir o permitir conductas humanas. Las proposiciones normativas son enunciados *descriptivos* que se usan para informar *acerca de* las normas o *acerca de* las obligaciones, prohibiciones o permisiones establecidas por las normas.

La interdefinibilidad de los tres caracteres normativos (permitido, prohibido y obligatorio) significa que las *normas* "Permitido p", "No prohibido p" y "No obligatorio no p", son lógicamente equivalentes y significan lo mismo[7]. También son lógicamente equivalentes las normas "Prohibido p", "No permitido p" y "Obligatorio no p".

Muy distinta es la situación respecto de las proposiciones normativas.

Al decir que p está prohibido en el sistema α[8], en lugar de formular una norma, enunciamos una proposición normativa; el enunciado que expresa esta proposición pertenece a un nivel lingüístico distinto que los enunciados (que expresan normas) del sistema. Decir que p está prohibido en el sistema α es afirmar que la norma que prohíbe p forma parte (es consecuencia, se infiere) del sistema α. Por lo tanto, el enunciado metasistemático "p está prohibido en α" es verdadero si, y sólo si, entre las consecuencias de α se halla una norma que prohíbe p. Esta norma puede expresarse mediante el enunciado "Prohibido p" o por medio del enunciado "No permitido p". Como expresiones de normas estos dos enunciados dicen lo mismo.

6 Von Wright, *Norm and action*, p. 119 a 121. Distinciones análogas, aunque no idénticas, se encuentran en Kelsen, quien contrapone las normas jurídicas (*Rechtsnormen*) a las proposiciones jurídicas (*Rechtssätze*) en *Reine Rechtslehre*, p. 73 y ss., llamadas también, a veces, reglas de derecho (*Teoría general del derecho y del Estado*, p. 52 y 53), y también en Ross, *Sobre el derecho y la justicia*, p. 8 a 11. Sobre las diferencias en las concepciones de Kelsen y Ross, ver Hart, *Kelsen Visited*, "UCLA Law Review", vol. 10, nº 4, 1963, p. 709 a 728.

7 La formulación más exacta sería "Permitido p en el caso q", pero omitimos, por razones de brevedad, las referencias explícitas a los casos.

8 También aquí se omite la referencia al caso. Ver, al respecto, lo dicho en la nota precedente.

Cuando del sistema se infiere la norma que permite p, decimos que p está permitido en α. La norma que permite p puede expresarse de distintas maneras: "Permitido p", "No prohibido p", etcétera. También aquí estos enunciados, en cuanto expresiones de normas, son sinónimos.

Las consideraciones precedentes autorizan a definir dos nuevos conceptos de permisión y prohibición, que llamaremos permisión fuerte y prohibición fuerte.

Definición de permisión fuerte: p está permitido en sentido fuerte en el caso q en el sistema α = Df. De α se infiere una norma que permite p en el caso q.

Definición de prohibición fuerte: p está prohibido en el sentido fuerte en el caso q en el sistema α = Df. De α se infiere una norma que prohíbe p en el caso q[9].

Estas definiciones no son circulares porque los términos "permitido" y "prohibido" tienen distintos significados en el *definiendum* y en el *definiens*. En efecto, los términos "permite" y "prohíbe" que figuran en el *definiens* se refieren a los *caracteres de las normas*. Los caracteres normativos son elementos de las normas (junto con otros elementos, como contenido, sujeto, condiciones de aplicación, etcétera)[10]. En cambio, la permisión (prohibición) fuerte no es un carácter de la norma, sino de las conductas normadas por la norma. Los *caracteres de las conductas* son elementos de las proposiciones normativas en el mismo sentido en que los caracteres normativos son elementos de las normas[11].

Los caracteres de las conductas (permisión fuerte y prohibición fuerte) se definen en términos de los caracteres de las normas, porque una conducta tiene carácter normativo cuando existe una norma que la permite o la prohíbe. La distinción entre los caracteres de las normas y los caracteres de las con-

[9] Una definición similar podría darse también para el concepto de obligación fuerte, pero la omitimos en gracia a la brevedad.

[10] Cfr. von Wright, *Norm and Action*, cap. V.

[11] Una exposición sistemática de la lógica de estas nociones se publica en el Apéndice.

ductas es fundamental, pues gran parte de las dificultades que surgen en la interpretación del Principio de Prohibición se deben precisamente a la confusión de estos conceptos.

Permitido y prohibido como caracteres de las normas son dos conceptos contradictorios; ya hemos tenido oportunidad de señalar que permitido equivale a no prohibido y viceversa. Pero la permisión fuerte y la prohibición fuerte, en cuanto caracteres de las conductas, no son contradictorias, pues cabe una tercera posibilidad, a saber, que del sistema no se pueda inferir ni la permisión ni la prohibición de la conducta p. Así ocurre justamente cuando entre las consecuencias del sistema no figura ninguna norma que permita p y tampoco hay una norma que prohíba p. Los enunciados "De α se infiere una norma que permite p" y "De α se infiere una norma que no permite (= prohíbe) p", lejos de ser contradictorios, ni siquiera son contrarios: no sólo pueden ser falsos los dos, sino que también pueden ser verdaderos ambos. En este último caso, cuando ambos enunciados son verdaderos, resulta que p es simultáneamente permitido y prohibido en el sentido fuerte por el sistema α. Esto no es, ciertamente, una imposibilidad; sólo implica que el sistema en cuestión es incoherente (por lo menos, en un caso), ya que las normas "Permitido p" y "No permitido p" son, por cierto, contradictorias. Pero el hecho de que un sistema contenga normas incoherentes (contradictorias) no implica, desde luego, que las proposiciones normativas que describen este sistema sean incoherentes. No hay nada de paradójico en una descripción coherente de un sistema incoherente.

Otra característica interesante de las proposiciones normativas es la posibilidad de dos tipos de negación. Consideremos los dos enunciados siguientes (que expresan proposiciones normativas): "p es permitido por α" y "p no es permitido por α". Si el segundo enunciado significa que p es prohibido por α, entonces no es una negación del primer enunciado; lo que se niega aquí no es la proposición normativa, sino la norma referida por ella. Los dos enunciados se refieren (indirectamente) a dos normas diferentes, de las cuales una es negación de la otra. Esta referencia puede hacerse explícita si los enunciados se reformulan como sigue: "La norma que permite p es una consecuencia de α" y "la norma que no permite (= prohíbe) p es una consecuencia de α".

Este tipo de negación de las proposiciones normativas, en el que lo negado no es la proposición misma, sino la norma referida por ella, puede llamarse *negación interna*. Pero existe también otro tipo de negación que es la negación de la proposición normativa misma. La llamaremos *negación externa*.

La negación externa del enunciado: "La norma que permite p es una consecuencia de α" es el enunciado: "La norma que permite p no es una consecuencia de α". Es fácil ver que una proposición normativa es incompatible (contradictoria) con su negación externa, pero no lo es con su negación interna. (La diferencia entre la negación interna y la externa aparece frecuentemente desdibujada en el lenguaje ordinario, porque los enunciados como "p no es permitido por α" son engañosamente ambiguos: ¿significa este enunciado que α no contiene ninguna norma que permite p o que α contiene una norma que prohíbe p?)

La negación interna de la prohibición fuerte es una permisión fuerte: decir que la norma que no prohíbe (= permite) p se infiere o es una consecuencia de α, es lo mismo que decir que p es permitido por α en el sentido fuerte. Pero la negación externa de un enunciado que afirma la prohibición fuerte de p no significa que p es permitido en el sentido fuerte. Todo lo que un enunciado tal dice es que una cierta norma (la prohibición de p) no se infiere del sistema, pero este enunciado deja abierta la cuestión de saber si entre las consecuencias de α existe alguna otra norma que se refiera a p o si no hay ninguna norma de tales características. Bien puede darse el caso de que p esté permitido por α en el sentido fuerte (si existe una norma que permita p) o que esté permitido en el sentido débil solamente (si no hay ninguna norma en α que prohíba p).

Sin embargo, es muy frecuente calificar de permitida una conducta por el sólo hecho de que esa conducta no está prohibida en un sistema normativo. Pero es evidente que el término "permitido" tiene aquí un significado diferente. Para caracterizarlo introduciremos la noción de *permisión débil*.

Definición de permisión débil: p es permitido en el sentido débil en el caso q en el sistema α = Df. Entre las consecuencias de α no existe una norma que prohíba (= no permita) p en el caso q.

La permisión débil –al igual que la permisión fuerte– es un carácter de la conducta, no de la norma[12]. Pero a diferencia de la permisión fuerte que expresa un hecho positivo (la existencia de una norma permisiva), la permisión débil sólo alude a un hecho negativo: la inexistencia de una norma prohibitiva.

Desgraciadamente, en el lenguaje vigente (tanto ordinario como técnico, incluyendo en esta última categoría el lenguaje jurídico) una sola palabra ("permitido") suele usarse para aludir a los tres conceptos que hemos distinguido. Este hecho da lugar a lamentables confusiones. Desde luego, nuestra intención no es corregir los usos lingüísticos vigentes, sino señalar las distinciones conceptuales que el lenguaje ordinario encubre.

§ 3. Análisis del Principio de Prohibición

Estamos en condiciones de emprender ahora la tarea de analizar el Principio de Prohibición con la ayuda de las distinciones conceptuales efectuadas en el parágrafo precedente.

El Principio de Prohibición puede enunciarse explícitamente como una proposición metasistemática, es decir, como una proposición acerca de los sistemas normativos, del siguiente modo: para todo sistema α, para toda conducta p y para todo caso q, vale que si p no está prohibido en el caso q en α, entonces p está permitido en el caso q en α.

¿Qué significan los términos "prohibido" y "permitido", que figuran en el Principio que analizamos? Si se acepta (como pa-

[12] En forma análoga podríamos definir también la noción de prohibición débil, como la ausencia (en α) de una norma que permita p. Pero esta noción es muy poco usada: sólo en circunstancias muy especiales una conducta se calificaría como prohibida por el mero hecho de que no estuviera expresamente permitida. Menos usual todavía es la noción de obligación débil.

rece razonable) que el Principio no es una norma, sino un enunciado metasistemático, queda excluida la posibilidad de que esos términos expresen caracteres normativos. Por otra parte, habiendo excluido la noción de prohibición débil como poco usual, si "prohibido" se refiere al carácter de las conductas (y no de las normas), entonces sólo puede significar la prohibición fuerte. En cambio, el término "permitido" es ambiguo, pues puede referirse tanto a la permisión débil como a la permisión fuerte. Distinguiremos, pues, entre dos interpretaciones del Principio de Prohibición, que llamaremos versión débil y versión fuerte, respectivamente, según que al término "permitido" se le asigne el significado de una permisión débil o el de una fuerte.

En la versión débil, el Principio de Prohibición es un enunciado necesariamente verdadero, pues es analítico. En efecto, en esa interpretación el Principio dice que si de α no se infiere la prohibición de p en el caso q, entonces de α no se infiere la prohibición de p en el caso q, lo cual no es más que un caso particular del Principio de Identidad. (Para demostrarlo basta sustituir en la versión débil del Principio: "Todo lo que no está prohibido en el sentido fuerte, está permitido en el sentido débil", las expresiones "prohibido fuerte" y "permitido débil" por sus respectivas definiciones, dadas en el parágrafo anterior.)

Cabe mostrar, además, que si el Principio de Prohibición se formula disyuntivamente como "Todo está prohibido o permitido", entonces se reduce, en la versión débil, a un caso del Principio de Tercero Excluido: para todo p, o se infiere de α que p está prohibido, o no se infiere de α que p está prohibido.

La interpretación débil del Principio de Prohibición lo convierte, sin duda, en una verdad necesaria, pero no excluye en modo alguno la posibilidad de que el sistema sea incompleto. La versión débil del Principio no clausura el sistema, y es perfectamente compatible con la existencia de lagunas. En efecto, laguna es un caso que el sistema no correlaciona con *ninguna* solución. Por consiguiente, no lo correlaciona con la solución "prohibido p", y si no lo correlaciona con la prohibición de p, entonces p no está prohibido en ese caso (en el sistema en cuesción). Pero si p no está prohibido, ello significa que está permitido en el sentido débil; por lo tanto, laguna es un caso en que p está permitido en el sentido débil (y no lo está en el sentido fuerte). Esto demuestra que la permisión débil, no sólo es compatible con la laguna (en el sentido que hemos dado a este concepto), sino que es implicado por este último, aunque no lo implica.

Ciertamente, cabe definir el concepto de laguna como un caso que no es prohibido ni permitido en el sentido débil. Pero esto sería una manera demasiado fácil de desembarazarse del problema. Una definición de esta índole simplemente elimina las lagunas "por definición", pues se sigue trivialmente que no puede haber lagunas. Este truco es, a pesar de su clara trivialidad, usado a menudo por los filósofos del derecho. Inútil decir que la eliminación de las lagunas por definición es absolutamente inocua. Tal concepto de laguna carece de todo interés. Una empresa más promisoria consiste en suministrar una definición que haga posible dar cuenta de los problemas que los juristas tienen *in mente* cuando hablan de las lagunas del derecho. Mostrar que existe un concepto tal y que ese concepto es útil y fecundo, por cuanto permite encarar problemas concretos de la ciencia jurídica, es uno de los objetivos de este libro.

Veamos ahora la *versión fuerte* del Principio de Prohibición. En esta interpretación, el Principio dice: todo lo que no está prohibido en el sentido fuerte, está permitido en el sentido fuerte. Su versión expandida sería la siguiente: para todo sistema α, para toda conducta p y para todo caso q, vale que si de α no se infiere la prohibición de p en q, entonces de α se infiere la permisión de p en q.

Se ve claramente que en su versión fuerte el Principio de Prohibición, lejos de ser necesario, ni siquiera es verdadero, a menos que todos los sistemas normativos sean (absolutamente) cerrados, es decir, completos respecto de cualquier UC y cualquier US. En efecto, del solo hecho de que una cierta norma (la que prohíbe p) no pertenezca al sistema, no se puede inferir que otra norma distinta (la que permite p) forme parte de éste, a menos que el sistema contenga una regla de clausura, es decir, una regla que autorice a efectuar esa inferencia (cfr. § 6).

Si el Principio de Prohibición (en la versión fuerte) *presupone*, para que sea verdadero, que todos los sistemas normativos son cerrados, entonces no se lo puede esgrimir –so pena de caer en círculo vicioso– como prueba de la clausura necesaria de todos los sistemas[13].

§ 4. *El postulado de la plenitud hermética del derecho*

Pasemos ahora a examinar la tesis según la cual todos los sistemas normativos *jurídicos* son cerrados. Llamaremos a esta tesis *Postulado de la plenitud hermética del derecho.*

Antes de entrar en el análisis de los argumentos que han sido esgrimidos por distintos autores en apoyo de este postulado, conviene aclarar y determinar con mayor precisión su alcance, ya que no siempre los juristas, al sostener que el derecho es "(herméticamente) pleno", pretenden negar la existencia de las lagunas.

a) Algunos autores entienden por "plenitud" la *exigencia* de que el orden jurídico sea completo. Así, por ejemplo, dice Carnelutti: "Por *plenitud* del ordenamiento jurídico se entiende *la exigencia de que en el ordenamiento exista un mandato idóneo para la composición o solución de cualquier conflicto de intereses* que se plantee en la sociedad jurídicamente ordenada". Señala, además, que "la perfección del ordenamiento jurídico no debe entenderse, pues, como una propiedad suya en el sentido de la *inexistencia de lagunas*, sino más bien en el sentido de la *exigencia de que sean ellas eliminadas*"[14].

[13] Tampoco puede aducirse en apoyo de la tesis de que todos los sistemas normativos son cerrados, la fórmula $Pp \vee P{\sim}p$, que von Wright llama Principio de Permisión. Esta fórmula, que puede leerse "Para todo acto, o está permitido el acto mismo, o está permitida su negación", es un teorema en el sistema de lógica deóntica de von Wright (*Deontic Logic*, "Mind", 1951, y en "Logical studies", p. 58 y ss.), pero no es teorema de la lógica de las proposiciones normativas, pues no es necesario en la interpretación fuerte (permitido = permitido fuerte), ni tampoco en la débil (permitido = permitido débil). Cfr. Alchourrón, *Logic of Norms and Logic of Normative Propositions*, "Logique et Analyse", 12, 1969, p. 242 a 268.

[14] Carnelutti, *Teoría general del derecho*, p. 107 y 116.

Este *no* es el sentido de la tesis de plenitud que nos interesa examinar en este momento. Nosotros entenderemos por postulado de la plenitud hermética del derecho la afirmación de que todo sistema jurídico *es* completo; el postulado no expresa una exigencia, sino que afirma un hecho y, además, un hecho necesario: la clausura de los sistemas jurídicos.

b) Tampoco nos interesa examinar aquí la posición de aquellos autores que, admitiendo la existencia de las lagunas, sostienen que el derecho tiene plenitud en el sentido de que el sistema jurídico provee siempre los medios necesarios para eliminar las lagunas. Ésta es la posición de Del Vecchio[15] y presumiblemente también la de Recaséns Siches (decimos "presumiblemente", porque su exposición es bastante confusa en lo que al problema de las lagunas se refiere)[16].

Cualquiera que sea el valor de verdad de esta tesis, es evidente que de la posibilidad de llenar las lagunas no se infiere su

[15] "Es más conforme a la verdad el admitir francamente que en todo sistema jurídico existen lagunas...; pero que, en cambio, el mismo sistema positivo ofrece el medio para poder llenar tales lagunas" (Del Vecchio, *Filosofía del derecho*, p. 339).

[16] En efecto, Recaséns Siches habla de un principio del cual dice que "es una necesidad absoluta de todo orden jurídico; es un principio esencial que condiciona la posibilidad de todo derecho positivo. A este principio lo denominamos: la *plenitud hermética del orden jurídico vigente*". Y después de citar a Cossio en su apoyo, agrega: "Mas si bien el sistema del orden jurídico vigente ha de considerarse necesariamente como completo, como plenario, como hermético, sin poros, es decir, sin lagunas, en cambio, es evidente que de hecho éstas existen en el conjunto de materiales del derecho positivo. Es un hecho que en el conjunto de leyes, reglamentos, costumbres, precedentes judiciales, etc., que integran el derecho formulado de un orden jurídico, hay vacíos". Esto suena a una contradicción, pero más adelante Recaséns Siches aclara su idea: "De suerte que se puede decir que el derecho formulado, el explicitado en leyes y costumbres, presenta muchos vacíos o lagunas; pero que el orden jurídico vigente, que por esencia debe ser total –herméticamente pleno–, contiene en principio respuesta a toda controversia práctica; porque, si hay alguna laguna, ella deberá ser necesariamente llenada por el juez" (Recaséns Siches, *Tratado general de filosofía del derecho*, p. 323 a 325. El problema de las lagunas es tratado con las mismas palabras en *Vida humana, sociedad y derecho*, p. 218 a 222). La única manera de hacer coherente la doctrina de Recaséns Siches es tomar en serio la última frase transcripta y prescindir del resto.

inexistencia. Todo lo contrario: la eliminación de las lagunas presupone precisamente su existencia. Esto es lo que parecen no advertir Aftalión, García Olano y Vilanova, al afirmar enfáticamente: "Contra la opinión de algunos autores, que han sostenido que en el ordenamiento jurídico existen *lagunas* –o sea, casos o situaciones no previstas– que sería necesario llenar o colmar..., debemos hacer notar que *el ordenamiento jurídico es pleno*: todos los casos que puedan presentarse se encuentran previstos en él"[17].

El argumento en que estos autores pretenden apoyar su tesis lo revela claramente:

"La impresión de que existen lagunas proviene de considerar abstractamente el contenido de las normas generales. Ahora bien, debe tenerse presente que el ordenamiento jurídico no consiste solamente de normas generales, sino también de normas individuales... En la medida en que el ordenamiento jurídico defiere a la decisión de un órgano (v.gr., el juez) la determinación de la norma individual, que ha de dar el preciso sentido jurídico de la conducta individual en cuestión, y en la medida en que dicha decisión y dicha norma individual forman parte también del ordenamiento, es evidente que éste no carece de previsiones acerca de cualquier caso individual ocurrente... En *todos* los casos en el ordenamiento jurídico –en virtud de la norma individual dictada por el juez– se encuentra previsto el caso en cuestión y, en consecuencia, dicho ordenamiento se muestra como pleno y carente de lagunas. En otros términos: *no hay lagunas, porque hay jueces*"[18].

¡Esto es exactamente lo mismo que afirmar que un traje no puede tener agujeros porque el sastre siempre puede remendarlos! Como dice Carrió: "No parece serio... sostener que no hay lagunas porque los jueces las colman"[19].

Desde luego, lo que interesa saber es si el juez puede o no resolver el caso, fundándose en las normas jurídicas preexisten-

[17] Aftalión - García Olano - Vilanova, *Introducción al derecho*, t. I, p. 257.

[18] Aftalión - García Olano - Vilanova, *Introducción al derecho*, t. I, p. 257 y siguientes.

[19] Carrió, *Notas sobre derecho y lenguaje*.

tes[20], es decir, si el caso está solucionado o no por el sistema; afirmar que el caso está solucionado después de que el juez le ha dado una solución es sencillamente trivial.

c) Cabe mencionar todavía la tesis que Cossio[21] califica de "ecléctica" y según la cual el derecho como tal carece de lagunas, pero la ley puede tenerlas. La distinción entre las lagunas del derecho y las lagunas de la ley dista mucho de ser clara, y el hecho de que los juristas suelen con frecuencia apelar a ella, parece más bien confirmar la sospecha sobre el carácter ambiguo de esta distinción.

En algunos autores, esta tesis no tiene otro alcance que afirmar que los jueces pueden llenar las lagunas. Así, por ejemplo, dice Legaz y Lacambra: "En las leyes no hay solución: pero el juez tiene que darla. O lo que es lo mismo: el derecho legislado y el derecho consuetudinario tienen lagunas; el orden jurídico no puede tenerlas; a donde no llegan las fuentes legislativas y consuetudinarias, tiene que llegar la actividad judicial como fuente de derecho"[22]. Nos encontramos, por consiguiente, ante la hipótesis ya contemplada en el punto *b*.

Otra interpretación de esta tesis sería la siguiente: el conjunto de los enunciados de derecho provenientes de la legislación (leyes) puede ser incompleto; pero existe un tal conjunto de enunciados de derecho (p.ej., el derecho natural) que, agregándolo a las leyes, convierte en completo cualquier orden positivo. Toda la cuestión estaría entonces en elegir adecuadamente la base del sistema: si la base es suficientemente amplia, es decir, si incluye los enunciados del derecho natural, entonces el sistema es completo. Estamos, pues, en presencia de la tesis de la plenitud hermética del derecho.

Curiosamente, Cossio tilda de contradictoria la posición de aquellos autores que admiten lagunas en la ley sin admitirlas en el derecho (esta tesis puede ser falsa, pero ciertamente no es contradictoria).

[20] Cfr. Kelsen, *Reine Rechtslehre*, p. 251.

[21] Cossio, *La plenitud del ordenamiento jurídico*, p. 42.

[22] Legaz y Lacambra, *Filosofía del derecho*, p. 396.

"Si la relación entre derecho y ley es la del género a la especie, entonces ha de convenirse en que, no habiendo lagunas en el derecho, tampoco puede haberlas en la ley, pues, según la lógica sabe desde antiguo, todo lo que se predica del género está necesariamente predicado en la especie: si el hombre es mortal, el inglés en ningún caso podría dejar de morir"[23].

El error de Cossio se basa en una confusión entre las propiedades de individuos y propiedades de clases y entre la relación de inclusión, que es una relación entre clases, y la relación de pertenencia, que es una relación entre individuos y clases.

La relación de género a especie entre dos clases es la relación de inclusión. Cuando una clase está incluida en otra (es decir, es la especie respecto de la otra, que es su género), entonces todas las propiedades que tiene un individuo que pertenece a la clase incluyente (género), son también propiedades de los individuos que pertenecen a la clase incluida (especie). Esto lo ilustra muy bien el ejemplo de Cossio: ya que todo individuo que pertenece a la clase de los hombres tiene la propiedad de ser mortal, también son mortales todos los individuos pertenecientes a la subclase de los ingleses (por estar ésta incluida en la de los hombres). Pero la *clase* de los hombres tiene, por cierto, propiedades de las que carece la *clase* de los ingleses (p.ej., la primera es mucho más extensa que la segunda). Si dos clases no tuviesen propiedades diferentes, no serían dos clases, sino una, pues serían indiscernibles.

Lo que se le escapa a Cossio es que la propiedad de tener lagunas puede ser concebida (y habitualmente lo es) como una propiedad de la clase de normas jurídicas. En este sentido, tanto la *ley* como el *derecho* son clases de enunciados de derecho, una menos amplia que la otra. El hecho de que esas dos clases se hallen en la relación de género a especie no impide en absoluto que las dos clases tengan propiedades diferentes, y bien puede darse el caso de que la clase llamada *ley* tenga la propiedad de poseer lagunas, aunque la clase llamada *derecho* carezca de ella.

[23] Cossio, *La plenitud del ordenamiento jurídico*, p. 42.

d) Resumiendo, podemos decir que por "postulado de la plenitud hermética del derecho" entendemos la tesis según la cual todo ordenamiento jurídico es necesariamente completo con relación a cualquier universo de casos y cualquier universo de soluciones. Analizaremos a continuación algunos de los argumentos que se han esgrimido en apoyo de esta tesis.

§ 5. *Análisis del Postulado de la Plenitud*

Los argumentos de aquellos filósofos del derecho que sostienen el postulado de la plenitud, giran por lo común alrededor del Principio de Prohibición, que ya hemos considerado en el § 3. Claro está que se han dado diferentes fundamentos a ese principio: en algunas de las versiones el principio suele basarse en consideraciones de índole lógica, en otras se le pretende atribuir un fundamento ontológico.

No vamos a examinar aquí todas las teorías referentes al postulado de la plenitud del derecho; nos limitaremos tan sólo a dar algunos ejemplos típicos, a fin de mostrar la aplicabilidad del análisis del Principio de Prohibición, llevado a cabo en los § 2 y 3, a las teorías jurídicas.

a) Como caso típico de lo que llamamos "versión lógica" del Principio de Prohibición puede considerarse la posición de Kelsen.

En lo que se refiere al problema de las lagunas, cabe distinguir dos etapas en el pensamiento de Kelsen. La primera, a la que nos referiremos bajo el rótulo de "la primera doctrina de Kelsen", abarca el período que va de la primera edición de su *Reine Rechtslehre*[24] a la versión francesa de la misma obra[25], pasando por su *General Theory of Law and State*[26]. La segunda

[24] Las citas se hacen según la traducción de Tejerina, *La teoría pura del derecho*.

[25] Citada según la traducción de Nilve, *Teoría pura del derecho*.

[26] Citada según la traducción de García Máynez, *Teoría general del derecho y del Estado*.

edición de la *Reine Rechtslehre* (1960) representa lo que llamaremos la segunda doctrina de Kelsen.

En su primera doctrina, Kelsen funda su tesis acerca de la inexistencia de las lagunas en el Principio de Prohibición: todo lo que no está prohibido, está permitido, dándole a "permitido" el sentido de permisión fuerte.

"La regla general según la cual todo lo que no está prohibido por el derecho está jurídicamente permitido", dice que "cada uno es libre de obrar según su voluntad cuando su conducta no está determinada por el derecho". El derecho garantiza esta "libertad de hacer o no hacer aquello a lo cual no se está obligado", pues "impone a cada sujeto la doble obligación de no impedir a otro hacer lo que no está prohibido y de no constreñirlo a hacer lo que está prohibido"[27].

El derecho, "al obligar a los hombres a una conducta determinada, garantiza la libertad más allá de esos deberes jurídicos. Frente a aquel que pretende de otro una conducta no estatuida por el orden jurídico vigente, tiene este último un 'derecho', concedido por el orden jurídico, a la omisión de esa conducta; 'derecho' en el sentido de libertad jurídicamente garantizada. El orden jurídico, no sólo contiene la proposición de que se está obligado a una conducta determinada..., sino también la proposición de que se es libre de hacer u omitir aquello a que no se está obligado". "Es esta norma negativa la que viene a aplicarse en la decisión con que se rechaza una pretensión que está dirigida a una conducta no convertida en deber"[28].

También Kelsen hace referencia a la "regla negativa de que nadie puede ser obligado a observar una conducta no prescripta legalmente"[29].

Ahora bien, es claro que un sistema normativo sólo puede garantizar la libertad de no hacer lo que no es obligatorio en el sentido de Kelsen, si contiene una norma que así lo establezca, es decir, una norma que convierta en antijurídico el acto de im-

[27] Kelsen, *Teoría pura del derecho*, p. 172 y 173.

[28] Kelsen, *La teoría pura del derecho*, p. 138 y 139.

[29] Kelsen, *Teoría general del derecho y del Estado*, p. 175.

pedir que otro haga lo que no le está prohibido, enlazando ese acto con una sanción. Y no se ve razón alguna para creer que tal norma esté necesariamente presente en todo ordenamiento jurídico; más bien parece claro que la garantía de la libertad es perfectamente contingente, producto de una determinada ideología política. En otras palabras, como ya lo hemos mostrado en el § 3, si "permitido" significa permisión fuerte[30], entonces el Principio de Prohibición resulta ser contingente (a menos que se admita la existencia de normas necesarias).

El mismo Kelsen, al darse cuenta de esto, se vio obligado a introducir una modificación sustancial en su doctrina.

En efecto, en la segunda edición de su *Reine Rechtslehre* dice este autor: "La conducta de un individuo jurídicamente no prohibida y, en este sentido, permitida, sólo puede estar garantizada por el orden jurídico si los demás individuos están obligados a respetar esa conducta, es decir, a no impedirla y no interferir de cualquier otro modo con ella. Esto se da cada vez que existe una prohibición general de aplicar fuerza física... Pero es perfectamente posible que a una conducta no prohibida y, en este sentido, permitida... se oponga la conducta de otro individuo consistente en la aplicación de la fuerza física y que tampoco está prohibida y, en este sentido, está permitida. Tenemos entonces, como ya se ha hecho notar, un conflicto de intereses no solucionado por el orden jurídico; y ningún orden jurídico puede solucionar todos los conflictos de intereses posibles"[31].

[30] La interpretación de "permitido" como permisión fuerte es compatible con la doctrina –sustentada a la sazón por Kelsen, aunque abandonada después– de que no existen normas permisivas en el derecho. En efecto, la permisión fuerte puede estar basada en una norma prohibitiva, si se acepta que permitir una conducta equivale a prohibir a los demás que interfieran con ella. Resultaría entonces que p es permitido en el sentido fuerte para x, si existe una norma que prohíbe a los demás impedir que x haga p. Lo importante es que la permisión fuerte alude a un hecho positivo, la presencia de una norma, y no a una mera ausencia de una norma prohibitiva.

[31] Kelsen, *Reine Rechtslehre*, p. 248 y 249. Cfr. también la distinción entre la libertad positiva y la libertad negativa. Esta última es calificada de mera consecuencia de la posibilidad, técnicamente limitada, de regular positivamente la conducta humana (p. 43 a 45).

En consecuencia, Kelsen modifica en la *Reine Rechtslehre* de 1960 su interpretación del principio "todo lo que no está prohibido está permitido", y da ahora el sentido de permisión débil al término "permitido". Es claro que en este caso el principio se vuelve inocuo y no excluye en modo alguno la existencia de lagunas (ver § 3). Las palabras de Kelsen que hemos transcripto antes, suenan a una admisión implícita de la posibilidad de las lagunas, pues ¿qué otra cosa son las lagunas sino "conflictos de intereses no solucionados por el orden jurídico"?

Sin embargo, Kelsen se esfuerza por mantener su tesis originaria, aun cuando se vea obligado, para hacerlo, a recurrir a una estratagema peculiar: cambio subrepticio de su definición de laguna.

En su primera doctrina, el término "laguna" se define como "imposibilidad de aplicar el derecho válido en un caso concreto, porque ninguna norma jurídica indica la conducta debida"[32]. Por consiguiente, el esfuerzo de Kelsen consistía en mostrar que en todos los casos existe *una norma* jurídica aplicable: en los casos en que no existe una norma particular referente al caso en cuestión, era aplicable la norma negativa. Esa norma negativa –al formar parte de todo ordenamiento jurídico– excluía la posibilidad de lagunas.

En la segunda doctrina, Kelsen abandona, con razón, este punto de vista y ya no pretende que una norma determinada tenga la misteriosa propiedad de pertenecer necesariamente a todos los órdenes jurídicos posibles. Cuando un caso no está previsto en ninguna norma, entonces lo que se aplica al caso no es una norma particular (como sucedía en la primera doctrina), sino todo el orden jurídico: "Si bien en este caso no es posible aplicar una norma jurídica particular, es, sin embargo, posible la aplicación del orden jurídico, y también esto es aplicación del derecho"[33].

32 Kelsen, *Teoría pura del derecho*, p. 172.

33 Kelsen, *Reine Rechtslehre*, p. 251: "Zwar ist in diesem Falle die Anwendung einer einzelnen Rechtsnorm nicht möglich, aber die Anwendung der Rechtsordnung, und auch das ist Rechtsanwendung, ist möglich. Rechtsanwendung ist nicht logisch ausgeschlossen".

Ciertamente, no es muy claro qué haya de entenderse por aplicación del orden jurídico que al mismo tiempo no sea aplicación de ninguna de sus normas. Pero, aun dejando aparte esta dificultad, es evidente que el nuevo argumento de Kelsen sólo es viable si por "laguna" ya no se entiende –como en la primera doctrina– el caso en que no hay ninguna norma aplicable, sino el caso en que es "lógicamente imposible aplicar el orden jurídico"[34]. Y para Kelsen, el orden jurídico es siempre aplicable, porque en los casos en que no se aplica una norma determinada, se aplica todo el orden. Esto es posible, explica Kelsen, porque toda conducta que no esté regulada como prohibida está, ipso facto, *permitida*.

Se ve, pues, que en la nueva doctrina el Principio de Prohibición cambia radicalmente de significado; lo que dice este Principio ahora es que toda conducta no prohibida por el sistema es permitida en el sentido débil. Esto es trivialmente verdadero (dada la definición de la permisión débil), pero no excluye, como ya hemos podido comprobar en el § 3, la posibilidad de las lagunas.

Kelsen parece haber explorado las dos posibles interpretaciones del Principio de Prohibición. Su primera doctrina se funda en la "versión fuerte" de este principio; la segunda, en su "versión débil". Ninguna de las dos sirve para el papel que se le asigna.

b) Un exponente de la fundamentación "ontológica" del Principio de Prohibición es Cossio. En realidad, éste parece dar distintos argumentos para descartar la posibilidad de las lagunas en el derecho, algunos de los cuales ya han sido considerados en esta obra (cap. V, § 7)[35]. Aquí nos limitaremos al famoso principio ontológico.

En la doctrina de Cossio, todas las conductas humanas están deónticamente caracterizadas: la propiedad deóntica "permitido" es intrínseca a la noción de conducta. En virtud de su

[34] Kelsen, *Reine Rechtslehre*, p. 251.

[35] Para la fundamentación ontológica de la teoría de Cossio sobre las lagunas, ver *La teoría egológica del derecho y el concepto jurídico de libertad*.

estructura ontológica peculiar, el hombre es metafísicamente libre, lo cual quiere decir que todos sus actos son "ontológicamente" permitidos. El derecho (que para Cossio es igual a derecho positivo) opera imponiendo restricciones a esa libertad metafísica del hombre, al prohibir algunos de sus actos. El "axioma ontológico de la libertad" permite afirmar la prioridad ontológica de la permisión sobre la prohibición: para que una conducta esté prohibida hace falta una norma; para que una conducta esté permitida no hace falta norma alguna, pues toda conducta lleva en sí una permisión, que no es más que la expresión de la libertad del hombre. Por lo tanto, el principio de que todo lo que no está prohibido está permitido es una proposición sintética, no analítica, pero al mismo tiempo necesaria. "Permitido" no se refiere aquí a la permisión fuerte, ni a la permisión débil, sino a la estructura ontológica de la conducta humana (esto es, desde luego, un resumen muy esquemático de la teoría de Cossio, pero suficiente para nuestros fines).

La teoría que consideramos se funda en postulados metafísicos de difícil verificación y su análisis completo rebasaría el marco del presente trabajo. Afortunadamente, podemos ahorrarnos esta tarea, sin detrimento para el problema que venimos considerando.

Recordemos que nuestro problema consistía en determinar si es verdad que todo orden jurídico es completo (y, además, cerrado), en el sentido de que suministra soluciones para todos los casos posibles (para cualquier UC y cualquier US). Esto es lo que llamamos el postulado de la plenitud hermética del derecho. La cuestión de saber si la conducta humana como tal tiene o no algún carácter normativo intrínseco es irrelevante para nuestro problema.

Cuando una determinada conducta no está normada (en un caso) por un determinado sistema normativo, y esto, en nuestra terminología, quiere decir que del sistema normativo considerado no se infiere ninguna solución para el caso en cuestión, entonces decimos que este caso es una laguna del sistema y que el sistema considerado es incompleto (con relación a un cierto UC y un cierto US). Si este mismo caso está solucionado por algún otro sistema de normas o tiene un estatus normativo intrínseco, es algo que escapa totalmente al ámbito del problema examinado. Lo que interesa saber no es si tal o cual conducta está prohibida o permitida por algún sistema normativo (o en virtud de algún postulado metafisico), sino si está prohibida o permitida por un *determinado* sistema normativo[36]. Lo que interesa, en otras palabras, es la completitud como propiedad del sistema normativo; el supuesto hecho de que las conductas humanas tengan un carácter normativo basado en su estructura ontológica, es irrelevante para el problema de la completitud.

Por consiguiente, aun de ser verdad que exista algo así como la libertad metafísica del hombre, el axioma ontológico de Cossio no puede esgrimirse como una razón para considerar que todos los sistemas jurídicos son completos.

§ 6. *Reglas de clausura*

Dejando para el próximo capítulo el análisis de algunos otros argumentos por medio de los cuales se ha tratado de sostener el postulado de la plenitud hermética del derecho (argumentos basados en la función judicial), dirigiremos la mirada hacia una cuestión distinta, aunque emparentada con la anterior. En vez de preguntar si es verdad que todos los sistemas normativos son cerrados (por razones conceptuales, es decir, necesariamente) –pregunta a la que ya se ha respondido negativamente–, plantearemos la cuestión de saber si son posibles, y cómo lo son, los sistemas normativos cerrados. En otras palabras, nos interesa saber cómo se puede lograr la clausura de un sistema normativo.

Una manera de conseguir que el sistema sea completo consiste en correlacionar todos y cada uno de los casos con alguna solución maximal. Podríamos llamar a este procedimiento –bastante obvio– *clausura por casos*.

36 Aunque se lograra probar que todas las conductas están deónticamente determinadas (por algún sistema), de ello no se puede inferir que exista un sistema tal que determine todas las conductas.

Pero hablar de todos los casos presupone la existencia de un conjunto determinado de casos (esto es, un *universo* de casos) y referirse a soluciones maximales supone la presencia de un conjunto determinado de soluciones (un universo de soluciones maximales). Pero, entonces, no hay garantía alguna de que el sistema así construido –que es completo con respecto al UC y al USmax elegidos– sea también completo respecto de otros universos. ¿De qué manera puede lograrse esa "inmunidad" de la completitud del sistema frente a las variaciones del UC y del USmax que se requiere para calificarlo de cerrado?

Parece que la única forma de conseguirlo es recurrir a algún tipo de regla de clausura, es decir, una regla que calificaría deónticamente todas aquellas acciones que no estuvieran calificadas ya por el sistema en cuestión. Vamos a ver cómo puede funcionar y qué alcance puede tener una regla de clausura de esa índole.

Una regla de clausura debe cumplir con las siguientes condiciones de adecuación: tiene que clausurar el sistema, es decir, hacerlo completo con respecto a cualquier UC y cualquier UA, y tiene que preservar la coherencia del sistema, es decir, no introducir nuevas incoherencias, de tal manera que si el sistema originario es coherente, también debe serlo el sistema que resulte de agregarle la regla de clausura (ambas exigencias parecen ser perfectamente razonables, pero, como veremos en seguida, no siempre son compatibles. En ciertas situaciones es necesario sacrificar una de ellas).

La regla de clausura permite, partiendo de un conjunto de enunciados α, identificar otro conjunto de enunciados (normalmente mayor que α) que llamaremos la *clausura* de α. Las condiciones de adecuación ya indicadas exigen que la clausura de α sea completa (aunque α no fuere completo) y coherente (si α es coherente).

Las reglas de clausura son análogas a las reglas de inferencia en este sentido: así como las reglas de inferencia permiten, a partir de un conjunto de enunciados α, identificar otro conjunto de enunciados que llamamos consecuencias de α [$Cn(\alpha)$], de la misma manera, la regla de clausura permite pasar de un conjunto de enunciados (α) a otro conjunto (clausura de α). Sin embargo, la regla de clausura se distingue de las reglas lógicas en dos aspectos importantes: la regla de clausura es *contingente*, y es *normativa*, en el sentido de que permite inferir consecuencias normativas nuevas (que no podían inferirse del conjunto originario).

Al igual que las reglas de inferencia ordinarias, la regla de clausura no pertenece al sistema en el mismo sentido en que los demás enunciados pertenecen al sistema. Es una regla de *segundo nivel*, que se refiere a los enunciados del sistema (que constituyen el primer nivel) y no se incluye a sí misma en esa referencia (tal inclusión llevaría a conocidas paradojas). Pero, a diferencia de las ordinarias reglas de inferencia, la regla de clausura tiene carácter *supletorio*: sólo se puede recurrir a ella una vez que se ha comprobado que mediante las reglas ordinarias no se infiere ninguna solución para el caso en cuestión.

Este carácter supletorio trae aparejadas ciertas dificultades que hacen problemático el funcionamiento de las reglas de clausura.

En efecto, el uso de la regla de clausura presupone la existencia de un procedimiento de decisión para identificar las consecuencias normativas del sistema, pues esa regla sólo puede aplicarse cuando *no* se infiere del sistema el carácter deóntico de una acción (contenido deóntico). Ahora bien, ya para una lógica medianamente complicada, como el cálculo funcional de primer orden, no existe ningún procedimiento efectivo para demostrar que un cierto enunciado *no* es un teorema del sistema. Pues cuando se quiere probar que un enunciado es teorema, es decir, que es deducible de los otros teoremas y no se logra construir la prueba, ese hecho puede significar dos cosas: que no existe la prueba buscada y, en consecuencia, el enunciado en cuestión no es teorema, o que no se ha encontrado la prueba, pero que, sin embargo, existe. En virtud de esta segunda posibilidad, ningún fracaso en el intento de hallar la prueba es concluyente: siempre cabe la posibilidad de encontrar más adelante la prueba buscada.

Si se entiende que la regla de clausura debe ser aplicada en los casos en que no existe solución y no en los que un determinado individuo no sabe encontrar la solución, entonces se hace sumamente problemática la aplicabilidad de esa regla, debido a la dificultad de determinar la ocasión para su aplicación.

Después de esta caracterización general de las reglas de clausura, veamos ahora concretamente qué contenido debe tener una regla de clausura para poder cumplir satisfactoriamente las tareas que se le asignan.

Para ello, analizaremos en primer lugar el funcionamiento de las reglas de clausura en un *sistema normativo categórico* (de hecho, solo el problema de la clausura de los sistemas categóricos ha sido analizado en detalle en la literatura especializada[37]; la clausura de los sistemas hipotéticos apenas se ha considerado).

Recordemos que en los sistemas categóricos, las soluciones que se infieren del sistema son las mismas para todos los casos. Este hecho permite prescindir de los casos y referirnos a las soluciones solamente.

Consideraremos dos clases de reglas de clausura, una relativa a un Universo de Acciones (UA) y otra absoluta (para cualquier UA). La primera podría tener la siguiente forma:

I. Si del sistema normativo α no se infiere la prohibición de un contenido deóntico p (en función del UA), entonces se infiere la permisión de p.

En consecuencia, la clausura de α (relativa al UA) es el conjunto formado por todos los enunciados que pertenecen a las consecuencias de α más los enunciados que permiten todos los contenidos deónticos de UA que no están prohibidos por α.

Esta regla cumple con los requisitos impuestos por los criterios de adecuación: hace completo el sistema α y preserva su coherencia.

Es fácil generalizar esta regla de modo que resulte independiente del UA elegido:

[37] Cfr. von Wright, *Norm and Action*, p. 102 y siguientes.

II. Si del sistema normativo α no se infiere la prohibición de un contenido deóntico p (en función de cualquier UA), entonces se infiere la permisión de p.

Un sistema normativo categórico que contiene una regla de clausura de tipo II, es cerrado en el sentido de la definición dada en el § 1, pues toda acción (de cualquier UA) resulta deónticamente determinada en ese sistema.

Con respecto a la clausura de los *sistemas normativos hipotéticos*, la situación es más complicada.

Una regla análoga a I tendría la siguiente forma:

III. Si del sistema normativo α no se infiere la prohibición de un contenido deóntico p (en función de un UA) para un caso q de un UC cualquiera, entonces se infiere la permisión de p en el caso q.

Sin embargo, la regla III no satisface los criterios de adecuación que hemos estipulado para las reglas de clausura. En efecto, puede mostrarse que la regla III no preserva necesariamente la coherencia del sistema.

Supongamos que para un UA compuesto por una sola acción R (UA = {R}), el sistema α correlaciona el caso "p . q" con la solución maximal "PhR" y el caso "p . ~q" con "FR" (es decir, los enunciados condicionales "~PR . P ~R / p . q" y "PR . P ~R / p . ~q" son consecuencias de α). Los dos casos tienen solución completa; ninguno es una laguna del sistema. Supongamos, además, que α es coherente y que el Universo de Casos caracterizado por p y q –UC (pq)– sea el Universo de Casos Relevantes para α, en el UA_i.

Ahora bien, tomemos el caso "p", que pertenece a un UC menos fino que el UCR. ¿Qué solución se infiere de α con respecto a "R" para el caso "p"? Obviamente, ninguna, pues el caso no está correlacionado con "PR", ni con "~PR". Si aplicamos la regla III, inferimos la permisión de R para el caso p ("PR / p"). Pero entonces resulta que el caso "p . q" está correlacionado con dos soluciones contradictorias "PR" y "PhR". Esta regla introdujo, en este caso, una contradicción en el sistema, que era, originariamente, coherente.

Para evitar este resultado desastroso es necesario introducir una restricción, prohibiendo la aplicación de la regla de clausura a todos los casos que pertenezcan a Universos de Casos menos finos que el UCR del sistema. Como, por otra parte, la solución de los casos del UCR resuelve automáticamente todos los casos de todos los universos más finos que el UCR, podemos limitar el campo de aplicación de la regla de clausura al Universo de Casos Relevantes del sistema.

IV. Si del sistema normativo α no se infiere la prohibición de un contenido deóntico p (en función de un UA) para un caso q del UCR de α, entonces se infiere la permisión de p en el caso q.

Esta regla preserva la coherencia del sistema, pero la clausura es relativa, no sólo al UA elegido, sino también al UCR del sistema.

Esta última limitación es ineludible, si se quiere que la regla de clausura preserve la coherencia. Todo lo que se puede hacer es generalizar la clausura con respecto al Universo de Acciones.

V. Si del sistema normativo α no se infiere la prohibición de un contenido deóntico cualquiera p, para un caso q del UCR de α, entonces se infiere la permisión de p en el caso q[38].

Ésta es la regla de clausura más general que cabe formular para los sistemas normativos hipotéticos, si se quiere preservar la coherencia. Aun así, no se trata de una clausura absoluta, sino relativa al UCR del sistema; un sistema que contiene la regla V no es completo respecto de cualquier UC, sino tan sólo con respecto al UCR y, por consiguiente, con respecto a todos los UC más finos que el UCR, pero es incompleto en los UC menos finos que el UCR y en los UC que no son comparables con el UCR.

38 Como la noción de UCR ha sido definida en función del UA (cap. VI, § 4), el UCR a que se refiere la regla V ha de entenderse como el UCR de α en el UA más amplio posible, es decir, el UA que comprende todas las acciones básicas expresables en el lenguaje usado.

La clausura absoluta de un sistema normativo hipotético resulta, por lo tanto, incompatible con la exigencia de que preserve ella la coherencia del sistema. Dada la importancia de este requisito, parece razonable abandonar la pretensión de una clausura absoluta; lo más que se puede lograr con respecto a los sistemas hipotéticos es una clausura relativa al UCR.

Esto concuerda, por otra parte, con lo que los juristas entienden intuitivamente por regla de clausura, por ejemplo, la regla *nullum crimen* en el derecho penal. El hecho de que el sistema así clausurado no solucione los casos de un UC menos fino que el UCR, no sería visto, por lo general, como un defecto del sistema, sino como una falta de información acerca de las propiedades del caso, es decir, no como una laguna normativa, sino como una laguna de conocimiento o una laguna de reconocimiento.

Así, pues, al analizar el problema de la clausura, se puso de manifiesto la importancia de un concepto que se había elaborado con fines muy diferentes, en un contexto muy distinto. Se trata de la noción de relevancia y del Universo de Casos Relevantes, que en el cap. VI nos sirvió para caracterizar el concepto de laguna axiológica. El hecho de que tuviéramos que recurrir a ese concepto para la explicación de las reglas de clausura, muestra su fecundidad.

Von Wright ha planteado la cuestión de saber si la regla de clausura tiene que ser necesariamente permisiva, en el sentido de permitir las acciones no normadas por el sistema, o si los otros caracteres deónticos también pueden ser usados para clausurar un sistema[39].

Si se quiere preservar la coherencia es evidente que la regla de clausura tiene que ser permisiva, pues la permisión es el único carácter deóntico que puede calificar una acción y su negación, sin que se produzcan incoherencias. Una regla de clausura prohibitiva ("toda acción no normada está prohibida") daría lugar a incoherencias en los casos en que no estuviera normado p, ni tampoco estuviera normado ~p, pues las normas "Php" y

[39] Von Wright, *Norm and Action*, p. 102 y 103.

"Ph ~p" son manifiestamente contradictorias. Lo mismo sucedería con una regla de clausura con carácter O ("todo lo que no está permitido, es obligatorio"), con el agravante de que también resultaría una contradicción en el caso de que se infiriese la permisión de p, pero no se infiriera nada con respecto a ~p, pues las normas "Pp" y "O ~p" son incompatibles.

Von Wright propone las siguientes reglas de clausura como alternativas posibles: "Any act, the doing of which is nos permitted, is forbidden" y "Any forbearance which is not permitted is forbidden". Sin embargo, estas reglas, si bien evitan las incoherencias señaladas, no clausuran el sistema. La primera de ellas no soluciona el caso en que no esté normada la negación (omisión) de un acto permitido, y la segunda no soluciona el caso en que no esté normado un acto cuya negación (omisión) está permitida.

La moraleja que se puede extraer de estas consideraciones es que, sobre la base de la preservación de la coherencia, las reglas de clausura que prohíben u ordenan las acciones no normadas por el sistema no son posibles. En este sentido, el carácter P ocupa una posición privilegiada[40]. Pero desde luego nada impide formular reglas de clausura complejas que prohíban (u ordenen) ciertas acciones y permitan otras[41].

[40] Existe, sin embargo, un caso en que hasta la regla de clausura permisiva puede dar lugar a una incoherencia. Supongamos que del sistema α se infiere que p no es facultativo en el caso q ("~Fp / q" es consecuencia de α). Como p no está prohibido, podríamos inferir con la ayuda de la regla de clausura que p está permitido. Pero, como tampoco está prohibido se podría inferir también la permisión de ~p. Sin embargo, la permisión conjunta de p y ~p es incompatible con ~Fp. He aquí, pues, que la regla de clausura ha introducido una incoherencia.

En la práctica es muy poco frecuente que una norma se limite a declarar que una acción no es facultativa, sin agregar nada más. Por lo tanto, podemos descartar este caso como poco importante desde el punto de vista práctico (lo cual no elimina, por cierto, la dificultad teórica).

[41] Un ejemplo de una regla de clausura compleja podría ser el siguiente: "Si de α no se infiere ni 'Pp' ni 'P ~p' entonces se infiere 'Fp'; pero si se infiere 'Pp' y no se infiere nada respecto de ~p, entonces se infiere 'Op'".

Ciertamente sería difícil de justificar desde el punto de vista axiológico una regla de esta índole, que tiene toda la apariencia de ser arbitraria; pero desde el

En el parágrafo siguiente examinaremos la conocida regla *nullum crimen*, que nos ha servido como fundamento preanalítico (*explicandum*) para la explicación de las reglas de clausura.

§ 7. La regla "*nullum crimen sine lege*"

El ejemplo más conocido de una regla de clausura en el campo del derecho es la famosa regla *nullum crimen sine lege*. Esta regla suele figurar en casi todos los ordenamientos jurídicos modernos, pero no es fácil determinar su contenido y elucidar su funcionamiento. Esta dificultad se debe, principalmente, a dos razones. En primer lugar, la regla parece desempeñar varias funciones distintas, y en segundo lugar, hay una serie de reglas complementarias, como la prohibición de la interpretación analógica, la exigencia de una definición rigurosa de los delitos (tipicidad), etc., que están estrechamente vinculadas a la regla *nullum crimen*, de modo que no siempre resulta fácil trazar la línea divisoria entre todas esas reglas.

Sin pretender hacer un análisis exhaustivo, trataremos de señalar las características y las funciones principales de la regla *nullum crimen* a fin de determinar de qué manera ésta puede ser interpretada como una regla de clausura.

a) La regla puede ser entendida como una directiva dada al legislador en el sentido de que no debe crear delitos *ex post facto*, es decir, no debe castigar penalmente actos realizados con anterioridad a la ley. Para subrayar esta función de la regla se la podría enunciar como *nullum crimen, nulla poena, sine prævia lege*, con énfasis especial sobre la palabra "*prævia*".

Un complemento casi indispensable de la regla entendida como una directiva al legislador, es la exigencia de que los delitos penales estén definidos con máxima precisión. Esta exigencia se manifiesta en la doctrina bajo la forma de la teoría de la

punto de vista puramente teórico tal regla sería inobjetable, pues satisface ambas condiciones de adecuación: clausura el sistema y preserva la coherencia.

tipicidad (*Tatbestand*) penal, y se la encuentra también en decisiones judiciales[42].

Entendida así, la regla *nullum crimen* expresa una pauta de justicia, es decir, señala los requisitos que debe reunir la legislación penal para que no lesione cierto estándar de justicia.

b) Otra manera de interpretar la regla *nullum crimen* es concebirla como una *directiva para los jueces*, en el sentido de que los jueces no deben decretar sanciones penales si no existe una norma previa que califique de delito la conducta imputada al acusado. Se la podría formular adecuadamente como *nulla pœna sine lege*[43].

La regla *nulla pœna* requiere como complemento la prohibición de la interpretación analógica de la ley penal, ya que, de lo contrario, podría ser fácilmente desvirtuada. Tan estrechamente vinculadas están estas dos reglas, que hasta podría plantearse la pregunta de si no se trata, más que de dos reglas distintas aunque complementarias, de dos caras de la misma moneda.

Otras reglas que vienen a completar y, sobre todo, a facilitar la aplicación de la regla *nulla pœna* son la presunción de la inocencia del acusado y el principio *in dubio pro reo*. Decimos que estas reglas facilitan la aplicación de la regla *nulla pœna* porque permiten superar la dificultad teórica que hemos señalado en el parágrafo anterior, al invertir la carga de la prueba. Si no se ha probado que el acusado ha cometido un delito, el juez debe absolverlo. De esa manera se elimina el problema de la prueba negativa de que la conducta del acusado no es delictuosa, ya que corresponde a la acusación probar su carácter delictuoso, es decir, demostrar que la prohibición de la conducta del acusado se infiere del sistema.

La regla *nulla pœna* como directiva a los jueces es expresión típica de una ideología política en el campo del derecho

42 En el derecho constitucional estadounidense se la designa la "void-for-vagueness rule". Cfr. "Sherwin v. People", 100 N.Y. 351, 3 N.E. 465, 469 (1885); "Com. v. Slome", 321 Mass. 713, 75 N.E. 2nd 517, 519 (1947) y "United States v. Cohen Grocery Co.", 225 U.S. 81 (1921).

43 Cfr. von Wright, *Norm and Action*, p. 102.

penal procesal. El derecho penal liberal puede caracterizarse precisamente por la presencia de esta regla, juntamente con los principios procesales complementarios que hemos señalado.

c) La regla *nullum crimen sine lege* puede entenderse también como una regla de clausura que permite todas las conductas no prohibidas por el sistema penal, es decir, autoriza a inferir la permisión de una conducta (en un caso dado), si del sistema no se infiere ninguna prohibición de esa conducta (en ese caso).

En esta interpretación la regla tiene por efecto clausurar el sistema, convirtiéndolo en un sistema cerrado con relación al UCR. Conviene tener presente, sin embargo, que la regla *nullum crimen* –en las tres interpretaciones examinadas– está restringida generalmente al ámbito penal. Aun en aquellos casos en que se la enuncia en forma genérica, sin hacer referencia expresa al derecho penal, como ocurre en la Constitución argentina (art. 19), en la práctica no se la aplica en el ámbito civil (aunque su aplicación puede abarcar, además del derecho penal "clásico", también áreas afines, como el derecho penal económico, el fiscal, el aduanero, etcétera). Esto significa que el sistema "penar provisto de la regla *nullum crimen* no es un sistema absolutamente cerrado, pues no pretende ser completo respecto de cualquier universo de soluciones. Su clausura es relativa a un universo de soluciones determinado, que podríamos llamar el de las "prohibiciones penales", que son prohibiciones vinculadas con una sanción de un tipo determinado. En consecuencia, pues, se podría enunciar la regla de clausura del siguiente modo: "Todo lo que no está penalmente prohibido, está penalmente permitido". Que un acto esté penalmente permitido significa que su realización no acarrea sanciones penales, pero no excluye en modo alguno la prohibición por algún otro tipo de norma (p.ej., una ordenanza municipal, un edicto de policía, una norma civil).

Por consiguiente, el sistema penal que contiene la regla *nullum crimen* es relativamente cerrado; cerrado con relación al universo de soluciones penales.

No pretendemos sostener, por cierto, que las tres interpretaciones de la regla *nullum crimen* que hemos expuesto brevemente sean exhaustivas y, mucho menos, incompatibles. Es muy posible que dicha regla desempeñe todas estas funciones (o algunas de ellas, o algunas otras más) simultáneamente. Sólo hemos querido trazar algunas distinciones conceptuales, sin que ello implique necesariamente una simplificación excesiva de la realidad.

Resumiendo los resultados de este capítulo cabe afirmar.

a) La noción de clausura absoluta, tal como está reflejada en la definición II de von Wright, transcripta en el § 1, resulta inaplicable a los sistemas normativos no categóricos, pues no preserva la coherencia del sistema. Como los sistemas jurídicos son hipotéticos, se sigue de ello que ningún sistema jurídico puede estar cerrado en sentido absoluto. Sólo los sistemas categóricos pueden estar cerrados en el sentido de la definición de von Wright (definición I del § 1).

b) El concepto restringido de clausura relativa al UCR parece ser una buena reconstrucción del concepto de clausura que usan los juristas (aunque rara vez le dan este nombre). En especial, la regla *nullum crimen* del derecho penal, entendida como regla de clausura, no parece tener el alcance de la regla III (clausura absoluta), sino el de las reglas IV o V (clausura relativa al UCR).

c) A pesar de esta restricción, es importante mantener la distinción entre plenitud y clausura; y, por consiguiente, entre sistemas abiertos y sistemas (relativamente) cerrados. Un sistema abierto puede ser completo en cuanto a ciertos Universos de Casos y ciertos Universos de Acciones y no serlo con referencia a otros. Un sistema (relativamente) cerrado es necesariamente completo con respecto al UCR (y a todo UC más fino que el UCR) y si adopta la regla V, es completo con respecto a todo UA. Por consiguiente, la clausura es una noción mucho más fuerte que la mera completitud (relativa a un UC y un USmax).

Capítulo VIII

EL PROBLEMA DE LAS LAGUNAS Y LA DECISIÓN JUDICIAL

Es nuestro propósito estudiar en este capítulo algunas de las cuestiones que surgen –en relación con el problema de las lagunas– al nivel de las decisiones judiciales.[1]

Estos problemas son típicos para aquellos sistemas normativos en los cuales existen jueces con jurisdicción obligatoria, es decir, órganos especialmente encargados de resolver las controversias que se originan en la aplicación de las normas a casos individuales. De hecho, tal institución sólo se da en el ámbito jurídico.

Pero no vamos a examinar aquí todos los problemas que la existencia de las lagunas plantea a los jueces, como tampoco nos ocuparemos de las técnicas que los jueces usan para eliminar o "llenar" las lagunas. Concretamente, preferimos limitarnos al examen de una doctrina –muy difundida entre los juristas en general y entre los filósofos del derecho en particular–, que pretende negar la existencia de las lagunas (normativas) o, por lo menos, atenuar su importancia, fundándose en ciertos argumentos relativos a la función del juez. Cabe distinguir entre dos versiones de dicha doctrina. En su versión más fuerte, la doctrina sostiene que, aunque haya lagunas para el súbdito, no las hay para el juez, porque el juez siempre tiene un deber: el deber de condenar al demandado, o el deber de rechazar la demanda. En su versión más débil, la doctrina sostiene que el juez *puede* (aunque no debe) resolver todos los casos aplicando el derecho existente y sin necesidad de modificarlo, es decir, sin "llenar" las lagunas.

En nuestra opinión, esa doctrina es insostenible. Ambas versiones, tanto la fuerte como la débil, se basan en argumentos falaces. Estos argumentos serán analizados en los § 5 a 7. Pero para poder analizarlos, nos hemos visto obligados a anticipar una caracterización –esquemática e incompleta– del fenómeno de la jurisdicción (§ 1), y a analizar la función que cumplen los distintos tipos de sentencias judiciales (§ 2). En el § 3 se estudian las normas que regulan la conducta de los jueces. Esas normas integran lo que denominamos el sistema secundario o sistema del juez, por oposición al sistema del súbdito (sistema primario). Ambos sistemas están relacionados entre sí a través de la fundamentación de la sentencia; este último concepto se analiza en el § 4. Los tres últimos parágrafos (5 a 7) están destinados al estudio de los problemas que plantea al juez la presencia de lagunas.

§ 1. *La función jurisdiccional*

El sistema jurídico, al igual que otros sistemas normativos, califica normativamente ciertas conductas (en determinadas circunstancias) y regula de esa manera los comportamientos de los individuos que integran un grupo social, contribuyendo a su convivencia pacífica al prever anticipadamente la forma como han de solucionarse los conflictos de intereses que puedan suscitarse.

La solución de los conflictos de intereses es, sin duda, uno de los fines primordiales del derecho. Pero, como lo muestra la historia, este fin no puede alcanzarse –salvo en comunidades poco numerosas y de gran cohesión social de base religiosa o ideológica– con la mera presencia de un sistema jurídico "primario" que consista en normas generales que solucionen casos genéricos.

Un sistema así resultaría poco efectivo[1]; las dificultades que conspiran contra la efectividad del derecho –en cuanto sistema de normas generales– como instrumento para la solución de los

[1] Hart, *El concepto de derecho*, p. 144 y siguientes.

conflictos de intereses se originan en dos clases de situaciones: A) duda o ignorancia acerca de la solución que corresponde a un caso individual, y B) incumplimiento o transgresión de las normas.

La situación A puede caracterizarse como una situación en la que *falta conocimiento* acerca de la calificación normativa de una conducta determinada (en un caso dado). Y el problema que plantea esa situación es, por consiguiente, un *problema de conocimiento*.

La falta de conocimiento (duda o ignorancia) acerca del estatus jurídico de una conducta puede tener distintos orígenes. En primer lugar, puede provenir de un *defecto del sistema*, que, a su vez, puede consistir en la ausencia de una solución (caso de laguna normativa) o en la existencia de varias soluciones incompatibles (caso de incoherencia). En estos casos se ignora cuál es la solución porque *no hay solución* o no hay una solución unívoca.

En segundo lugar, la falta de conocimiento acerca de la solución del caso puede provenir de que el sistema soluciona casos genéricos, mientras que es necesario saber también cuál es la solución correspondiente a los casos individuales. La *subsunción* de los casos individuales bajo los casos genéricos plantea problemas que hemos examinado brevemente en el cap. II. Aquí el caso tiene solución, pero no se sabe cuál es ella, ya porque falta información acerca de algún hecho relevante (laguna de conocimiento), ya porque el caso (individual) cae dentro de la zona de la vaguedad (zona de penumbra) de algún concepto relevante (laguna de reconocimiento).

En cuanto a la situación B, en ella no se trata de un problema de conocimiento del derecho, sino de casos en que un individuo transgrede (voluntaria o involuntariamente) las normas del sistema al no cumplir una obligación o realizar un acto prohibido. Para esos casos, el derecho prevé la imposición de sanciones y/o la obligación de resarcir los daños causados por el incumplimiento.

El siguiente cuadro sintetiza lo dicho sobre las dificultades y los problemas que atañen a la efectividad del derecho:

A. Falta de conocimiento
- defectos del sistema
  - ausencia de solución (laguna)
  - soluciones incompatibles (incoherencia)
- problemas de subsunción
  - falta de información fáctica (laguna de conocimiento)
  - indeterminación semántica (laguna de reconocimiento)

B. Incumplimiento (transgresión)

Uno de los remedios para estos males es la implantación de la *jurisdicción obligatoria*. Ésta consiste en encomendar a determinados funcionarios estatales (*jueces*) la tarea de determinar cuál es la conducta conforme al derecho que deben observar los individuos en cada caso individual, y la de imponer obligaciones y sanciones a todo aquel que no cumpla con lo establecido por el derecho. La jurisdicción es *obligatoria* en dos sentidos: en el sentido de que el demandado (o el acusado) no puede sustraerse al proceso, ni hace falta su consentimiento para que éste tenga lugar; y también en el de que las obligaciones y sanciones ordenadas por el juez son impuestas coercitivamente, es decir, mediante la apelación a la fuerza pública en caso de resistencia.

La función jurisdiccional que incumbe a los jueces y a los demás órganos jurisdiccionales consiste, primordialmente, en resolver los conflictos de intereses[2]. Éstos pueden ser clasificados en dos grandes grupos: aquellos en los que la controversia versa acerca de la clasificación o tipificación de un caso individual, es decir, en los que se discute si un determinado caso individual pertenece o no a un determinado caso genérico, y aque-

[2] Hablamos de la función jurisdiccional no judicial, porque puede haber órganos no judiciales que cumplan funciones jurisdiccionales (p.ej., órganos administrativos). Por otra parte, los jueces suelen cumplir también algunas funciones que no son estrictamente jurisdiccionales.

llos que versan sobre la calificación normativa de una determinada conducta. Aquí la pregunta es qué debe o no debe o puede hacer un determinado individuo (o mejor, un sujeto de derecho) en un caso individual. En consecuencia, las preguntas que se le formulan al juez son, a su vez, de dos tipos: preguntas de clasificación, que se refieren a la subsunción de un caso individual bajo un caso genérico, y preguntas normativas, que se refieren a la calificación normativa de una conducta en un caso individual (los problemas que los jueces tienen que resolver se refieren siempre a casos individuales, pues sólo deben resolver conflictos concretos y no deben hacer "declaraciones abstractas").

La función jurisdiccional consiste, por lo tanto, en dar respuesta a las preguntas que se formulan al juez y, como las preguntas son de dos clases, también las respuestas son de dos tipos distintos.

Para dar respuesta adecuada a una pregunta acerca de la clasificación de un caso individual, el juez debe determinar si ese caso individual es o no un ejemplo de un caso genérico determinado, es decir, si tiene o no la propiedad definitoria del caso genérico. Ésta es una actividad predominantemente cognoscitiva, pues el juez tiene que conocer los hechos y averiguar el sentido de las expresiones y los términos mediante los cuales se define el caso genérico. Pero esta actividad no es exclusivamente cognoscitiva, porque a veces el juez se ve obligado a adjudicar sentido a ciertos términos[3].

Cuando se trata de una pregunta normativa, la respuesta adecuada consiste en decir qué debe o puede hacer una determinada persona. Para ello, el juez tiene que dictar una norma estableciendo la obligación u otorgando la permisión (autorización), lo cual supone una *actividad normativa*.

[3] Sobre este problema, ver Ross, *Sobre el derecho y la justicia*, p. 116 a 119 y 131 y ss.; Hart, *Positivism and the Separation of Law and Morals*, "Harvard Law Review", 71, 1958, p. 593 a 629 (traducido como *El positivismo jurídico y la separación entre el derecho y la moral*, en Hart, *Derecho y moral*, p. 25 y 26); Carrió, *Notas sobre derecho y lenguaje*, p. 45 a 47; Perelman, *Avoir un sens et donner un sens*, "Logique et Analyse", nº 20, 1962, p. 225 y siguientes.

La centralización de la función jurisdiccional en manos de funcionarios especializados da lugar a la existencia de dos sistemas normativos paralelos, pero interdependientes: el sistema de normas que regula la conducta de los sujetos del derecho, que llamaremos *sistema primario* o *sistema del súbdito*, y el sistema de normas que regula las conductas de los jueces y demás órganos jurisdiccionales, que llamaremos *sistema secundario* o *sistema del juez*. Más adelante veremos qué clase de normas integran este segundo sistema y de qué manera los dos sistemas están interrelacionados entre sí.

§ 2. *La sentencia judicial*

La actividad procesal del juez culmina en la *sentencia* o *fallo* judicial. En la sentencia el juez expresa su decisión con respecto a la cuestión planteada.

Distinguiremos entre dos tipos de sentencias: *sentencias declarativas* y *sentencias normativas*. El carácter declarativo o normativo de la sentencia está ligado a la naturaleza del problema planteado; las sentencias declarativas corresponden a las controversias que versan sobre un problema de clasificación, mientras que las sentencias normativas resuelven problemas normativos.

En otras palabras, las sentencias declarativas son las que ponen fin a un proceso que versa sobre un problema de clasificación; lo llamaremos *proceso declarativo*. Los problemas normativos dan lugar a *procesos normativos*; les corresponden las sentencias normativas.

Los *procesos declarativos* –que pueden ser controvertidos o voluntarios– pueden considerarse como preguntas dirigidas al juez de la forma "¿El caso individual *i* pertenece al caso genérico *q*?". Sólo son respuestas adecuadas a tales preguntas las afirmaciones de la forma "*i* pertenece a *q*" o "*i* no pertenece a *q*". Por lo tanto, las sentencias declarativas contienen un enunciado de la forma "El caso individual *i* pertenece al caso genérico *q*" o su negación.

En los *procesos normativos* –que son siempre controvertidos– la discusión versa sobre el estatus normativo de una conducta del demandado. El actor afirma que el demandado tiene la obligación de realizar una acción (positiva o negativa) y pide que el juez le ordene que realice esa acción. El demandado sostiene que no tiene tal obligación y pide al juez que rechace la pretensión del actor (en el proceso penal la situación es similar: la acusación sostiene que el acusado ha realizado una acción calificada como delito y pide que se le aplique la sanción correspondiente. Esta analogía nos permite prescindir en lo sucesivo del proceso penal).

En consecuencia, en los procesos normativos se ventilan preguntas de la forma "¿Es obligatorio *p*?", y las únicas respuestas adecuadas a esta clase de preguntas son *normas* o soluciones de la forma "Op" o "~Op" (es decir, "P ~p"). Tanto en la pregunta como en la respuesta se presupone el *uso* del sistema jurídico vigente; por lo tanto, las sentencias normativas no contienen proposiciones normativas acerca del sistema (su función no es informar *acerca* de la solución que el derecho suministra para un caso –ésta es la función propia de la ciencia jurídica–), sino *normas* o soluciones que derivan del sistema.

No debe pensarse, por cierto, que los dos tipos de proceso sean excluyentes; de hecho pueden mezclarse en un mismo proceso cuestiones que hemos llamado de clasificación y cuestiones normativas. Por ejemplo, en un juicio de quiebra el juez declara que una persona está en quiebra [clasificación] y ordena la clausura del local, la intercepción de la correspondencia, etcétera. Pero nada impide distinguir conceptualmente entre cuestiones normativas y cuestiones de clasificación.

Las *sentencias declarativas* son enunciados de la forma "*i* pertenece a *q*" o "*i* no pertenece a *q*" (donde "*i*" es un caso individual y "*q*", un caso genérico). Estas sentencias no contienen normas. Pero eso no quiere decir que no puedan tener efectos normativos. Tenemos que distinguir entre dos clases de *efectos normativos* de una sentencia: cuando la sentencia contiene una norma (que califica una acción como obligatoria, prohibida o permitida), diremos que tiene efectos normativos *prima-*

rios. Tales efectos se originan en la sentencia misma, y cuando una norma (distinta de la sentencia) enlaza a esta última determinadas consecuencias normativas, diremos que la sentencia tiene efectos normativos *secundarios*. Los efectos secundarios no se originan en la sentencia, la cual sólo funciona como hecho condicionante de ciertos efectos (que son normativos en virtud de alguna otra norma).

Ahora bien, las sentencias declarativas suelen tener efectos secundarios, pero como no contienen normas, carecen de efectos normativos primarios. Como ejemplos típicos de sentencias declarativas podemos mencionar las que homologan un concordato, declaran el divorcio, declaran la validez de un testamento o la nulidad de un contrato, la prescripción de una obligación, etcétera.

Mientras que el contenido de las sentencias declarativas son proposiciones que admiten (afirman) o rechazan (niegan) una determinada clasificación de un caso individual, las *sentencias normativas* contienen normas que regulan lo que debe o puede hacerse en el caso en cuestión. Por consiguiente, las sentencias normativas tienen efectos normativos primarios, además de los secundarios.

La doctrina procesalista suele clasificar las sentencias en meramente declarativas, de condena y constitutivas[4]. Esta clasificación es objetable por varias razones. En primer lugar, no es claro cuál es el criterio en que se funda la clasificación. Si el criterio es el adoptado por nosotros, es decir, el carácter lógico de la sentencia (proposición o norma), está de más la tercera categoría, la de las sentencias constitutivas, que sólo se distinguen de las otras sentencias declarativas por sus efectos normativos secundarios. Por otro lado, tampoco sería correcto identificar las sentencias de condena con las que hemos llamado sentencias normativas. No parece razonable limitar éstas a aquellas en que el juez hace lugar a la demanda, imponiendo una obligación al demandado. El carácter declarativo o normativo de una sentencia depende de la naturaleza de

[4] Cfr. Couture, *Fundamentos de derecho procesal civil*, p. 174 y siguientes.

la cuestión planteada, no de la resolución que adopte el juez (admitiendo o rechazando la demanda).

Cuando lo que hay que resolver es un problema de clasificación, la respuesta (adecuada) del juez es siempre una proposición. Si el actor pide que declare que el caso individual *i* pertenece al caso genérico *q* y el juez considera que es así, hará lugar a la demanda y declarará que *i* es *q*. Si llega a la conclusión contraria, rechazará la demanda, declarando que *i* no es *q*.

Cuando hay que resolver un problema que requiere una sentencia normativa, porque lo que se cuestiona es si se debe o se puede hacer algo en un caso individual, tanto la sentencia que admita la demanda como la que la rechace, tienen que ser normativas. Si la sentencia hace lugar a la demanda, su conclusión será la norma que el actor pide en su demanda, por ejemplo, "Op" (donde p es una conducta del demandado). Si la sentencia rechaza la demanda, su conclusión será una norma incompatible con la que reclama el actor. Si lo que el actor pretende es que el demandado debe realizar la acción p, la sentencia denegatoria tendrá que contener como conclusión una norma que implique la permisión de la negación de *p* ("P ~p"), por ejemplo, la norma "~Op" (como hemos visto en el capítulo anterior, en cuanto *normas*, las expresiones "~Op" y "P ~p" son equivalentes). En ambas variantes, la sentencia normativa contiene una norma (individual).

No es verdad, pues, que sólo las sentencias de condena son normativas y que todas las sentencias denegatorias son declarativas[5]. Unas y otras pueden ser declarativas o normativas, según la índole de la cuestión planteada.

§ 3. *El sistema del juez*

Hemos llamado *sistema del juez* al conjunto de normas que regulan la conducta de los jueces en cuanto jueces. Esas nor-

[5] Cfr. Couture, *Fundamentos de derecho procesal civil*, p. 174 y siguientes.

mas pueden dividirse en dos grupos: las que establecen en qué condiciones los jueces pueden juzgar y qué cuestiones pueden resolver (normas de competencia), y las que establecen obligaciones y prohibiciones a los jueces.

a) *Normas de competencia.* Siguiendo la terminología tradicional llamaremos normas de competencia a las que confieren a los jueces la jurisdicción, es decir, la facultad de juzgar. Tales normas establecen que ciertas personas pueden (son competentes para) entender en ciertos casos y dictar ciertas clases de sentencias, observando determinadas formalidades.

Las normas de competencia son *normas de conducta* para los jueces, si se las concibe como normas permisivas que establecen la permisión de realizar ciertos actos en ciertas circunstancias[6]. Al mismo tiempo, son *constitutivas* de la autoridad judicial; nadie es juez sino en virtud de una norma de competencia y en la medida y con el alcance que determine esa norma. Es que el concepto de juez es habitualmente definido en función de las normas de competencia y, por consiguiente, forman ellas parte del significado del término "juez".

Es importante distinguir las normas de competencia (permisivas) de las que imponen obligaciones y prohibiciones a los jueces, que también son normas de conducta. Si definimos el concepto de juez en términos de (o con referencia a) normas de competencia, entonces sólo estas últimas son necesarias para la existencia de los jueces; en cambio, las normas que establecen obligaciones, incluso la obligación de juzgar, serían meramente contingentes. No parece entenderlo así Cossio, cuando sostiene: "El juez debe juzgar siempre porque es juez, es decir, porque esa es su ontología, y no por ninguna otra causa (p.ej., porque tal obligación le hubiera sido impuesta por el legislador)... Es un pensamiento contradictorio suponer que el juez no debe juzgar y que sigue siendo juez, porque ser juez consiste en deber juzgar: éste es su ser"[7].

[6] Sobre el carácter permisivo de las normas de competencia, cfr. von Wright, *Norm and action*, p. 198 y siguientes.

[7] Cossio, *La plenitud del ordenamiento jurídico*, p. 59.

Esta tesis pretende ser una "verdad de razón", fundada en la "evidencia eidética"[8].

Sin duda, se puede definir el concepto de juez de tal manera que el deber de juzgar sea una característica definitoria y, por lo tanto, necesaria. Lo que es muy dudoso, en cambio, es que ésa sea la única definición posible. No se advierte qué inconvenientes ontológicos o eidéticos pueda haber en una definición del concepto de juez en función de normas permisivas, como aquel individuo que puede (en el sentido de que le está permitido) juzgar. No parece haber nada de contradictorio en la idea de un juez que no deba juzgar, pero que pueda juzgar. Más aún, nos inclinaríamos a pensar que éste es el sentido que el término "juez" tiene en el lenguaje jurídico corriente. Lo que realmente parece ser imposible –para el sentido usual del término "juez"– es que alguien sea juez y no pueda (no tenga competencia para) juzgar. En cambio, es perfectamente concebible que un juez no tenga ninguna obligación de juzgar –y de hecho parece que se han dado casos de jueces de esta índole[9]–, aunque es verdad que normalmente los jueces tienen, además de la competencia, la obligación de juzgar, precisamente porque el legislador suele imponerles esa obligación.

b) *Normas de obligación.* En los ordenamientos jurídicos modernos suelen existir, además de las normas de competencia constitutivas de la función judicial, una serie de normas que establecen obligaciones y prohibiciones para los jueces. Estas normas tienen por finalidad regular el comportamiento de los jueces en cuanto jueces, es decir, en cuanto ejercen su actividad jurisdiccional. Por lo tanto, esas normas integran también el sistema del juez.

Entre las obligaciones de los jueces nos interesa en especial destacar dos de ellas, por ser las que inciden directamente en el problema de las lagunas.

1) En primer lugar, los jueces tienen la obligación de juzgar, es decir, de dictar sentencia resolviendo la controversia so-

[8] Cossio, *La plenitud del ordenamiento jurídico*, p. 58 y 59.

[9] Cfr. Engisch, *Introducción al pensamiento jurídico*, p. 196.

metida a su conocimiento. Esta obligación genérica de juzgar comprende toda una serie de obligaciones específicas, relativas a la realización de diversos actos procesales, como, por ejemplo, la recepción de la prueba, etc., y es relativa a los casos de la competencia del juez. Si el caso no entra en su competencia, el juez, no sólo no debe resolverlo, sino que normalmente le está prohibido entrar a juzgarlo.

La obligación genérica de juzgar se halla, por lo común, legislada en los códigos bajo la forma de la prohibición de abstenerse de juzgar[10]. Pero sería erróneo pensar que la existencia de esa obligación fuera de alguna manera "esencial" o "necesaria". Se trata de una obligación cuya existencia depende de lo que el legislador establece y, en este sentido, es contingente. La existencia de ordenamientos jurídicos en los que los jueces pueden abstenerse de juzgar es lógicamente posible e históricamente comprobable[11].

2) En segundo lugar, los jueces tienen la *obligación de fundar sus decisiones en derecho*[12].

La exigencia de que toda sentencia esté fundada puede tener dos sentidos. En sentido estricto, una sentencia es fundada cuando tiene fundamento y éste se *expresa* en la sentencia. En sentido lato, una sentencia es fundada cuando existe un fundamento *expresable*, aunque, de hecho, ese fundamento no esté expresado (p.ej., por considerárselo obvio).

La obligación de indicar expresamente la razón o fundamento de la decisión suele figurar en los códigos procesa-

[10] Cód. Civil argentino (art. 15), Cód. Penal (art. 273), Cód. de Procedimientos de la Capital (arts. 216 y 215) y Cód. de Procedimientos Criminal (arts. 494 y 495); Cód. Civil francés (art. 4º).

[11] Aulo Gelio, *Noches áticas*, libro XII, cap. 7, cuenta un caso en el que el Areópago de Atenas se abstuvo de juzgar, citando a las partes para que compareciesen a los cien años, citado por Dassen, *Reflexiones sobre el abuso del derecho*, "Notas de filosofía del derecho", nº 2, 1964.

[12] "La sentencia deberá fundarse en el texto expreso de la ley, y a falta de éste, en los principios de la legislación vigente en la materia respectiva, y en defecto de éstos, en los principios generales del derecho" (Cód. de Proced. Civil y Comercial de la Capital, art. 217).

les[13] y hasta en las constituciones[14]. Pero se dan también casos de resoluciones judiciales que consisten en meras disposiciones, sin indicación de fundamento alguno[15]. Sin embargo, sería aventurado suponer que tales resoluciones carecieran de fundamento, ya que en tal caso serían arbitrarias. Para no serlo esas resoluciones deben tener fundamento, aunque éste no esté expresado. Podemos concluir, por consiguiente, que la exigencia de que las sentencias sean fundadas en el sentido estricto, comprende a la mayoría de las sentencias, y en el sentido lato, a todas las sentencias y resoluciones judiciales en general. Por otra parte, sólo con respecto a las sentencias fundadas (en cualquiera de los dos sentidos del término) pueden plantearse problemas derivados de la existencia de lagunas en el orden jurídico.

La obligación de fundamentar la decisión es muy importante, ya que constituye el puente entre los dos sistemas, el sistema del súbdito y el sistema del juez. Para ver cómo funciona ese "puente", tendremos que analizar la noción de fundamentación.

§ 4. *La fundamentación de la sentencia*

La obligación de fundar en derecho la sentencia judicial tiene dos significados distintos, según el tipo de sentencia de que se trate. Si se trata de una sentencia declarativa, el problema consiste en demostrar que el caso individual i tiene o no la propiedad definitoria del caso genérico q. Aquí la justificación de la decisión implica fundamentalmente problemas semánticos, pues la mayor dificultad consiste en identificar la propiedad designada por las expresiones que figuran en los textos legales o jurídicos en general. La obligación de fundar en derecho significa aquí que el juez no debe atribuir a las expresio-

13 Cód. Procesal Civil y Comercial de la Nación (1968), arts. 34, inc. 4º, 161, inc. 1º, y 163, inc. 5º.

14 Constitución nacional, art. 18: "*Ningún habitante de la Nación puede ser penado sin juicio previo fundado en ley anterior al hecho del proceso*".

15 Así ocurre con algunas decisiones de la Suprema Corte de los Estados Unidos, y también de la Corte de Casación de Francia.

nes y términos jurídicos significados arbitrarios, sino que debe usar, en lo posible, los significados que tienen ellos. La determinación de tales significados no está, por cierto, exenta de graves dificultades, pero no vamos a entrar aquí en el análisis de tales problemas[16].

Las dificultades que el juez encuentra en esos contextos derivan de dos fuentes: falta de información suficiente sobre los hechos del caso y falta de determinación semántica (vaguedad) de los conceptos relevantes, es decir, lagunas de conocimiento y lagunas de reconocimiento, respectivamente. En cambio, las eventuales lagunas normativas no plantean, en principio, problema alguno, cuando se trata de la fundamentación de una sentencia declarativa. Esto es bastante obvio: si lo que está en discusión es la pertenencia de un caso individual a un caso genérico, el hecho de que este último esté o no solucionado es irrelevante para el problema.

Cuando se trata de resolver una controversia normativa, el juez tiene que *dar* una solución (en el sentido técnico en que usamos este término, es decir, como enunciado deóntico de la forma Op o Pp, etcétera). Pero, como lo que tiene que solucionar es un caso individual, la solución que figura en la conclusión (parte dispositiva) de una sentencia normativa tiene que ser una solución individual (ver la distinción entre soluciones genéricas e individuales en cap. III, § 1).

La justificación de una solución individual consiste en mostrar que ella deriva de una solución genérica. Por lo tanto, la fundamentación de una sentencia normativa es su derivación de un sistema normativo (sistema que correlaciona casos genéricos con soluciones genéricas). Tal fundamentación comprende varias operaciones: *a*) clasificación o subsunción del caso individual en algún caso genérico (como se ve, los problemas de clasificación y, por consiguiente, la posibilidad de lagunas de conocimiento y de reconocimiento reaparecen también en la fundamentación de las sentencias normativas. Estos problemas no son, pues, exclusivos de las sentencias declarativas); *b*) determi-

16 Ver, para ello, Ross, *On Law and Justice*, chapter 4.

nación de la solución (genérica) que el sistema normativo correlaciona al caso genérico, y *c*) derivación de la solución para el caso individual mediante las reglas de inferencia del sistema[17].

De esta caracterización se infiere que la presencia de lagunas normativas en el sistema normativo usado para la fundamentación de la sentencia normativa es capaz de producir graves dificultades en el paso *b*. De estas dificultades nos ocuparemos en las próximas secciones de este mismo capítulo.

La obligación de fundar en derecho una sentencia normativa es la exigencia de usar –para la fundamentación de ella– el sistema del súbdito o sistema primario. En este sentido, el sistema del juez es secundario con respecto al sistema del súbdito, ya que presupone la existencia de este segundo. Precisamente en virtud de que los jueces están obligados a resolver los conflictos de intereses fundando sus decisiones en el sistema primario, las normas del sistema del juez se refieren –directa o indirectamente– a otras normas y son, por consiguiente, normas de segundo nivel.

Que los jueces *deban* dictar sus decisiones conforme a lo prescripto por el sistema del súbdito no implica, desde luego, que de hecho siempre lo hagan (conviene tener presente que no pretendemos describir aquí lo que los jueces hacen de hecho, sino lo que deben hacer; el objeto de nuestro estudio es el sistema del juez, no la conducta de los jueces). La posibilidad de discrepancias entre lo que prescriben las normas del sistema del súbdito y lo que dicen los jueces, da lugar a interesantes

[17] Por consiguiente, es un tanto engañoso hablar en este contexto de la creación de una norma o solución individual por parte del juez, como lo hacen Kelsen y los autores de inspiración kelseniana. Decir que el juez crea –al pronunciar sentencia– una norma (solución) individual es, por lo menos, una exageración, si es una mera aplicación de la norma general que soluciona el caso genérico. Esto quiere decir que la norma o solución individual es una consecuencia lógica de la descripción y la subsunción del caso individual y de la norma que soluciona el caso genérico correspondiente. Sólo cabe hablar de auténtica creación normativa del juez cuando éste –como suele ocurrir en los casos de lagunas normativas o axiológicas– modifica el sistema, creando una nueva norma general. Sobre este tema, ver Bulygin, *Sentenza giudiziaria e creazione di diritto*, "Rivista Internazionale di Filosofia del Diritto", anno XLIV, fasc. II, 1967.

y complicados problemas. Obsérvese que esa discrepancia puede surgir, no sólo cuando el juez se equivoca, creyendo que el sistema dice algo distinto de lo que realmente dice, o cuando el juez deliberadamente deja de lado la solución suministrada por el sistema del súbdito (sea porque la considera injusta, sea por otras razones menos honorables), sino también cuando una de las partes no prueba los hechos que hacen a su derecho, o lo pierde por razones procesales. Así, por ejemplo, una persona que pagó una obligación y, por consiguiente, de acuerdo con el sistema del súbdito no tiene ya obligación (por haberse ella extinguido con el pago), es demandada por su ex acreedor y, al no acreditar el pago efectuado, es condenada a pagar nuevamente. O cuando Sempronio, que tiene efectivamente derecho a una prestación de Ticio, al no presentar a tiempo su prueba (por negligencia de su abogado), no logra acreditar su derecho y ve rechazada su demanda, perfectamente justificada de acuerdo con las prescripciones del sistema del súbdito.

No vamos a entrar en el análisis de estos problemas, que no están directamente vinculados con nuestro tema, pero conviene tenerlos presentes, a fin de no incurrir en exageraciones típicas de algunos autores "realistas", quienes del hecho de que las sentencias judiciales no están a veces de acuerdo con las prescripciones del sistema primario, pretenden inferir que éste no existe o que sus normas "dicen lo que los jueces dicen que dicen"[18].

§ 5. *El juez frente a las lagunas normativas*

Veamos ahora de qué manera inciden las lagunas normativas del sistema primario en la situación del juez que debe solucionar un caso individual aplicando ese sistema, es decir, fundando su decisión de tal modo que la solución que él da al caso derive del sistema primario. Sólo nos van a interesar en este contexto las sentencias normativas, pues como hemos visto ya,

[18] Para una crítica inteligente del realismo, ver Hart, *El concepto de derecho*, cap. VII, en especial, p. 176 y siguientes.

el problema de la solución es irrelevante para las sentencias declarativas, que sólo deciden cuestiones de clasificación o tipificación de los casos individuales. Por consiguiente, en ésta y en las dos secciones siguientes nos referiremos exclusivamente a sentencias normativas.

La obligación genérica del juez de fundar su decisión en el sistema primario (sistema del súbdito) genera una serie de *obligaciones específicas*, según el estatus normativo que la conducta del demandado sobre la cual versa el proceso tenga en el sistema primario. Como esta conducta puede estar calificada normativamente de distintas maneras, el juez tendrá distintas obligaciones, es decir, deberá resolver la cuestión de distintas maneras. Vamos a considerar los casos que pueden presentarse.

a) *Primer caso.* Del sistema primario se infiere que el demandado tiene *obligación* de realizar la conducta sobre la que versa el proceso y la conducta en cuestión tiene en consecuencia el carácter O. En este caso, el juez tiene *obligación de condenar* al demandado. Al condenarlo, cumple también con su obligación genérica de juzgar, pues el hecho de condenar implica el haber juzgado.

b) *Segundo caso.* Del sistema del súbdito se infiere que al demandado le está permitido abstenerse de hacer lo que el actor pretende que haga. En este caso, el juez tiene la *obligación de rechazar la demanda.* También aquí cumple con su obligación de juzgar, al dictar sentencia denegatoria, pues rechazar la demanda es también juzgar (en este caso queda comprendida también la relativamente rara situación en que al demandado le está prohibido realizar el acto que el actor pretende que realice. Pues si el acto está prohibido, ello significa que su omisión es obligatoria; y como en nuestra terminología "obligatorio" implica "permitido", se sigue que la omisión del acto está permitida, lo cual es todo lo que se necesita para que el juez tenga la obligación de rechazar la demanda).

c) *Tercer caso.* Del sistema primario no se infiere que el demandado tenga la obligación de realizar el acto en cuestión, pero tampoco se infiere que le está permitido abstenerse de realizarlo. En otras palabras, la conducta del demandado no está normativamente determinada por el sistema; nos hallamos en presencia de una *laguna* (obsérvese que puede tratarse de una laguna total o de una laguna parcial, pues la situación no varía cuando la realización del acto está permitida, siempre que la omisión no esté normada).

Ahora bien, en caso de una laguna, ¿qué debe hacer el juez, condenar al demandado o rechazar la demanda?

La respuesta es clara: si el sistema del súbdito nada dice acerca de la conducta del demandado, *el juez no tiene ninguna obligación específica*, ni la de condenar, ni la de rechazar la demanda. Sólo tiene la obligación genérica de juzgar, y cumple con ella juzgando de cualquiera de las dos maneras posibles: condenando al demandado o rechazando la demanda. En otras palabras, el juez tiene la obligación de juzgar, esto es, de condenar o rechazar la demanda, pero no la de condenar, como tampoco tiene la obligación de rechazar la demanda. Esto puede parecer paradójico, pero no hay en ello ninguna paradoja. Situaciones semejantes son muy frecuentes en derecho; la doctrina civilista las estudia bajo el rótulo de "obligaciones alternativas". Considérese el conocido caso de Sempronio, que tiene la obligación de entregar a Ticio un caballo o una vaca, pero no la de entregar el caballo ni tampoco la de entregar la vaca. Puede cumplir con su obligación entregando cualquiera de los dos animales, ya que debe entregar uno de los dos, pero no debe entregar ninguno en especial. La situación del juez en este tercer caso que estamos analizando es exactamente igual. Tampoco él tiene la obligación de realizar un acto determinado; sólo debe, alternativamente, condenar o rechazar la demanda.

Es importante tener presente este resultado, por cuanto algunas veces se ha esgrimido –para demostrar la inexistencia de las lagunas en el derecho– un argumento falaz basado en la obligación de juzgar. El argumento puede enunciarse esquemáticamente así: el juez debe siempre juzgar, es decir, debe condenar o rechazar la demanda. Si el demandado está obligado a comportarse en la forma pretendida por el actor, el juez debe condenar; si el demandado no está obligado, el juez no debe condenar. Y como debe condenar o rechazar, se infiere que si no debe condenar, tiene que rechazar la demanda. Por lo tanto –tal es la conclusión de este argumento–, el juez debe rechazar la demanda en todos los casos en que no tenga obligación de condenar.

Este argumento presenta una analogía aparente con una forma válida de razonar: el silogismo disyuntivo, en el cual, de una proposición disyuntiva y de la falsedad de un miembro de la disyunción se infiere la verdad del otro miembro. En símbolos: de "$p \vee q$" y "$\sim p$" se infiere válidamente "q". La validez de esta forma argumental se funda en la incompatibilidad de la verdad de la disyunción con la falsedad de los dos disyuntos, ya que la verdad de la disyunción implica –por definición de disyunción– la verdad, por lo menos, de uno de los miembros de la disyunción.

Pero en nuestro caso, el enunciado disyuntivo es normativo, pues aparece afectado por el operador deóntico O: "Obligatorio condenar o rechazar". Y es importante no confundir la obligación de realizar un acto disyuntivo con la disyunción de dos obligaciones, ya que el operador O no es distributivo respecto de la disyunción. En símbolos: $O (p \vee q)$ no implica $Op \vee Oq$. De ahí que la norma $O (p \vee q)$ –"Obligatorio condenar o rechazar"– es perfectamente compatible con $\sim Op$ y $\sim Oq$ ("No obligatorio condenar" y "No obligatorio rechazar"). Lo que es obligatorio es la disyunción, no los miembros de ella.

Parte de la plausibilidad intuitiva del argumento que venimos criticando deriva de la ambigüedad de la expresión "no debe". En la frase "si el juez no debe condenar, entonces debe rechazar la demanda", la expresión "no debe" significa "no tiene obligación". Pero "no debe" puede significar también una prohibición. Si fuera verdad que el juez no debe condenar en el sentido de que le está prohibido hacerlo, entonces se podría inferir válidamente que debe rechazar la demanda (si es que debe hacer una de las dos cosas). Pero éste no es el caso de nuestro ejemplo. Aquí el "no debe" surge de la mera ausencia de una norma que obligue al juez a condenar, lo cual no es suficiente, por supuesto, para constituir una prohibición. Así, pues, de la obligación de juzgar y de la ausencia de la obligación de condenar no se infiere en modo alguno la obligación de rechazar la demanda. Esto demuestra que el caso III –caso de laguna– es muy distinto de los otros dos considerados. El caso de laguna se caracteriza precisamente por la ausencia de toda obligación *específica* para el juez[19].

§ 6. ¿PUEDE EL JUEZ RESOLVER UN CASO DE LAGUNA SIN MODIFICAR EL DERECHO?

Hemos llegado a la conclusión de que, en el caso de laguna, el juez no tiene ninguna obligación específica, pero si le está prohibido abstenerse de juzgar, tiene que hacer alguna de las dos cosas, o condenar al demandado, o rechazar la demanda. Haciendo cualquiera de estas dos cosas cumple con su obligación genérica de juzgar. Pero, ¿cómo cumplirá con la obligación de fundar su decisión en el sistema del súbdito?

Es evidente que si el sistema primario nada dice acerca del estatus deóntico de la conducta del demandado, el juez no puede cumplir con la obligación de fundar su decisión en ese sistema, cualquiera que sea la decisión que adopte, la de condenar o la de rechazar la demanda. Lo más que puede hacer en esta situación es modificar primero el sistema primario, llenando la laguna, y fundar luego su decisión en el sistema modificado. Sin embargo, para poder hacer eso el juez tiene que estar autorizado para modificar el derecho, cosa que está reñida con la idea del juez que aplica, pero no crea derecho. Ciertamente, algunas legislaciones autorizan expresamente al juez a actuar como si fuera legislador[20]. En tal hipótesis, el problema se resuelve fácilmente: el juez modifica primero el sistema, integrándolo con una nueva norma que soluciona el caso de laguna, y

19 No se olvide que para la existencia de las lagunas se requiere que el sistema sea abierto. Si hay una norma de clausura, nos hallaremos frente a un sistema cerrado, que no tendrá lagunas, y entonces caeremos necesariamente en alguno de los dos casos ya analizados (caso I o II).

20 "À défaut d'une disposition légale applicable, le juge prononce selon le droit coutumier et, à défaut d'une coutume, selon les règles qu'il établirait s'il avait à faire acte de législateur" (Cód. Civil suizo, art. 1º).

luego, una vez eliminada la laguna, procede conforme a lo que establece el nuevo sistema. Pero el hecho de que el juez esté autorizado para modificar el derecho no demuestra, desde luego, que las lagunas no existan. Todo lo contrario: sólo si se admite que puede haber lagunas, tiene sentido una cláusula como la del art. 1º del Cód. Civil suizo.

Pero si al juez le está prohibido modificar el sistema primario, entonces la situación es insoluble: necesariamente dejará de cumplir alguna de las obligaciones. En efecto, si soluciona el caso individual sin solucionar el correspondiente caso genérico (es decir, sin modificar el sistema, ya que el caso genérico carece *ex hypothesi* de solución), entonces su decisión no está fundada en el sistema primario y, por consiguiente, viola el deber de juzgar conforme al derecho. Si soluciona el caso genérico, modifica el sistema y como, por hipótesis, le está prohibido hacerlo, realiza un acto prohibido. Y si, por último, se abstiene de resolver el caso, viola su deber de juzgar. Esto muestra que las tres exigencias (la prohibición de abstenerse de juzgar, la obligación de juzgar conforme al derecho y la prohibición de modificar el derecho) son incompatibles entre sí en el caso de laguna y sólo pueden coexistir si el sistema es completo. En el próximo capítulo volveremos sobre este problema, pero ahora nos interesa examinar la posición de aquellos autores que niegan que la situación descripta como insoluble, lo sea realmente.

El argumento en demostración de que los jueces pueden solucionar todos los casos que se les presenten –incluso los casos que no están solucionados por ninguna norma del sistema– aplicando el derecho existente, sin necesidad de modificarlo, se basa en la diferencia esencial que habría entre las sentencias de condena (sentencias que hacen lugar a la demanda o a la acusación) y las sentencias denegatorias (que rechazan la demanda o absuelven al acusado). Para condenar al demandado, el juez tiene que invocar una norma que establezca la obligación de comportarse en la forma pretendida por el actor; si tal norma no existe (como ocurre en el caso de laguna), entonces el juez tiene que "llenar" la laguna, "creando" esa norma, para poder justificar con ella su sentencia de condena. Pero la situación sería radicalmente diferente –de acuerdo con la doctrina que estamos considerando– si el juez decidiera rechazar la demanda. Para ello no necesita introducir nuevas normas en el sistema; le basta decir que no existe ninguna norma que imponga al demandado la obligación de comportarse en la forma pretendida por el actor. Este hecho negativo (la inexistencia de una norma) constituiría un buen fundamento para una sentencia denegatoria, que de tal manera quedaría justificada por el derecho existente. En consecuencia, se sostiene que los jueces *pueden* –en el sentido de la posibilidad lógica y aun empírica– resolver todos los casos sobre la base del derecho existente, aun en los casos en que no haya ninguna norma que se refiera a ellos.

Un representante típico de esta doctrina es Kelsen. Ya en una de sus obras distingue entre los cuatro casos siguientes: *a*) existe una norma general que el demandado ha violado: el juez tiene el deber de decretar la sanción señalada por esa norma; *b*) no hay ninguna norma general que contemple el caso, pero hay una regla de clausura: el juez tiene el deber de rechazar la demanda; *c*) no hay ninguna norma que contemple el caso ni hay reglas de clausura: si el juez resuelve condenar al demandado, debe modificar el derecho existente, y *d*) no hay ninguna norma aplicable al caso, no hay reglas de clausura y el juez decide rechazar la demanda "fundándose en que el derecho existente no establece la obligación que el actor atribuye" al demandado. En este último caso, el juez aplica "la regla negativa de que nadie puede ser obligado a observar una conducta no prescripta legalmente"[21]. En *Reine Rechtslehre* de 1960 suprime esta última frase para sostener (como ya hemos visto en el capítulo precedente –§ 5–) que el juez aplica, en tales casos, todo el orden jurídico[22].

Cabe distinguir aquí entre dos tesis diferentes: que el juez puede resolver un caso, aunque no haya ninguna norma aplicable a él, y su decisión, siempre que sea denegatoria de la demanda, estará fundada en el derecho preexistente, y que las lagunas no existen. La segunda pretende fundarse en la primera.

[21] Kelsen, *Teoría general del derecho y del Estado*, p. 175.

[22] Kelsen, *Reine Rechtslehre*, p. 251.

En el capítulo precedente (§ 5) hemos examinado la tesis segunda, llegando a la conclusión de que Kelsen sólo logra una apariencia de justificación para ésta, cambiando el sentido del término "laguna". Ha llegado el momento de examinar la primera tesis.

La primera implica que la mera afirmación de que el demandado no tiene la obligación que el actor le atribuye es un fundamento suficiente para la sentencia denegatoria. Esta tesis parece bastante plausible, y probablemente la mayoría de los juristas la consideraría convincente. Sin embargo, es un error.

El error se basa en la confusión entre normas (soluciones) y proposiciones normativas, favorecida por la ambigüedad sistemática de las expresiones de la forma "No obligatorio p" (o "p no es obligatorio"). Como expresión de norma, este enunciado equivale a "Permitido $\sim p$", lo cual implica la permisión fuerte de $\sim p$; como proposición metalingüística acerca del sistema, el enunciado dice que no existe (en el sistema) ninguna norma de la forma Op, es decir, afirma la permisión débil de $\sim p$. Se trata, pues, de la misma ambigüedad que ya tuvimos oportunidad de analizar en el capítulo anterior (cfr. cap. VII, § 2).

Ahora bien, ya hemos visto (§ 2) que la sentencia que resuelve una cuestión normativa tiene que tener como conclusión una norma (o solución) de la forma "Ordeno que p" (cuando hace lugar a la demanda) o "Permito que $\sim p$ (cuando la rechaza). Es decir, el juez no informa acerca de la solución que corresponde al caso, sino que *da* una solución, dictando una norma. Y esto ocurre tanto en una sentencia de condena como en una sentencia denegatoria. Por lo tanto, si esta última ha de ser fundada y no arbitraria, su fundamento tiene que ser una *norma* de la forma "No obligatorio p en el caso q" (que equivale a $P \sim p / q$), y no una mera proposición de que p no es obligatorio en el caso q, pues de esta última no puede derivarse ninguna norma ni ninguna solución.

En otras palabras: la solución de un caso individual sólo está justificada si se halla fundada en el sistema primario, es decir, si es la misma solución que ese sistema correlaciona con el caso genérico correspondiente. Por consiguiente, la permisión de $\sim p$ en el caso individual (que es lo que la sentencia que rechaza la demanda implica) sólo se justifica si el caso genérico correspondiente está correlacionado por el sistema con la permisión de ~p, lo cual ocurre si, y sólo si, el sistema contiene una norma que permita ~p en el caso q. Esa norma puede estar expresada por P ~p, o ~Op, o ~Ph ~p, etcétera (cfr., cap. VII, § 2). Pero en el caso de laguna no existe tal norma (laguna es justamente un caso genérico que no está correlacionado con ninguna solución); por lo tanto, el juez no puede rechazar la demanda sin modificar previamente el sistema (llenando la laguna), so pena de que su decisión sea arbitraria, esto es, carente de fundamento suficiente.

Podemos concluir, por consiguiente, que no hay, en ese aspecto, ninguna diferencia entre la sentencia de condena y la sentencia denegatoria; en ambos casos, el juez tiene que llenar previamente la laguna. Si la llena con una norma que impone una obligación al demandado, debe condenarlo; si la nueva norma permite al demandado no hacer lo que el actor pretende que haga, entonces debe rechazar la demanda. Si no llena la laguna y rechaza la demanda, su sentencia carece de fundamento, del mismo modo que si hiciera lugar a ella. El mero hecho de que no haya una norma que obligue al demandado no justifica el rechazo de la demanda.

Veamos un ejemplo. Podemos recurrir para ello al modelo del cap. I. Supongamos que el juez se halla ante un caso individual que corresponde al caso genérico 1 (cap. I, § 2); el actor ha acreditado ser propietario del inmueble cuya reivindicación demanda; el demandado prueba, a su vez, que es tercero adquirente de buena fe a título oneroso de un enajenante de buena fe. En consecuencia, se niega a entregar el inmueble. Supongamos, además, que el juez sólo dispone de dos normas análogas a los arts. 2777 y 2778 del Cód. Civil argentino, es decir, su sistema es el sistema S_4. El juez comprueba, pues, que el caso 1 no está solucionado por el sistema: es una laguna. ¿Qué debe hacer?

Podríamos imaginar que el actor (patrocinado por el doctor Molinario) sostiene lo siguiente: "No hay ninguna norma que se refiera al caso; esto implica que no hay ninguna norma que autorice al demandado a quedarse con el inmueble, por lo tanto debe entregarlo".

El demandado (patrocinado por el doctor Allende) replica: "No hay ninguna norma que me obligue a entregar el inmueble, por lo tanto la demanda debe ser rechazada".

Es evidente que no hay ninguna razón para dar preferencia a la posición del demandado: su argumentación es exactamente tan convicente (o tan poco convincente) como la del actor. Y si no hay ninguna norma que obligue al demandado a restituir el inmueble, el juez no está obligado a condenarlo; pero tampoco está obligado a rechazar la demanda, pues no hay ninguna norma que permita no restituir el inmueble.

Para resolver el caso de tal manera que su decisión resulte fundada en el sistema primario, el juez tiene que solucionar el caso genérico, correlacionándolo con alguna solución: si lo correlaciona con la solución OR, debe hacer lugar a la demanda; si lo correlaciona con FR, debe rechazarla. Lo que no puede hacer sin caer en arbitrariedad es rechazar la demanda sin solucionar el caso genérico, pues tal rechazo significaría permitir la no restitución del inmueble en este caso individual. Y permitir la no restitución en el caso individual sólo se justifica si está permitido no restituir en todos los casos análogos, es decir, en el caso genérico (que es la clase de todos los casos individuales que reúnen las propiedades pertinentes: BFA, BFE y TO)[23].

Obsérvese que en su polémica sobre el caso de adquirente de buena fe a título oneroso y enajenante de buena fe, tanto Molinario como Allende no se limitan a decir que el caso no está solucionado por los arts. 2777 y 2778, sino que arguyen que el caso está efectivamente solucionado por alguna otra norma (claro que, invocando normas diferentes) (cap. I, § 6). Con lo cual demuestran que aceptan –al menos tácitamente– que la mera ausencia de una norma no es suficiente para justificar una decisión. Si no se integra el sistema con una norma que solucione el caso (genérico), el rechazo de la demanda es tan poco justificado como su admisión. De hecho, los jueces tratan siempre de solucionar el caso genérico, ya sea por aplicación analó-

[23] Cfr. la doctrina de Hare, sobre el carácter esencialmente universalizable de los juicios éticos *Language of Morals*, y *Freedom and Reason*.

gica o extensional de alguna norma existente, ya sea creando una nueva norma (procediendo como legislador).

Obviamente, nuestra tesis se funda en la afirmación de que el rechazo de la demanda implica permitir al demandado la no realización de la conducta exigida por el actor. Para convencerse de que esto es así, considérese la siguiente situación. Supóngase un sistema jurídico con una laguna: no hay ninguna norma que contemple la conducta p en el caso q. Dicho en otros términos, el caso q no está correlacionado por el sistema con ninguna solución en función de p. Supóngase, además, que a partir de un cierto momento los jueces proceden invariablemente a rechazar todas las demandas en las que la parte actora pretenda que el demandado está obligado a hacer p en las circunstancias q. ¿No sería justificado decir que el sistema ha sido modificado, que ha aparecido una nueva norma de origen jurisprudencial conforme a la cual p no es obligatorio en el caso q? Y si se admite que hay una norma que dice que p no es obligatorio en el caso q, entonces p es permitido en el sentido fuerte (ya que las normas $\sim Op$ y $P \sim p$ son sinónimas).

Cabe concluir, pues, que la primera tesis de Kelsen es falsa y que los jueces no pueden solucionar los casos individuales que corresponden a casos genéricos carentes de solución (casos de laguna), sin solucionar antes esos casos genéricos, so pena de que sus decisiones sean arbitrarias. La pretendida asimetría entre la sentencia condenatoria y la denegatoria no es más que aparente.

§ 7. *El argumento "e contrario"*

Otro intento interesante de atenuar la importancia de las lagunas al nivel de las decisiones judiciales, pero sin negar la posibilidad de su existencia, proviene de Conte[24]. Este autor

[24] Conte, *Décision, complétude, clôture. À propos des lacunes en droit*, "Logique et Analyse", nº 9, 1966; traducido como *Decisión, completitud, clausu-*

usa la expresión "clausura" para referirse a la (pretendida) cualidad del derecho que posibilita al juez a resolver toda controversia con fundamento en el sistema primario y sin necesidad de modificarlo.

En la doctrina de Conte, la posibilidad de decidir todos los casos (clausura, en su terminología) se funda en el argumento *e contrario*. Reconociendo que este argumento es lógicamente inválido, insiste no obstante en que la decisión del juez queda justificada por el *argumentum e contrario*, siempre que las premisas estén constituidas por la totalidad de las normas.

Son varias las objeciones que cabe aducir en contra de la tesis de Conte. Aquí sólo mencionaremos algunas de ellas.

En primer lugar, si el *argumentum e contrario* no es lógicamente válido –hecho que Conte admite– no se ve bien de qué manera pueda justificar una decisión. A menos que el término "justificar" esté usado aquí en algún sentido peculiar (en cuyo caso habría que explicar cuál era ese sentido), un argumento lógicamente inválido no justifica nada.

En segundo lugar, convendría limitar el alcance de la expresión "la totalidad de las normas" a las que integran un determinado conjunto (p.ej., las que son relevantes para una materia determinada). Hablar de *todas* las normas, sin ninguna limitación, parece excesivo. Pero, aun así, no se ve cómo haya de operar el argumento *e contrario* a partir de *todas* las normas del conjunto.

Veamos un ejemplo, que puede contribuir a poner en claro nuestras dudas. Supóngase un sistema formado por las dos normas siguientes:

N_1: Si se dan las circunstancias A y B, debe ser p.

N_2: Si se dan las circunstancias no-A y no-B, no debe ser p.

Se pregunta ¿cuál es el estatus deóntico de p (para este sistema) en el caso en que se den las circunstancias A y no-B?

---

ra. A propósito de las lagunas en el derecho, en Bobbio y otros, "El problema de las lagunas en el derecho". Ver, también, Conte, *Completezza e chiusura*, en "Studi in memoria di Widar Cesarini Sforza", y *Saggio sulla completezza degli ordinamenti giuridici*.

El *argumentum e contrario* permite inferir dos conclusiones incompatibles, según cuál de las dos normas se adopte como premisa. A partir de N_1 cabe inferir que, como no se han dado A y B, no debe ser p; a partir de N_2 se infiere que no habiéndose dado no-A y no-B, debe ser p. De esta manera se llega a resultados contradictorios razonando con el mismo esquema formal a partir de dos normas que no son contradictorias (cosa que no ha de extrañar, ya que estamos de acuerdo en que el argumento usado no es válido). Más difícil todavía es responder a la pregunta, de qué manera puede argumentarse *e contrario* a partir de todo el sistema, es decir, tomando como premisas ambas normas (N_1 y N_2) a la vez. ¿Cuál sería en tal caso la conclusión?

Capítulo IX

COMPLETITUD COMO IDEAL RACIONAL

§ 1. *Introducción*

Ha llegado el momento de echar una mirada retrospectiva al camino recorrido. ¿Cuál es el resultado positivo de nuestras disquisiciones acerca de los sistemas normativos? ¿Qué utilidad cabe esperar de la definición de la completitud y del concepto correlativo de laguna elaborados en este trabajo?

Podríamos imaginarnos un crítico que argumentara así: "Ustedes han definido *un* concepto de completitud y su correlativo de laguna que ocupa un lugar de privilegio dentro de la obra y alrededor del cual giran todos o casi todos los demás problemas considerados. Pero, ¿por qué he de considerar como central o más importante el concepto definido por ustedes? ¿Por qué he de preferirlo a otras posibles definiciones? Ciertamente, no pretenderán ustedes que su caracterización del concepto de laguna sea la única verdadera, algo así como la descripción correcta de la esencia de laguna. Las definiciones no pueden ser calificadas de verdaderas ni de falsas; sólo son útiles o inútiles para la tarea que se les asigna. ¿Cuál es la tarea que ustedes asignan a su concepto de laguna? Si su definición no es arbitraria, si no es meramente nominal (en cuyo caso sería inocua, pero inútil), el concepto así definido debe reflejar algún uso importante y típico del término 'laguna'. Esto es, debe ser una reconstrucción de un concepto efectivamente usado por quienes utilizan normas jurídicas o hablan acerca de ellas.

Pero ustedes no han realizado ningún esfuerzo para mostrar que su definición recoge un concepto que los juristas, los jueces o los legisladores usan efectivamente. Si es una reconstrucción, debe ser reconstrucción de algo. ¿Qué es ese 'algo' que su definición de laguna pretende reconstruir?".

Hasta aquí el crítico imaginario. Sus preguntas son, sin duda, legítimas y no es fácil responder a ellas. Como muchos autores acosados por los críticos, podríamos alegar haber sido mal interpretados y escudarnos en la incomprensión del crítico imaginario. Tal respuesta, que correría el riesgo de parecer evasiva, tal vez sea la única apropiada, si se la explaya en forma conveniente.

Nuestra intención –así contestaríamos– no ha sido reconstruir un uso vigente entre los juristas. Hemos querido hacer explícito algo así como un ideal que los juristas comparten con los demás científicos. Podríamos llamarlo el ideal de completitud: consiste en la exigencia de que todo sistema científico –empírico, formal o normativo– sea completo. Este ideal de completitud tiene vigencia en el sentido de que constituye un presupuesto real de toda actividad científica. También es un presupuesto real de la actividad de los juristas, en la medida en que ella puede ser calificada de científica. Es fundamental destacar que no se trata de un ideal político que responda a una determinada ideología, sino de un ideal puramente racional.

En este último capítulo expondremos algunos de los fundamentos de esta respuesta. En particular, sostendremos que la exigencia de completitud de los sistemas normativos es una regla ideal, intrínsecamente ligada a la función central de estos últimos: hacer posible la adjudicación de un significado normativo a las acciones humanas (§ 2 y 3). El ideal de completitud –a diferencia de otros ideales que, se postula, deben satisfacer los sistemas normativos– es un ideal racional. En las ciencias empíricas y en las formales hallamos también ideales análogos al de completitud normativa: todos ellos no son más que distintas manifestaciones del principio de razón suficiente (§ 4 y 5).

Pero el ideal que hemos querido hacer explícito no debe confundirse con la realidad. De la exigencia de que los sistemas normativos sean completos no se puede inferir que efectivamente lo son. Tal inferencia se funda en una conocida falacia. Sin embargo, la creencia de que todos los sistemas jurídicos son completos, no sólo es compartida por numerosos teóricos del derecho, sino que incluso se halla plasmada en muchas legislaciones positivas. En efecto, cabe mostrar que las exigencias que tales legislaciones ponen a los jueces parecen presuponer que la completitud del orden jurídico, no sólo es un ideal, sino un hecho. Este postulado de la plenitud hermética del derecho cumple –a diferencia del ideal de completitud que tiene fundamento exclusivamente racional– una función política: es una ficción tendiente a disimular la inconsistencia de ciertos ideales políticos fuertemente arraigados en el pensamiento jurídico (§ 6 y 7).

§ 2. *El ideal de completitud normativa*

En el cap. VII, al hablar del postulado de la plenitud hermética del derecho (§ 4), distinguimos entre la afirmación de que todo orden jurídico es completo y la *exigencia* de que todo sistema normativo sea completo. Esta distinción fue formulada muy claramente por Carnelutti, a quien citamos en aquel contexto[1].

Hemos tratado de mostrar que el postulado de la plenitud hermética, en cuanto afirmación de que todos los sistemas jurídicos son necesariamente completos (= cerrados), carece de justificación. Pero de ahí no se sigue que la exigencia de completitud sea injustificada: una cosa es afirmar que la completitud es un hecho y otra, muy diferente, decir que los sistemas normativos *deban ser* completos. Esta última cuestión es la que nos interesa ahora.

¿Cuál es el estatus de esta exigencia? Parece claro que no es un enunciado descriptivo de alguna realidad, susceptible de ser verdadero o falso. Tampoco es una norma de conducta, ya

[1] Carnelutti, *Teoría general del derecho*, p. 107 a 116.

que no establece ninguna obligación, prohibición ni permisión, en una palabra, no prescribe ninguna conducta. Parece razonable concebirla como una *regla ideal*, en el sentido que von Wright da a esta expresión[2]. Ella establece cómo debe ser un sistema normativo, esto es, indica qué propiedades o características debe reunir para ser considerado un buen sistema normativo. Al establecer una pauta o criterio para juzgar los sistemas, esta regla expresa un ideal: el ideal de completitud normativa.

Contrariamente a la opinión sustentada por muchos juristas[3], sostendremos que este ideal no está ligado a ninguna posición política, moral o filosófica determinada. Se trata de un ideal puramente racional en el sentido de que se halla íntimamente ligado a la actividad racional por excelencia: la de explicar, fundamentar, dar razones. Vamos a caracterizar brevemente esta actividad, en lo que tiene que ver con sistemas normativos.

§ 3. *La justificación normativa*

El rasgo más característico de la actividad científica es su preocupación por la explicación racional. No sería exagerado afirmar que la tarea central de toda ciencia consiste en explicar racionalmente cierta clase de fenómenos u objetos.

"Explicar los fenómenos del mundo de nuestra experiencia, responder a la pregunta acerca del '¿porqué?', y no sólo al '¿qué?', es uno de los objetivos primordiales de toda indagación racional. La investigación científica en particular, en sus diversas ramas, se esfuerza por ir más allá de una mera descripción de su objeto, procurando dar una explicación de los fenómenos que estudia"[4].

[2] Von Wright, *Norm and Action*, cap. 1.

[3] Cfr. Bobbio, *Lacune del diritto*, en "Novissimo Digesto Italiano", t. IX, p. 419 a 424.

[4] Hempel - Oppenheim, *The Logic of Explanation*, "Philosophy of Science", vol. 15, 1948, reproducido en Feigl - Brodbeck (eds.),"Readings in the Philosophy of Science", p. 319.

La explicación científica asume diferentes formas en los distintos géneros de ciencias: formales, empíricas y normativas.

En las *ciencias formales* la explicación racional aparece bajo la denominación de prueba formal, o *demostración*. Demostrar un teorema (lógico o matemático) es deducirlo de los axiomas y otros teoremos (ya demostrados) por medio de ciertas reglas de inferencia.

En las *ciencias empíricas*, la explicación –llamada a menudo *explicación causal*– consiste en mostrar que el fenómeno a explicar es un caso particular de una ley general. Este fenómeno puede ser un hecho individual (natural o social), o una ley.

La explicación causal consta de enunciados de dos índoles: los de la primera señalan ciertas condiciones que se dan con anterioridad o simultáneamente con el fenómeno a explicar. Los llamaremos condiciones antecedentes. Los enunciados de la segunda índole expresan ciertas leyes generales. El fenómeno queda explicado si su descripción puede ser deducida de las leyes generales y las condiciones antecedentes. En otras palabras, explicar un fenómeno es mostrar que se produjo de acuerdo con ciertas leyes generales y en virtud de que se han dado ciertas condiciones antecedentes específicas[5].

Cuando se trata de la conducta humana, la pregunta acerca del "porqué" puede asumir dos formas distintas. En primer lugar, cabe preguntar por qué ocurrió el hecho de la conducta. Una respuesta adecuada a la pregunta "¿Por qué *x* hizo A?" consistiría en indicar los motivos, es decir, los hechos que determinaron causalmente la conducta de *x*. Esa respuesta será apropiada en la medida en que suministre una explicación causal de la conducta. Las ciencias que se ocupan de la explicación causal de las acciones y actividades humanas son empíricas (psicología, sociología, etcétera).

Pero también cabe preguntar acerca del "porqué" de la calificación deóntica de una conducta. En tal caso, lo que intere-

[5] Hempel - Oppenheim, *The Logic of Explanation*, "Philosophy of Science", vol. 15, 1948, reproducido en Feigl - Brodbeck (eds.),"Readings in the Philosophy of Science", p. 320.

sa *no es el hecho* de la conducta, sino su estatus normativo de acuerdo con un cierto sistema u orden normativo. No se interroga por qué *x* hizo A, sino por qué *x debe* o *no debe* o *puede* hacer A. La respuesta apropiada a esta pregunta no consiste en la explicación causal del hecho de la acción, sino en indicar las razones que hay para decir que la acción es obligatoria, permitida o prohibida. Ésta es una forma especial de explicación racional que llamaremos *justificación normativa*. Son las *ciencias normativas*, como la ciencia del derecho o la ética, las que se ocupan de la justificación normativa.

Justificar normativamente la calificación deóntica de una conducta por medio de un sistema normativo consiste en mostrar que de ese sistema se infiere (es consecuencia del sistema) la obligación, la prohibición o la permisión de la conducta de que se trata. Decir que la calificación de la conducta p en la circunstancia q como obligatoria, prohibida o permitida está justificada por el sistema normativo α significa, traducido a la terminología que hemos adoptado en esta obra, que el sistema α correlaciona el caso q con una solución, cuyo contenido normativo es p.

Estrictamente hablando, lo que un sistema normativo justifica no es la conducta, sino la solución, es decir, la calificación deóntica de la conducta. Sólo por extensión se habla a veces de la justificación de las conductas, pero no hay que perder de vista que la afirmación de que una conducta está justificada por un sistema normativo significa que de ese sistema se infiere una calificación deóntica de la conducta en cuestión, es decir, una solución[6].

Así como la explicación causal puede tener por objeto tanto hechos empíricos (individuales), como leyes naturales (generales), también la justificación normativa puede referirse tanto a

[6] Hablar de la justificación de las conductas tropieza con ciertas dificultades lingüísticas en el caso de la prohibición. Suena raro decir que p está justificado por el sistema α porque de α se infiere la prohibición de p (mas diríamos en tal caso que lo que se justifica es la omisión de p). Esta dificultad no se produce si se tiene en cuenta que lo justificado es la solución, es decir, la calificación deóntica de p.

conductas particulares (soluciones individuales), como a conductas genéricas (soluciones genéricas) (cfr. cap. III, § 1).

Como se ve, hay una marcada analogía entre la estructura lógica de la justificación normativa y la de la explicación científica que hemos llamado causal. En ambos casos explicar (o justificar) equivale a mostrar que la descripción de un cierto fenómeno (un hecho o una ley natural; una solución individual o genérica) es deducible de un sistema (científico o normativo) que contiene esencialmente leyes generales (naturales o normativas) y de ciertos enunciados descriptivos de las condiciones antecedentes o del caso, respectivamente.

Así como mediante la explicación causal pueden perseguirse distintos propósitos (predecir fenómenos futuros o explicar hechos pasados), la justificación normativa puede hacerse con distintos propósitos: para guiar acciones futuras o para justificar –en un sentido más restringido– acciones pasadas. En ambos casos, la estructura lógica de la operación es la misma. Ambas actividades, la explicación causal y la justificación normativa, responden además a la misma necesidad que tiene el hombre, en cuanto ser racional, de explicar racionalmente los fenómenos del mundo y justificar racionalmente sus acciones.

§ 4. La exigencia de completitud como ideal racional

El ideal de completitud no es algo peculiar, propio de las ciencias normativas; también exigimos que los sistemas científicos sean completos en el sentido de que proporcionen explicación para *todos* los fenómenos de un determinado ámbito. En el campo de las ciencias empíricas esto parece tan obvio, que a nadie se le ocurre discutirlo: una teoría que deja sin explicación algún fenómeno (que pertenece a la clase de aquellos que la teoría pretende explicar), es *eo ipso* defectuosa y se procura sustituirla por otra teoría más completa.

Ahora bien, todo esto sólo tiene sentido con relación a los fenómenos explicables, es decir, aquellos que pueden, en principio, ser explicados. Sería absurdo exigir que un sistema científico explicara fenómenos que no son explicables, esto es, fenómenos que no pueden ser explicados. Sin embargo, la idea misma de un fenómeno imposible de explicar parece absurda; tal fenómeno sería esencialmente irracional y nuestra razón se resiste a admitir tal posibilidad. De hecho, hay, sin duda, muchos fenómenos que la ciencia no sabe cómo explicar; pero el hecho de que un fenómeno no haya sido explicado no prueba en modo alguno que sea inexplicable. Ningún fracaso en elaborar una explicación es prueba de la imposibilidad de explicar el fenómeno: sólo prueba que no hemos descubierto todavía la teoría pertinente. La ciencia presupone que todos los fenómenos son, en principio, explicables y en este presupuesto se funda la exigencia de completitud de los sistemas científicos.

Este presupuesto, que en (la filosofía de) las ciencias empíricas se designa con el nombre de Principio del Determinismo o Ley de la Causación Universal, puede ser considerado como una versión particular de un principio más general todavía, según el cual todo tiene un fundamento: *nihil est sine ratione*. Es el famoso Principio de Razón Suficiente, que según Leibniz es uno de los dos grandes principios que gobiernan nuestra razón y en los que se fundan todos nuestros razonamientos (el otro es el Principio de Contradicción, al que nos referiremos más adelante).

En forma similar, el ideal de completitud normativa, esto es, la exigencia de que los sistemas normativos sean completos en el sentido de que solucionen todos los casos, presupone que todos los casos son *solucionables* (nuestros análisis han mostrado que esto supone, a su vez, la existencia de un universo de casos y un universo de soluciones; a esta altura creemos superfluo insistir en esto). Decir que todos los casos son solucionables significa que para todo caso hay o es posible construir un sistema normativo tal, que lo correlacione con alguna solución. La hipótesis de casos no solucionables, es decir, situaciones en las que no hay razones (ni puede haberlas) para elegir tal o cual curso de acción, situaciones en las que toda elección es esencialmente arbitraria, es tan irracional, tan intolerable para la razón, como la idea de fenómenos inexplicables (fenómenos no causados por nada).

El supuesto de que todos los casos son solucionables es una versión particular (podríamos llamarla *versión normativa*) del mismo Principio de Razón Suficiente, en el cual –como ya hemos visto– se funda también la exigencia de completitud de los sistemas científicos. Al afirmar que el ideal de completitud normativa es un ideal puramente racional, hemos querido decir precisamente eso: que ese ideal se funda única y exclusivamente en el Principio de Razón Suficiente y es independiente de toda ideología política o filosófica.

§ 5. *Su alcance y sus límites*

La exigencia de completitud no es la única pauta racional para juzgar los sistemas normativos. Al lado del ideal de completitud encontramos el ideal de coherencia, que exige que ningún caso tenga dos o más soluciones incompatibles (el ideal de coherencia se funda precisamente en el Principio de Contradicción, que ya hemos mencionado como otro de los dos principios básicos de la razón).

El carácter racional del ideal de coherencia nunca ha sido puesto en duda seriamente; parece absurdo identificar la exigencia de coherencia con alguna posición política o religiosa. Pero en lo que al ideal de completitud se refiere, la situación es distinta. Muy a menudo se lo vincula con ciertas ideologías: el liberalismo, el positivismo, etcétera. Sin embargo, esto es un error y el error se debe, entre otras cosas, a una insuficiente distinción entre el ideal de completitud y lo que hemos llamado el postulado de la plenitud, es decir, entre la exigencia de que los sistemas normativos sean completos y la afirmación de que algunos o todos ellos lo sean. A fin de aclarar esta confusión conviene determinar el alcance y los límites del ideal.

En los dos parágrafos precedentes hemos mostrado la similitud entre el ideal de completitud normativa y el correspondiente ideal en las ciencias empíricas, basada en la analogía entre la justificación normativa y la explicación causal. Pero analogía no quiere decir igualdad; conviene, por consiguiente, señalar también las diferencias. Aparte de las diferencias concernientes al objeto de la explicación (hechos empíricos vs. soluciones) y al carácter de las leyes generales (descriptivas vs. normativas) que ya hemos mencionado, conviene destacar otras dos diferencias, de las que la segunda es especialmente importante.

a) En la denominada explicación causal, las condiciones antecedentes son a menudo (aunque no siempre) pensadas como causa del fenómeno que se desea explicar y que es el correspondiente efecto. En qué consiste esa relación causal no es nada claro, pues como dice Russell: "the word 'cause' is so inextricably bound up with misleading associations as to make its complete extrusion from philosophical vocabulary desirable"[7]. Al hablar de la "explicación causal" no nos hemos querido adherir a ninguna de las teorías acerca de la causalidad; sólo hemos utilizado este término por no encontrar otro mejor. Pero cualquiera que sea el significado de "causa", lo cierto es que la situación es distinta en las ciencias normativas: el caso no es, ciertamente, una causa de la solución.

b) La segunda y más importante diferencia se refiere a los requisitos que deben satisfacer los enunciados del sistema. En la explicación científica, los enunciados que integran el sistema que se usa para explicar un fenómeno tienen que ser *verdaderos*. Esto forma parte de lo que Hempel y Oppenheim llaman "condiciones empíricas de adecuación"[8].

Tampoco es arbitraria la elección de los enunciados para la construcción de un sistema normativo. Pero aquí el criterio de identificación de los enunciados que pueden figurar en el sistema no es la verdad, ya que los enunciados normativos no son ni verdaderos ni falsos, sino la *validez* de los enunciados. Los criterios para determinar cuáles son los enunciados válidos varían según los enunciados de que se trate. Pues así como en la ex-

[7] Russell, *On the Notion of Cause, with Applications to the Free-Will Problem*, en "Mysticism and Logic", reproducido en Feigl - Brodbeck (eds.), "Readings in the Philosophy of Science", p. 387 a 407.

[8] Hempel - Oppenheim, *The Logic of Explanation*, "Philosophy of Science", vol. 15, 1948, reproducido en Feigl - Brodbeck (eds.),"Readings in the Philosophy of Science", p. 322.

plicación de los fenómenos empíricos distinguimos entre explicaciones físicas, químicas, biológicas, sociológicas, etc., según el tipo de las leyes usadas, también para justificar la calificación deóntica de los actos u omisiones (soluciones) cabe apelar a distintos tipos de enunciados normativos. Según el contexto, recurrimos a enunciados jurídicos, morales, religiosos, reglas de un juego, etcétera. En consecuencia, cabe distinguir entre justificaciones jurídicas, morales, religiosas y otras (el hecho de que la justificación por medio de las reglas jurídicas se considere científica, mientras que la justificación por medio de las reglas de un juego no lo sea, es aquí irrelevante. La operación tiene la misma estructura lógica; lo que es distinto es el tipo de los enunciados admisibles para justificar). Los criterios para determinar la validez de los enunciados jurídicos no son los mismos que los usados para establecer que una regla moral o una regla de juego es válida. Pero toda justificación supone la existencia de un conjunto de enunciados considerados como válidos, esto es, admisibles para integrar el sistema y es, en este sentido, *relativa* a un criterio de validez. Este carácter relativo de la justificación normativa permite calificar las correspondientes ciencias de dogmáticas (dogmática jurídica, dogmática religiosa).

La diferencia tal vez más importante entre las ciencias empíricas y la explicación causal, por un lado, y las ciencias normativas y la justificación normativa, por el otro, reside en la diferencia entre la verdad y la validez. No vamos a intentar dar una caracterización exhaustiva de esta diferencia. *Uno* de los rasgos diferenciales es el siguiente: los criterios de la verdad (empírica) no son convencionales; el que un enunciado empírico sea verdadero no depende de nuestras convenciones. Los criterios de validez, en cambio, pueden (aunque no necesariamente) ser *convencionales*. El carácter convencional de la validez de los enunciados normativos es una cuestión de grado. Un extremo de la escala lo ocupan las reglas de juego (p.ej., del ajedrez), que son puramente convencionales; también son convencionales las normas jurídicas positivas, aunque en menor grado, en el sentido de que la validez de las normas jurídicas depende de ciertas convenciones básicas que son mucho menos fáciles de modificar que las reglas de un juego. El grado de "convencionalidad" varía en la moral positiva: es mayor en las reglas referentes a la moral sexual y menor en otras cuestiones.

El otro extremo de la escala lo ocupan la moral absoluta y el derecho natural; aquí el carácter convencional está reducido a cero (pero también se desvanece la diferencia respecto de la verdad; ¿qué inconveniente hay en decir que los enunciados de la moral racional o del derecho natural son verdaderos, suponiendo que existan tales enunciados?).

Del carácter convencional de los criterios de validez depende el hecho de que los sistemas normativos pueden ser "creados" por el hombre en un sentido en que no lo pueden ser los sistemas científicos (la idea de un legislador científico es totalmente absurda).

La relatividad de la justificación normativa no impide, por cierto, preguntar por la justificación del sistema normativo mismo. Estamos entonces en presencia de una justificación de segundo nivel. La justificación de nivel superior es, a su vez, relativa a un conjunto de enunciados que pueden pertenecer al mismo tipo que los enunciados del primer sistema o a un tipo distinto. Así, por ejemplo, un sistema jurídico puede ser justificado con referencia a otro sistema jurídico (un sistema provincial justificado por el sistema federal) o mediante un criterio moral o un ideal de justicia. De hecho, de un sistema jurídico se exige por lo común que satisfaga, no sólo los ideales racionales de coherencia y completitud, sino también algún ideal de justicia, que puede estar ligado a concepciones filosóficas, creencias religiosas o ideologías políticas. Puede ocurrir también que el ideal de completitud ceda ante consideraciones de índole axiológica. Un legislador puede dejar lagunas en su sistema; puede dejar sin solución ciertos casos, temiendo que la solución que dé resulte injusta. En tales casos, el legislador suele delegar en otra instancia (administrativa o judicial) la facultad de llenar la laguna. Pero ello no implica en modo alguno el abandono del ideal de completitud: el sistema incompleto es defectuoso y debe ser completado por algún otro órgano. La exigencia de completitud permanece vigente.

§ 6. La ilusión racionalista

Decir que la completitud de los sistemas normativos es un *ideal* y que ese ideal presupone que todos los casos son solucionables, no implica que el ideal se haya realizado en algún sistema determinado y que todos los casos estén efectivamente solucionados en ese sistema. Insistimos en esta distinción, aparentemente tan obvia, porque algunos juristas sostienen, no sólo que tal o cual sistema jurídico es completo (lo cual bien puede ser verdadero), sino que todos los órdenes jurídicos son completos.

Esta última tesis –que ya tuvimos oportunidad de examinar bajo el rótulo de "postulado de la plenitud hermética del derecho"– supone una confusión entre el ideal y la realidad. Creer que los sistemas jurídicos son completos porque deben serlo es una ilusión; derivar la completitud de la exigencia de completitud es una falacia. La exigencia es –como creemos haberlo mostrado– racional, pero la razón no justifica la inferencia. Si por "racionalismo" se entiende la tendencia que consiste en atribuir a la razón mayores facultades de las que efectivamente tiene, entonces cabe calificar de ilusión racionalista la creencia en la completitud necesaria de los sistemas jurídicos.

Sin embargo, la creencia de que todos los sistemas jurídicos son completos, no sólo ha sido compartida por numerosos teóricos del derecho, sino que se halla presupuesta en muchas legislaciones positivas.

Cabe mostrar que las exigencias que tales legislaciones imponen a los jueces, presuponen que el orden jurídico es completo y que el postulado de la plenitud hermética del derecho es, por consiguiente, verdadero.

Tales exigencias se presentan bajo la forma de tres principios que parecen perfectamente razonables si se los considera aisladamente, pero son incoherentes en su conjunto, pues suponen algo que de hecho no siempre se da: la completitud del derecho.

Esos principios son:

a) *Principio de inexcusabilidad*: "Los jueces deben resolver todos los casos que dentro de la esfera de su competencia les fueren planteados".

Esta obligación aparece a menudo en las legislaciones positivas bajo la forma de la prohibición de excusarse de juzgar (cfr. cap. VIII, § 4), y si bien cada juez sólo está obligado a solucionar los casos que caen dentro de su competencia, se supone que la competencia de todos los jueces, en conjunto considerados, es exhaustiva[9]. Así, pues, para todo caso (por lo menos para todo caso justiciable) existe un juez con competencia y obligación de resolverlo.

b) *Principio de justificación*: "Las resoluciones de los jueces deben ser fundadas (los jueces deben dar razones de sus decisiones)".

No sólo se considera un deber inexcusable de todo juez el resolver los litigios que dentro de la esfera de su competencia les son sometidos, sino que tal resolución no debe ser realizada en forma arbitraria, sin exponer las razones que justifican la solución adoptada.

De este modo se busca eliminar una de las posibles fuentes de injusticias en que podrían incurrir los fallos judiciales si fuera permitido a los jueces inclinarse por una u otra solución sin una razón suficiente.

También esta exigencia se halla universalmente consagrada en las legislaciones positivas bajo la forma de obligaciones impuestas por los códigos procesales, por lo menos en lo que a los jueces de primera instancia se refiere[10].

c) *Principio de legalidad*: "Las resoluciones judiciales deben fundarse en normas de derecho"[11].

[9] Dejamos abierta la cuestión acerca de la existencia de casos no justiciables; cfr. cap. VIII, § 3.

[10] La obligación de justificar expresamente la resolución no siempre se da a propósito de los tribunales superiores. Así, por ejemplo, la Corte de Casación francesa suele ser muy escueta en la fundamentación de sus decisiones.

[11] Nosotros usamos la expresión "principio de legalidad" en un sentido amplio: legalidad significa aquí tanto como juridicidad, pues no se limita a las leyes.

Este principio es complementario del anterior. Se considera que la sentencia no sólo debe estar fundada, sino que además el fundamento debe ser de una índole especial: debe tratarse de normas jurídicas. Al juez no le está permitido evadirse del campo del derecho, apelando a fuentes normativas extrajurídicas, más que en aquellos casos en que el propio derecho así lo autoriza. Y en esos casos el fundamento último de la decisión reposará obviamente en las normas jurídicas.

Este principio impone, pues, una restricción a la elección de los fundamentos, limitando el ámbito de los enunciados que pueden figurar como fundamentos aceptables.

Podemos resumir los tres principios expuestos diciendo:

d) "Los jueces deben resolver todos los casos que en la esfera de su competencia les fueren planteados, por medio de sentencias fundadas en normas jurídicas".

Ahora bien, parece razonable pensar que nadie puede estar obligado a hacer lo que es imposible de llevar a cabo: *ultra posse nemo obligatur*. Esta idea aparece en la tradición filosófica asociada con el nombre de Kant, como el principio de que el deber implica poder.

e) "Toda obligación implica, para que sea tal, la posibilidad de realizar el acto obligatorio".

Es realmente difícil rechazar este principio por cuanto su negación supondría la posibilidad de que alguien fuera obligado a realizar una acción de realización imposible. Establecer obligaciones de cumplimiento imposible parece carente de sentido o, por lo menos, incompatible con el concepto de obligación. Pues, cuando se impone un deber, lo que se pretende es que se realice lo debido y, por consiguiente, la imposibilidad de realizar la acción debida priva de sentido al acto de imponer la obligación.

En este sentido parece razonable pensar que si el orden jurídico positivo impone a los jueces la obligación expresada en

---

Por lo tanto, no se debe confundir nuestro principio de legalidad can el principio de legalidad del derecho penal.

d, se supone que los jueces están realmente en condiciones de cumplir con esa obligación. En otras palabras, de *d* y *e* se infiere la siguiente proposición:

f) Los jueces *pueden* resolver todos los casos que en la esfera de su competencia les fueren planteados por medio de sentencias fundadas en normas jurídicas.

La proposición *f* implica, a su vez, la siguiente proposición.

g) En el conjunto formado por la totalidad de las normas jurídicas puede encontrarse siempre la fundamentación normativa para solucionar cualquier caso que se someta a los jueces.

La proposición *g* no es otra cosa que el postulado de la plenitud hermética del derecho, que ya tuvimos ocasión de analizar. En efecto, la proposición dice que todo orden jurídico soluciona todos los casos, de donde cabe inferir que no tiene lagunas.

Resulta, pues, que de los tres principios generalmente aceptados por los juristas y consagrados por el derecho positivo, se puede inferir el postulado de la plenitud, lo cual muestra que las exigencias expresadas en esos principios presuponen que el postulado es verdadero. Pero el postulado es verdadero en casos muy excepcionales: sólo respecto de sistemas cerrados, como el derecho penal liberal, que contiene la regla de clausura *nullum crimen*. Con referencia a la mayor parte de los sistemas jurídicos, el postulado es falso.

§ 7. LA FUNCIÓN IDEOLÓGICA DEL POSTULADO DE LA PLENITUD HERMÉTICA

El postulado de la plenitud hermética del derecho es una ficción tendiente a ocultar el hecho de que las exigencias expresadas en los principios de inexcusabilidad, justificación y legalidad son conjuntamente insostenibles, ya que imponen a los jueces obligaciones imposibles de cumplir. Pero estos principios están fuertemente arraigados en el pensamiento jurídico y este hecho explica la extraordinaria vitalidad del postulado de la plenitud.

Para entender por qué estos principios son tan caros al pensamiento jurídico conviene examinarlos más de cerca, a fin de ver cuáles son sus fundamentos.

El *principio de inexcusabilidad* se funda en consideraciones prácticas muy atendibles. Si el derecho ha de ser un instrumento eficaz para el mantenimiento del orden social y para facilitar la convivencia en la sociedad, tiene que proveer los medios necesarios para resolver todos los conflictos de intereses que surjan como consecuencia natural del hecho de que los individuos que componen el conglomerado social tienen intereses opuestos e incompatibles. El abandono de este principio implicaría que los jueces podrían dejar sin resolver ciertos conflictos, lo cual acarrearía, sin duda, consecuencias prácticas muy graves. Este principio no representa, pues, ninguna ideología política especial.

El *principio de justificación* tampoco tiene implicaciones ideológicas. Este principio expresa la exigencia de que las decisiones de los jueces sean *racionales*, no arbitrarias. Las decisiones son racionales cuando están justificadas por normas generales.

Cabe agregar que esta idea de racionalidad implica que las razones en que se apoya la decisión no pueden depender del arbitrio del juez; el juez no puede crear libremente esas razones, sino que tiene que extraerlas de alguna parte, de lo contrario la justificación no sería más que aparente y la decisión seguiría siendo arbitraria e irracional. Esto muestra que la antigua doctrina según la cual los jueces aplican, pero no crean derecho, contiene un núcleo de verdad; se la puede reformular diciendo: si las decisiones de los jueces han de ser justificadas racionalmente, el fundamento de la sentencia no puede ser creado por el juez; el juez "aplica", pero no crea esas razones. En esta reformulación la doctrina pierde sus connotaciones políticas e ideológicas y se limita a expresar una exigencia puramente racional[12].

[12] Bobbio vincula el dogma de la completitud con la teoría del Estado liberal y, en especial, con la doctrina de la separación de poderes (*Lacune del diritto*, p. 420). Sin embargo, en nuestra "deducción" del postulado de la plenitud a partir de los principios del derecho positivo no tuvimos necesidad de echar

El único de los tres principios que tiene un fundamento ideológico es el *principio de legalidad*. En efecto, este principio está ligado a la ideología liberal y positivista. La expresión "positivismo jurídico" es notoriamente ambigua[13], pero en *uno* de sus sentidos, el positivismo puede ser caracterizado como la concepción del derecho como conjunto de normas emanadas del legislador positivo. Es una doctrina acerca de las fuentes del derecho[14] (cfr., cap. V, § 3); en su forma más extrema –representada por la escuela exegética francesa del siglo XIX– sólo reconoce como fuente la legislación formal; por tanto, sólo las leyes escritas emanadas del poder legislativo (leyes en sentido formal) se consideran normas jurídicas válidas y, en virtud del principio de legalidad, admisibles para la fundamentación de las sentencias judiciales. Otras versiones menos rígidas del positivismo admiten, al lado de la ley formal, otras normas escritas (*enacted law*) y hasta consuetudinarias.

El positivismo –en el sentido ya señalado del término– ha centrado el ideal de completitud en el derecho positivo; en sus comienzos realizó un gran esfuerzo para lograr ese ideal –por medio de la codificación–, pero acabó confundiendo el ideal con la realidad, proclamando dogmáticamente que todos los órdenes jurídicos positivos son completos. Este dogma es necesario para mantener incólume el principio de legalidad, que en conjunción con los otros dos principios conduce –como ya hemos visto– a consecuencias difíciles de justificar.

---

mano a estas doctrinas. Y si bien la doctrina de la separación de poderes es expresión del liberalismo (esto es, de una ideología), lo que está implicado en el principio de justificación es tan sólo la exigencia de racionalidad de las decisiones judiciales (que esta doctrina también refleja) y no su carácter ideológico.

[13] Cfr. Bobbio, *El problema del positivismo jurídico*; Hart, *Positivism and the Separation of Law and Morals*, "Harvard Law Review", 71, 1958, p. 606 a 612, traducido como *Positivismo y la separación entre el derecho y la moral*, en "Derecho y moral. Contribuciones a su análisis", y Ross, *Validity and the Conflict between Legal Positivism and Natural Law*, "Revista Jurídica de Buenos Aires", 1961, cap. IV, reproducido en Ross, *El concepto de validez y otros ensayos*.

[14] Spiropoulos, *Die allgemeinen Rechtsgrundsätze*, citado por Bobbio, *Principi generali di diritto*, "Novissimo Digesto Italiano", vol. XIII, 1966, p. 865, caracteriza este tipo de positivismo como "*Quellenpurismus*" (cfr. cap. V, § 3).

Lo más curioso del caso es que este dogma de la completitud es compartido, no sólo por los partidarios del positivismo, sino también por sus enemigos. En efecto, muchos de los ataques contra el positivismo, desde Geny hasta nuestros días, sólo tienden a ampliar el conjunto de las normas válidas, integrándolo con normas consuetudinarias, principios morales, normas de derecho natural, pautas jurisprudenciales, etcétera. Pero después atribuyen al conjunto así ampliado la misma característica que tenía –en la concepción positivista– el conjunto original: la de ser necesariamente completo. Así, pues, repiten en otro nivel la misma falacia de confundir el ideal con la realidad[15].

Esta misma confusión es, por lo menos en parte, responsable de que algunos autores, tras rechazar el postulado de la plenitud hermética del derecho por considerarlo un dogma positivista, terminan atribuyendo al ideal de completitud el mismo origen ideológico[16].

[15] Cfr., por ejemplo, Dworkin, *Is Law a System of Rules?*, en Summers (ed.), "Essays in Legal Philosophy".

[16] Cfr. Bobbio, *Lacune del diritto*, "Novissimo Digesto Italiano", vol. IX, p. 419 a 424.

Apéndice

ALGUNAS DEFINICIONES Y TEOREMAS

Las principales ideas expuestas en este libro pueden ser reformuladas de manera más exacta como nociones puramente sintácticas, referidas a la estructura sintáctica de un lenguaje cuya función (primordial) es la de expresar normas que regulan la conducta humana.

Para la descripción de la estructura de este lenguaje normativo (prescriptivo) –esto es, el lenguaje-objeto de nuestra investigación–, usaremos en nuestro metalenguaje los siguientes símbolos: 'x', 'y', 'z', etc., como variables sintácticas para los individuos del lenguaje-objeto; 'α', 'β', 'γ', etc., como variables de conjuntos de individuos, y los símbolos usuales del cálculo de clases, tales como: '⊂' (inclusión), '⊄' (no inclusión), '+' (suma), '.' (producto), '–' (complemento o diferencia), 'Λ' (conjunto vacío), 'X' (producto cartesiano), '∈' (pertenencia), '∉'(no pertenencia). El símbolo '{x|–x–}' denotará el conjunto de las entidades que satisfacen la condición '–x–'.

El lenguaje-objeto contiene dos conjuntos finitos de constantes primitivas: P_1, P_2 ... P_n y A_1, A_2 ... A_m (en la interpretación subyacente, las constantes P representan las propiedades básicas referidas en el texto, y las constantes A las acciones básicas). También contiene como constantes lógicas la negación, la conjunción y el operador deóntico de permisión, denotados en el metalenguaje por '–', '.' y 'P', respectivamente. Otras conectivas veritativo-funcionales, como la disyunción y la implicación material, y el operador deóntico de obligación son definidos de manera usual y denotados en el metalenguaje por 'v', '→' y 'O' (donde 'O' es una abreviatura para '–P–').

Universo de Propiedades (UP):

D 1) Todo subconjunto no vacío del conjunto de las constantes P es un UP.

UP_1, UP_2 … UP_{2^n-1} es la secuencia de los UP del lenguaje. (Por lo tanto, $\{UP_1, UP_2 \ldots UP_{2^n-1}\} = \{\alpha \mid \alpha \subset \{P_1, P_2 \ldots P_n\}$ y $\alpha \neq \wedge\})$.

Universo de Acciones (UA):

D 2) Todo subconjunto no vacío del conjunto de las constantes A es un UA.

UA_1, UA_2 … UA_{2^m-1} es la secuencia de los UA del lenguaje. (Por lo tanto, $\{UA_1, UA_2 \ldots UA_{2^m-1}\} = \{\alpha \mid \alpha \subset \{A_1, A_2 \ldots A_m\}$ y $\alpha \neq \wedge\})$.

Para definir el conjunto de todas las expresiones significativas del lenguaje-objeto introducimos las nociones auxiliares de clausura de un conjunto [Claus (α)] y clausura normativa de un conjunto [N Claus (α)].

D 3) Claus (α) es el conjunto más pequeño β tal que (1) $\alpha \subset \beta$ y (2) si x, y ∈ β, entonces – x, (x . y) ∈ β.

D 4) N Claus (α) es el conjunto más pequeño β tal que (1) para todo x, si x ∈ Claus (α), entonces P x ∈ β, y (2) para todo x e y, si x, y ∈ β, entonces – x, (x . y) ∈ β.

Sea M el conjunto de todas las expresiones bien formadas (significativas) del lenguaje-objeto.

D 5) $M = \text{Claus}(\{P_1, P_2 \ldots P_n\} + \text{N Claus}(\{A_1, A_2 \ldots A_m\})) + \text{Claus}(\{A_1, A_2 \ldots A_m\})$.

Consecuencias inmediatas de esta definición son los teoremas siguientes:

T 1) Claus $(\{P_1, P_2 \ldots P_n\}) \subset M$

T 2) N Claus $(\{A_1, A_2 \ldots A_m\}) \subset M$

T 3) Claus $(\{P_1, P_2 \ldots P_n\}$ + N Claus $(\{A_1, A_2 \ldots A_m\})) \subset M$

T 4) Claus $(\{A_1, A_2 \ldots A_m\}) \subset M$

T 5) N Claus $(\{P_1, P_2 \ldots P_n\}) \subset - M$

T 6) Claus $(\{P_1, P_2 \ldots Pn\} + \{A_1, A_2 \ldots Am\}) \not\subset M$

T 7) N Claus (N Claus $(\{A_1, A_2 \ldots A_m\})) \subset - M$

De acuerdo con T 2 y T 5 resulta que las modalizaciones deónticas de las expresiones A son significativas, no así las de las expresiones P. T 6 dice que las combinaciones veritativo-funcionales de las expresiones P y A no son significativas. T 7 excluye la reiteración de las modalidades deónticas.

Universo de Casos (UC):

A todo UP_i $(1 \leq i \leq 2^n - 1)$ de la secuencia UP corresponde un conjunto único UC_i tal que:

D 6) $UC_i = \{x | (E\alpha)\, \alpha \subset UP_i$ y $x = (\prod_{y \in \alpha} y \,.\, \prod_{y \in (UP_i - \alpha)} \bar{y})\}$,

donde $\prod_{y \in \alpha} y$ denota la conjunción de todos los elementos de α, y $\prod \bar{y}$ denota la conjunción de las negaciones de los elementos de α.

De tal manera obtenemos la siguiente secuencia de los UC:

$$UC_1, UC_2 \ldots UC_{2^n - 1}$$

De modo similar obtenemos para cada UA_i un conjunto de descripciones de estado de las acciones DUA_i, conforme a la siguiente definición:

D 7) $DUA_i = \{x | (E\alpha)\, \alpha \subset UA_i$ y $x = (\prod_{y \in \alpha} y \,.\, \prod_{y \in (UA_i - \alpha)} \bar{y})\}$,

Esto da lugar a la siguiente secuencia de conjuntos de las descripciones de estado: DUA_1, DUA_2 ... DUA_{2^m-1}.

Para cada DUA_i (y, por consiguiente, para cada UA_i) existe un conjunto de soluciones maximales $USmax_i$ y un conjunto de soluciones minimales $USmin_i$.

D 8) $USmax_i = \{x \mid (E\alpha)\ \alpha \subset DUA_i \text{ y } \alpha \neq \wedge \text{ y } x = (\prod_{y \in \alpha} Py \,.\, \prod_{y \in (DUA_i - \alpha)} -Py)\}$

D 9) $USmin_i = \{x \mid (E\alpha)\ \alpha \subset DUA_i \text{ y } \alpha \neq DUA_i$ y
$x = (\sum_{y \in \alpha} P\, y \vee \sum_{y \in (DUA_i - \alpha)} -Py \quad)\}$

(El símbolo $\prod_{y \in \alpha} P$ y denota la conjunción de todas las modalizaciones P de los elementos de α; el símbolo $\prod_{y \in \alpha} -Py$, la de todas las negaciones de las modalizaciones P de los elementos de α; y los símbolos $\sum_{y \in \alpha} Py$ y $\sum_{y \in \alpha} -Py$ denotan las disyunciones correspondientes.)

Los teoremas siguientes son consecuencias obvias de las definiciones precedentes:

T 8) $UC_i \subset$ Claus (UP_i)

T 9) $USmax_i \subset$ Claus (UA_i)

T 10) $USmin_i \subset$ N Claus (UA_i)

Sea L el conjunto de todos los elementos de M que expresan leyes lógicas. L contiene las leyes de la usual lógica proposicional bivalente y las leyes específicas de la lógica deóntica.

Definición de L:

Sea L_0 el conjunto de todos los elementos veritativo-funcionales válidos de M. L es el conjunto más pequeño β tal que:

1) $[O(x \rightarrow y) \rightarrow (Ox \rightarrow Oy)] \in \beta$ para todo x, y $\in$ Claus $(\{A_1 \ldots A_m\})$

2) $L_0 \subset \beta$

3) Si $x \in L_0$, entonces $O\, x \in \beta$, donde $x \in$ Claus $(\{A_1 \ldots A_m\})$

4) Si $-x \in L_0$, entonces $-O\, x \in \beta$, donde $x \in$ Claus $(\{A_1 \ldots A_m\})$

5) Si x, $(x \rightarrow y) \in \beta$, entonces $y \in \beta$, para todo x, y.

Los siguientes teoremas se refieren a las propiedades más importantes de UC, USmax y USmin.

T 11) Si $x \in USmax_i$ e $y \in$ N Claus (UA_i), entonces $(x \rightarrow y) \in L$ o $(x \rightarrow -y) \in L$, para todo x y todo y.

T 12) Si $x \in USmin_i$ e $y \in$ N Claus (UA_i), entonces $(x \rightarrow x) \in L$ o $(-y \rightarrow x) \in L$, para todo x y todo y.

T 13) Para todo x, si $x \in UC_i$, entonces $-x \notin L$.

T 14) $(\sum_{x \in UC_i)} x) \in L$

T 15) Para todo x, si $x \in USmax_i$, entonces $-x \notin L$.

T 16) $(\sum_{x \in USmax_i} x) \in L$

T 17) Para todo x, si $x \in USmin_i$, entonces $x \notin L$.

T 18) $(\sum_{x \in USmin_i} -x) \in L$

T 19) Si $x \neq y$, entonces $(x \rightarrow -y) \in L$, para todo x, $y \in UC_i$.

T 20) Si $x \neq y$, entonces $(x \rightarrow -y) \in L$, para todo x, $y \in USmax_i$.

T 21) Si $x \neq y$, entonces $(-x \rightarrow y) \in L$, para todo x, $y \in USmin_i$.

La importancia de T 11 se pondrá de manifiesto luego, en conexión con la noción de completitud (cfr. T 39), mientras que T 12 es relevante para la noción de conjunto normativo (véase *infra*). Los elementos de todo UC y todo USmax son conjuntamente exhaustivos (T 14 y T 16), mutuamente excluyentes (T 19 y T 20), y no son lógicamente falsos (T 13 y T 15). A la exclusividad de los elementos de USmax corresponde la propiedad de ser lógicamente complementarios de los elementos de todo USmin (T 21).

Otras nociones que fueron usadas en el texto son las de casos, soluciones y contenidos normativos. Las definiciones correspondientes son las siguientes:

D 10) *Caso*: Ca (UP_i) = Claus (UP_i) – (L + {x | – x ∈ L})

D 11) *Caso complejo*: CCa(UP_i) = Ca (UP_i) –UC_i

Los casos elementales correspondientes a UP_i son los elementos de UC_i.

D 12) *Contenido normativo*: Con (UA_i) = Claus (UA_i) $- (L + \{x \mid -x \in L\})$

D 13) *Solución*: Sol (UA_i) = N Claus $(UA_i) - (L + \{x \mid -x \in L\})$

T 22) $UC_i \subset$ Ca (UP_i)

T 23) $DUA_i \subset$ Con (UA_i)

T 24) $USmax_i \subset$ Sol (UA_i)

T 25) $USmin_i \subset$ Sol (UAI_i)

Toda solución implica alguna solución minimal y es implicada por alguna solución maximal:

T 26) Si $x \in$ Sol (UA_i), entonces existe un $y \in USmin_i$, tal que $(x \rightarrow y) \in L$

T 27) Si $x \in$ Sol (UA_i), entonces existe un $y \in USmax_i$, tal que $(x \rightarrow x) \in L$

La noción de *división* es una generalización de los conceptos de UC y USmax:

D 14) Div = $\{\alpha \mid$ 1. $\alpha \subset M$
2. α tiene por lo menos dos elementos distintos,
3. $(\sum_{x \in \alpha} x) \in L$
4. para todo x, y, si x, $y \in \alpha$ y $x \neq y$, entonces $(x \rightarrow -y) \in L$
5. para todo x, si $x \in \alpha$, entonces $-x \notin L\}$.

T 28) $UC_i \in$ Div

T 29) $USmax_i \in$ Div

D 15) $\alpha \overset{d}{<} \beta$ (α es una división *más fina* que β) si, y sólo si:

1. $\alpha, \beta \in$ Div
2. para todo $x \in \alpha$, existe un $y \in \beta$, tal que $(x \rightarrow y) \in L$
3. existe un $x \in \alpha$, tal que no existe ningún $y \in \beta$, para el cual fuese verdadero que $(y \rightarrow x) \in L$

T 30) $UP_i \subset UP_j$ si, y sólo si $UC_j \overset{d}{<} UC_i$ (para todo $i \neq j$).

T 31) $UA_i \subset UA_j$ si, y sólo si, $USmax_j \overset{d}{<} USmax_i$ (para todo $i \neq j$).

La noción de consecuencia:

D 16) Cn (α) es el conjunto más pequeño $\beta \subset M$, tal que:
1. $L \subset \beta$
2. $\alpha \subset \beta$
3. para todo x, y, si x, $(x \rightarrow y) \in \beta$, entonces $y \in \beta$.

Correlación deductiva establecida por un conjunto de expresiones significativas:

D 17) $\overset{\alpha}{\rightarrow} = \{<x, y> \mid y \in Cn\ (\alpha + \{x\})\}$

(El signo '<x, y>' se refiere al par ordenado de *x* e *y*, y {*x*} denota la clase cuyo único elemento es x).

Correlación deductiva con dominio y contradominio limitados:

D 18) $\beta \overset{\alpha}{\rightarrow} \gamma = (\overset{\alpha}{\rightarrow} . (\beta \text{ X } \gamma))$

T 32) Cn (Λ) = L

T 33) Si $\alpha \subset M$, entonces $\alpha \subset$ Cn (α)

T 34) Si $\alpha \subset M$, entonces Cn (Cn (α)) = Cn (α)

T 35) Si $\alpha \subset M$, entonces Cn (α) es idéntico a la suma de las consecuencias de todos los subconjuntos finitos de α..

T 36) $x \overset{\alpha}{\rightarrow} y$ si, y sólo si, $y \in$ Cn ($\alpha + \{x\}$), y también si, y sólo si, $(x \rightarrow y) \in$ Cn (α).

(Aquí el símbolo '$x \overset{\alpha}{\rightarrow} y$' es usado como una expresión alternativa para '$<x, y> \in \overset{\alpha}{\rightarrow}$')

Completitud (Cm):

D 19) $Cm\ (UC_i, USmax_j) = \{\alpha \mid UC_i \subset D'(UC_i \overset{\alpha}{\rightarrow} USmax_j)\}$
(donde el símbolo D'R se refiere al dominio de la relación R.)

Como a todo UP le corresponde un UC y sólo uno, y a cada UA le corresponde un USmax, y sólo uno, en lugar de decir que α es completo con relación a UC_i y $USmax_j$, podemos también hablar de completitud con relación a UP_i y UA_j: Cm (UP_i, UA_j). Ambas expresiones pueden usarse para identificar la misma familia de conjuntos.

T 37) $\alpha \in Cm\ (UC_i, USmax_j)$ si, y sólo si, para todo $x \in UC_i$ existe algún $y \in USmax_j$, tal que $x \overset{\alpha}{\rightarrow} y$.

T 38) $\alpha \in Cm\ (UP_i, UA_j)$ si, y sólo si $(x \overset{\alpha}{\rightarrow} y)$ o $(x \overset{\alpha}{\rightarrow} -y)$ para todo $x \in UC_i$ y todo $y \in NClaus\ (UA_j)$.

T 39) $\alpha \in Cm\ (UP_i, UA_j)$ si, y sólo si $(x \overset{\alpha}{\rightarrow} y)$ o $(x \overset{\alpha}{\rightarrow} -y)$ para todo $x \in UC_i$ y todo $y \in Sol\ (UA_j)$.

T 39 muestra que un conjunto α es completo cuando toda solución posible es implicada o excluida por α para cada caso elemental. Ésta es, tal vez, la característica más interesante de la noción de completitud; por lo tanto, T 39 podría adoptarse como definición de completitud en lugar de D 19.

T 40) Si $\alpha \in Cm\ (UC_i, USmax_j)$ y $UC_k \overset{d}{<} UC_i$, entonces $\alpha \in Cm\ (UC_k, USmax_j)$.

T 41) Si $\alpha \in Cm\ (UP_i, UA_j)$ y $UP_i \subset UP_k$, entonces $\alpha \in Cm\ (UP_k, UA_j)$ (de T 40 y T 30).

T 42) Si $\alpha \in Cm\ (UC_i, USmax_j)$ y $USmax_j \overset{d}{<} USmax_k$, entonces $\alpha \in Cm\ (UC_i, USmax_k)$.

T 43) Si $\alpha \in Cm\ (UP_i, UA_j)$ y $UA_k \subset UA_j$, entonces $\alpha \in Cm\ (UP_i, UA_k)$.

Los teoremas T 40-43 muestran el carácter hereditario de la noción de completitud con respecto a la relación de ser más fino entre Universos de Casos y Universos de Soluciones Maximales (y, correspondientemente, la relación de inclusión entre los Universos de Propiedades y Universos de Acciones). La completitud es hereditaria a partir de los UC menos finos hacia los más finos (T 40) y de los USmax más finos hacia los menos finos (T 42).

Coherencia (Coh):

D 20) Coh (UC_i, $USmax_j$) [= Coh (UP_i UA_j)] = $\{\alpha \mid (UC_i \xrightarrow{\alpha} USmax_j) \in$ Fun$\}$ (donde 'Fun' denota el conjunto de funciones, esto es, relaciones de muchos a uno).

T 44) $\alpha \in$ Coh (UC_i, $USmax_j$) si, y sólo si, $x \xrightarrow{\alpha} y$, $x \xrightarrow{\alpha} z$ implica $y = z$, para todo $x \in UC_i$ y todo $y, z \in USmax_j$.

T 45) $\alpha \in$ Coh (UC_i, $USmax_j$) si, y sólo si, para todo $x \in UC_i$ existe un $y \in M$, tal que $(x \rightarrow y) \notin Cn(\alpha)$.

Este teorema muestra que la noción de coherencia no depende de ningún USmax determinado; la misma idea se expresa, de manera tal vez más explícita, en

T 46) $\alpha \in$ Coh (UC_i, $USmax_j$) para alguna j ($1 \leq j \leq 2^m - 1$) si, y sólo si, $\alpha \in$ Coh (UC_i, $USmax_j$), para toda j ($1 \leq j \leq 2^m - 1$).

Esto nos permite definir coherencia con relación a un UC solamente:

D 21) Coh (UC_i = $\{\alpha \mid Cn(\alpha + \{x\}) \neq M$, para todo $x \in UC_i\}$.
[En lugar de Coh (UC_i) podemos escribir también Coh (UP_i)].

T 47) Coh (UC_i) = $\{\alpha \mid \alpha \in$ Coh (UC_i, $USmax_j$) para alguna j ($1 \leq j \leq 2^m - 1$).

T 48) Si $\alpha \in$ Coh (UC_i) y $UC_i \overset{d}{<} UC_k$, entonces $\alpha \in$ Coh (UC_k).

T 49) Si $\alpha \in$ Coh (UP_i) y $UP_k \subset UP_i$, entonces $\alpha \in$ Coh (UP_k).

T 48 muestra que la coherencia es hereditaria con respecto a los UC menos finos.

T 50) Si $UC_i \overset{d}{<} UC_k$, entonces Coh $(UC_i) \subset$ Coh (UC_k).

T 51) Si $UP_k \subset UP_i$, entonces Coh $(UP_i) \subset$ Coh (UP_k).

Independencia (Ind):

D 22) Ind $(UC_i, USmin_j)$ [= Ind (UP_i, UA_j)] = $\{\alpha \mid$ para todo $\beta \subset \alpha$ y $\beta \neq \alpha$ es verdad que $(UC_i \overset{\beta}{\rightarrow} USmin_j) \neq (UC_i \overset{\alpha}{\rightarrow} USmin_j)\}$.

T 52) $\alpha \in$ Ind $(UC_i, USmin_j)$ si, y sólo si, para todo $\beta \subset \alpha$ y $\beta \neq \alpha$ existe un $x \in UC_i$ y un $y \in USmin_j$, tales que es verdad que $(x \overset{\alpha}{\rightarrow} y)$, pero no es verdad que $(x \overset{\beta}{\rightarrow} y)$.

T 53) $\alpha \in$ Ind (UP_i, UA_j) si, y sólo si, para todo conjunto $\beta \subset \alpha$ y $\beta \neq \alpha$, existe un $x \in$ Ca (UP_i) y un $y \in$ Sol (UA_j), tales que es verdad que $(x \overset{\alpha}{\rightarrow} y)$, y no es verdad que $(x \overset{\beta}{\rightarrow} y)$.

Conjuntos normativos (N):

D 23) N $(UC_i, USmin_j)$ [= N (Up_i, UA_j)] = $\{\alpha \mid (UC_i \overset{\alpha}{\rightarrow} USmin_j) \neq \wedge\}$.

T 54) $\alpha \in$ N $(UC_i, USmin_j)$ si, y sólo si, $(x \overset{\alpha}{\rightarrow} y)$ es verdadero para algún $x \in UC_i$ y algún $y \in USmin_j$.

T 55) $\alpha \in$ N (UP_i, UA_j) si, y sólo si, $(x \overset{\alpha}{\rightarrow} y)$ es verdadero para algún $x \in$ Ca (UP_i) y algún $y \in$ Sol (UA_j).

Este último teorema dice que los conjuntos normativos son aquellos conjuntos que correlacionan (deductivamente) algún caso con alguna solución. Ésta es la propiedad más obvia que, desde el punto de vista intuitivo, se exigiría para considerar un conjunto como normativo.

Conjuntos normativos categóricos (Cat):

D 24) Cat (UC_i, $USmin_j$) [=Cat (UP_i, UA_j)] = {α | Ɑ' ($UC_j \xrightarrow{\alpha} USmin_j$) ⊂ Cn ($\alpha$)} donde Ɑ' simboliza el contradominio de una relación).

T 56) $\alpha \in$ Cat (UC_i, $USmin_j$) si, y sólo si, existe algún $x \in UC_i$, tal que ($x \xrightarrow{\alpha} y$) si, y sólo si, $y \in$ Cn (α), para todo $y \in USmin_j$.

T 57) $\alpha \in$ Cat (UP_i, UA_j) si, y sólo si, existe algún $x \in$ Ca (UP_i), tal que ($x \xrightarrow{\alpha} y$) si, y sólo si, $y \in$ Cn (α), para todo $y \in$ Sol (UA_j).

T 58) $\alpha \in$ Cat (UC_i, $USmin_j$) para algún número i ($1 \leq i \leq 2^n - 1$) si, y sólo si, para todo i ($1 \leq i \leq 2^n - 1$), $\alpha \in$ Cat (UC_i, $USmin_j$).

Este último teorema muestra que la noción de conjunto normativo categórico no depende de ningún UC particular, y es, por lo tanto, relativo a un USmin solamente.

D 25) $\alpha \in$ Cat (UA_j) = {α | Ɑ' (Ca ({$P_i \ldots P_n$}) $\xrightarrow{\alpha} USmin_j$) ⊂ Cn ($\alpha$)}.

T 59) Cat (UA_j) = {α | para algún número i ($1 \leq i \leq 2^n - 1$) $\alpha \in$ Cat (UC_i, $USmin_j$)}.

T 60) $\alpha \in$ Cat (UA_j) si, y sólo si, para todo $y \in USmin_j$ y para todo UC_i si existe algún $x \in UC_i$, $y \xrightarrow{\alpha} y$, entonces para todo $x \in UC_i$ es verdad que $x \xrightarrow{\alpha} y$.

En el texto (p. 65) T 60 figura como definición de sistema normativo categórico.

T 61) Si $\alpha \in$ Cat (UA_j) y $USmin_j \overset{d}{<} USmin_k$, entonces $\alpha \in$ Cat (UA_k).

T 62) Si $USmin_j \overset{d}{<} USmin_k$, entonces Cat ($UA_j$) ⊂ Cat ($UA_k$).

T 63) Si $UA_k \subset UA_j$, entonces Cat (UA_j) ⊂ Cat (UA_k).

La propiedad de ser un conjunto normativo categórico es hereditaria y se hereda de las divisiones más finas hacia las menos finas.

Conjuntos empíricos o fácticos (Emp)
y conjuntos puramente normativos (PN):

D 26) Emp (UP_i) [= Emp (UC_i)] = $\{\alpha \mid (\mathrm{Ca}\ (UP_i)\ .\ \mathrm{Cn}\ (\alpha)) \neq \Lambda\}$.

T 64) Si $\alpha \notin$ Coh (UP_i), entonces $\alpha \in$ Emp (UP_i).

T 64 muestra que todos los conjuntos incoherentes son empíricos (fácticos).

D 27) PN (UC_i, $USmin_j$) = (N (UC_i, $USmin_j$) – Emp (UC_i)).

T 65) Si $\alpha \in$ PN (UC_i, $USmin_j$), entonces $\alpha \in$ Coh (UC_i).

T 65 muestra que todos los sistemas puramente normativos son coherentes.

La noción de relevancia:

Definición del concepto de *caso complementario* (Comp):

D 28) Comp (z, UP_i) = {<x, y> | existe un conjunto α tal que $\{z\} \subset \alpha \subset UP_i$,
y (1) $x = (\prod_{y \in \alpha} y\ .\ \prod_{y \in (UP_i, -\alpha)} \bar{y})$ e $y = (\prod_{y \in (\alpha - \{z\})} y \quad \prod_{y \in (UP_i, -\alpha) - \{z\}))} \bar{y}\quad)$
o (2) $y = (\prod_{y \in \alpha} y \quad \prod_{y \in (\alpha - \{z\})} \bar{y})$ y $x = (\prod_{y \in (\alpha - \{z\})} y \quad \prod_{y \in (UP_i, -(\alpha - \{z\}))} \bar{y}\quad)\}$

T 66) Si (x Comp (z, UP_i) y), entonces x, $y \in UC_i$ y $x \neq y$.

T 67) Si (x Comp (z, UP_i) y), entonces (y Comp (z, UP_i) x).

T 68) Para todo $x \in UC_i$ y para todo $z \in UP_i$, existe un y tal que (x Comp (z, UP_i) y).

T 69) Comp (z, UP_i) $\in$ Fun.

Igual estatus normativo:

D 29) $\overset{\alpha}{\underset{UA_i}{\approx}}$ = {<x, y> | para todo z, x($\xrightarrow{\alpha}USmin_j$) z si, y sólo si, y ($\xrightarrow{\alpha}USmin_j$) z }.

T 70) x $\underset{UA_i}{\overset{\alpha}{\sim}}$ y si, y sólo si [Cn (α + {x}) . Sol(UA_i)] = [Cn (α + {y}) . Sol (UA_i)].

Definición de "relevante en un caso":

D 30) Rel (α, UA_j, UP_i, x) = {z | x ∈ UC_i, z ∈ UP_i y no es verdad que Comp (z, UP_i)′ x $\underset{UA_j}{\overset{\alpha}{\sim}}$ x}. («Comp (z, UP_i,)′ x» denota el caso complementario de x relativo a z en UP_i).

D 31) Rel (α, UA_j) = {z | existe un i ($1 \leq i \leq 2^n - 1$) y existe un x tales que z ∈ Rel (α, UA_j, UP_i, x)}.

T 71) Rel (α, UA_j) ≠ Λ si, y sólo si, para algún i ($1 \leq i \leq 2^n - 1$) es verdad que Rel (α, UA_j) = UP_i.

Cuando hay propiedades relevantes, el conjunto de todas las propiedades relevantes es idéntico a un UP. Este es el UPR (α, UA_j), esto es, el *Universo de Propiedades Relevantes*. El *Universo de Casos Relevantes* –UCR (α, UA_j)– es el correspondiente UC. Para la situación en que no existen propiedades relevantes (es decir, Rel (α, UA_j = Λ) estipulamos que UCR (α, UA_j) = Λ.

T 72) Rel (α, UA_j) = Λ si, y sólo si, α ∈ Cat (UA_j).

T 72 muestra que sólo hay propiedades relevantes para conjuntos normativos no categóricos.

T 73) Si a ∉ N (UA_j), entonces Rel (α, UA_j) = Λ.

T 74) Sea α tal que α ∈ Cm (UC_i, $USmax_j$) y α ∈ Coh (UC_k), siendo $UP_i \subset UP_k$ y $UP_i \neq UP_k$, entonces ($UP_k - UP_i$) ⊂ – Rel (α, UA_j).

Este teorema se menciona en el texto como T 3 (p. 148).

El problema de clausura:

En el cap. VII, § 6, se han formulado varias reglas de clausura, esto es, reglas cuya aplicación a un conjunto α dado conduce a otro conjunto β (mayor que α), tal que β es completo. La finalidad de (este tipo de) clausura es lograr la completitud y preservar la coherencia. En el texto, la clausura de sistemas normativos categóricos y la de sistemas no categóricos se trataron por separado. Aquí se trata de caracterizar una noción más general de clausura aplicable a ambos tipos de sistemas normativos.

La definición de clausura (Cl_1) como el conjunto que resulta de la aplicación de una regla de clausura a un conjunto dado, formulada más abajo (D 32), es análoga a la regla C 1 del texto, pero mientras que C 1 sólo es aplicable a conjuntos categóricos, aquí se elimina esta restricción. El resultado (reflejado en los teoremas T 76 y T 77) es que Cl_1 no preserva la coherencia cuando es aplicada a sistemas no categóricos. Un concepto general de clausura que preserva la coherencia está dado en D 33 (Cl), que es una combinación de las reglas C 1 y C 4 del texto.

D 32) Cl_1 $(\alpha, UA_j) = (\alpha + \{Py \mid y \in Con\ (UA_j)\ y - Py \notin Cn\ (\alpha)\})$.

T 75) Cl_1 $(\alpha, UA_j) \in Cm\ (UP_i, UA_j)$ [$= Cm\ (UC_i, USmax_j)$].

T 76) Si $\alpha \in Cat\ (UP_i, UA_j)$ y $\alpha \in Coh\ (UP_i, UA_j)$, entonces Cl_1 $(\alpha, UA_j) \in Coh\ (UP_i, UA_j)$.

T 77) Si $\alpha \in Cat\ (UA_j)$ y $\alpha \in Coh\ (UP_i)$, entonces Cl_1 (α, UA_j) $\in Coh\ (UP_i)$.

T 75 muestra que Cl_1 es completo con respecto a cualquier UP (UC). Pero sólo preserva coherencia si α es un conjunto categórico (T 76, T 77).

D 33) Cl $(\alpha, UA_j) = (\alpha + \{x \rightarrow Py \mid (x \rightarrow - Py) \notin Cn\ (\alpha)$, donde $x \in UCR\ (\alpha, UA_j)$ si $UCR\ (\alpha, UA_j) \neq \Lambda$, y $x \in Ca\ (\{P_1 \ldots Pn\})$ si $UCR\ (\alpha, UA_j) = \Lambda$, e $y \in Con\ (UA_j)\})$.

T 78) Si Rel $(\alpha, UA_j) \neq \Lambda$, entonces Cl $(\alpha, UA_j) \in Cm$ [UCR (α, UA_j) $USmax_j$].

T 79) Si Rel $(\alpha, UA_j) = \Lambda$, entonces Cn [Cl_1 (α, UA_j)] = Cn (Cl (α, UA_j).

T 80) Si Rel $(\alpha, UA_j) = \Lambda$, entonces Cl $(\alpha, UA_j) \in Cm\ (UP_i, UA_j)$.

En estos teoremas 'Rel (α, UA_j) = Λ' puede reemplazarse por '$\alpha \in$ Cat (UA_j)' y 'Rel (α, UA_j) $\neq \Lambda$' por '$\alpha \notin$ Cat (UA_j)", respectivamente, lo que muestra que la clausura de los sistemas categóricos es completa para cualquier UC, mientras que la de los sistemas no categóricos sólo es completa en el UCR (T 78 y T 80). T 79 muestra que para los sistemas normativos categóricos ambas nociones de clausura (Cl_1 y Cl) son equivalentes.

T 81) Si $\alpha \in$ Coh (UP_i), entonces Cl (α, UA_j) $\in$ Coh (UP_i).

Este teorema muestra que la clausura Cl (D 33) preserva la coherencia tanto para los conjuntos categóricos, como para los no categóricos.

T 82) Si $UA_j \subset UA_k$, entonces Cl (α, UA_j) $\subset$ Cl (α, UA_k).

Lógica de las proposiciones normativas:

Las ideas desarrolladas en los § 2 y 3 del cap. VII presuponen una lógica de las proposiciones normativas (es decir, de las proposiciones *acerca* de las normas), análoga a, pero no idéntica con, la lógica (deóntica) del lenguaje-objeto. Aquí se explicitan las principales características de esta lógica[1].

Introducimos los siguientes símbolos para el metalenguaje: '$\sim$' para la negación, '&' para la conjunción, 'o' para la disyunción no exclusiva, '$\supset$' para la implicación material, '$\equiv$' para la equivalencia material y los signos usuales para los cuantificadores (universal y existencial). Adoptamos, además, la convención de que la variable 'x' representa un elemento del conjunto Ca ($\{P_1 \ldots P_n\}$) y la variable 'y', un elemento del conjunto Con ($\{A_1 \ldots A_m\}$).

[1] Una exposición de la lógica de las proposiciones normativas se halla en Alchourrón, *Logic of Norms and Logic of Normative Propositions*, en "Logique et Analyse", 12, 242-268 (1969), aunque la presentación es diferente. Aquí se la presenta en un metalenguaje sintáctico acerca del lenguaje al cual pertenece la lógica deóntica, mientras que en el artículo citado la lógica de las proposiciones normativas está formulada en el mismo lenguaje que la lógica de las normas (lógica deóntica).

Un rasgo característico de la lógica de las proposiciones normativas es la presencia de varios conceptos de permisión y obligación, muy usados en el discurso descriptivo (es decir, en el discurso que versa acerca de las normas), y que no deben confundirse con los correspondientes operadores deónticos.

Operadores fuertes y débiles, condicionales y categóricos:

Obligación condicional fuerte:

D 34) $\mathbf{O}_{\alpha}s\ (y/x) = (x \rightarrow Oy) \in Cn\ (\alpha)\ [= x \xrightarrow{\alpha} Oy]$

Permisión condicional fuerte:

D 35) $\mathbf{P}_{\alpha}s\ (y/x) = (x \rightarrow Py) \in Cn\ (\alpha)\ [= x \xrightarrow{\alpha} Py]$

Obligación condicional débil:

D 36) $\mathbf{O}_{\alpha}w\ (y/x) = (x \rightarrow P-y) \notin Cn\ (\alpha)\ [= \text{no}\ (x \xrightarrow{\alpha} P-y)]$

Permisión condicional débil:

D 37) $\mathbf{P}_{\alpha}w\ (y/x)\ \text{i}= (x \rightarrow O-y) \notin Cn\ (\alpha)\ [= \text{no}\ (x \xrightarrow{\alpha} O-y)]$

Obligación categórica fuerte:

D 38) $\mathbf{O}_{\alpha}s\ (y) = Oy \in Cn\ (\alpha)\ [= \mathbf{O}s\ (y/x)$, para todo $x]$

Permisión categórica fuerte:

D 39) $\mathbf{P}_{\alpha}s\ (y) = Py \in Cn\ (\alpha)\ [= \mathbf{P}_{\alpha}s\ (y/x)$, para todo $x]$

Obligación categórica débil:

D 40) $\mathbf{O}_{\alpha}w\ (y) = P-y \notin Cn\ (\alpha)\ [= \mathbf{O}_{\alpha}w\ (y/x)$, para algún $x]$

Permisión categórica débil:

D 41) $\mathbf{P}_{\alpha}w\ (y) = O-y \notin Cn\ (\alpha)\ [= \mathbf{P}_{\alpha}w\ (y/x)$, para algún $x]$

Negación externa:

de operadores condicionales: de operadores categóricos:

T 83) $\sim \mathbf{O}_{\alpha}s\ (y / x) \equiv \mathbf{P}_{\alpha}w\ (-y / x)$

T 83′) $\sim \mathbf{O}_{\alpha}s\ (y) \equiv \mathbf{P}_{\alpha}w\ (-y)$

T 84) $\sim \mathbf{P}_{\alpha}s\ (y / x) \equiv \mathbf{O}_{\alpha}w\ (-y / x)$

T 84′) $\sim \mathbf{P}_{\alpha}s\ (y) \equiv \mathbf{O}_{\alpha}w\ (-y)$

T 85) $\sim \mathbf{O}_{\alpha}w\ (y / x) \equiv \mathbf{P}_{\alpha}s\ (-y / x)$

T 85′) $\sim \mathbf{O}_{\alpha}w\ (y) \equiv \mathbf{P}_{\alpha}s\ (-y)$

T 86) $\sim \mathbf{P}_{\alpha}w\ (y / x) \equiv \mathbf{O}_{\alpha}s\ (-y / x)$

T 86′) $\sim \mathbf{P}_{\alpha}w\ (y) \equiv \mathbf{O}_{\alpha}s\ (-y)$

T 87) $\mathbf{O}_{\alpha}s\ (y / x) \equiv \sim\mathbf{P}_{\alpha}w\ (-y / x)$

T 87′) $\mathbf{O}_{\alpha}s\ (y) \equiv \sim\mathbf{P}_{\alpha}w\ (-y)$

T 88) $\mathbf{P}_{\alpha}s\ (y / x) \equiv \sim\mathbf{O}_{\alpha}w\ (-y / x)$

T 88′) $\mathbf{P}_{\alpha}s\ (y) \equiv \sim\mathbf{O}_{\alpha}w\ (-y)$

T 89) $\mathbf{O}_{\alpha}w\ (y / x) \equiv \sim\mathbf{P}_{\alpha}s\ (-y / x)$

T 89′) $\mathbf{O}_{\alpha}w\ (y) \equiv \sim\mathbf{P}_{\alpha}s\ (-y)$

T 90) $\mathbf{P}_{\alpha}w\ (y / x) \equiv \sim\mathbf{O}_{\alpha}s\ (-y / x)$

T 90′) $\mathbf{P}_{\alpha}w\ (y) \equiv \sim\mathbf{O}_{\alpha}s\ (-y)$

Negación interna:

D 42) $\urcorner\mathbf{O}_{\alpha}s\ (y / x) = (x \rightarrow -Oy) \in Cn\ (\alpha)$

D 42′) $\urcorner\mathbf{O}_{\alpha}s\ (y) = -Oy \in Cn\ (\alpha)$

D 43) $\rceil \underset{\alpha}{\mathbf{P}}s\ (y / x) = (x \rightarrow -Py) \in Cn\ (\alpha)$

D 43´) $\rceil \underset{\alpha}{\mathbf{P}}s\ (y) = -\ Py \in Cn\ (\alpha)$

D 44) $\rceil \underset{\alpha}{\mathbf{O}}w\ (y / x) = (x \rightarrow -P -y) \notin Cn\ (\alpha)$

D 44´) $\rceil \underset{\alpha}{\mathbf{O}}w\ (y) = -P -y \notin Cn\ (\alpha)$

D 45) $\rceil \underset{\alpha}{\mathbf{P}}w\ (y / x) = (x \rightarrow -O -y) \notin Cn\ (\alpha)$

D 45´) $\rceil \underset{\alpha}{\mathbf{P}}w\ (y) = -O -y \notin Cn\ (\alpha)$

T 91) $\rceil \underset{\alpha}{\mathbf{O}}s\ (y / x) \equiv \underset{\alpha}{\mathbf{P}}s\ (-y / x)$

T 91´) $\rceil \underset{\alpha}{\mathbf{O}}s\ (y) \equiv \underset{\alpha}{\mathbf{P}}s\ (-y)$

T 92) $\rceil \underset{\alpha}{\mathbf{P}}s\ (y / x) \equiv \underset{\alpha}{\mathbf{O}}s\ (-y / x)$

T 92´) $\rceil \underset{\alpha}{\mathbf{P}}s\ (y) \equiv \underset{\alpha}{\mathbf{O}}s\ (-y)$

T 93) $\rceil \underset{\alpha}{\mathbf{O}}w\ (y / x) \equiv \underset{\alpha}{\mathbf{P}}w\ (-y / x)$

T 93´) $\rceil \underset{\alpha}{\mathbf{O}}w\ (y) \equiv \underset{\alpha}{\mathbf{P}}w\ (-y)$

T 94) $\rceil \underset{\alpha}{\mathbf{P}}w\ (y / x) \equiv \underset{\alpha}{\mathbf{O}}w\ (-y / x)$

T 94´) $\rceil \underset{\alpha}{\mathbf{P}}w\ (y) \equiv \underset{\alpha}{\mathbf{O}}w\ (-y)$

T 95) $\underset{\alpha}{\mathbf{O}}s\ (y / x) \equiv \rceil \underset{\alpha}{\mathbf{P}}s\ (-y / x) \equiv \sim \rceil \underset{\alpha}{\mathbf{O}}w\ (y / x)$

T 95´) $\underset{\alpha}{\mathbf{O}}s\ (y) \equiv \rceil \underset{\alpha}{\mathbf{P}}s\ (-y) \equiv \sim \rceil \underset{\alpha}{\mathbf{O}}w\ (y)$

T 96) $\underset{\alpha}{\mathbf{P}}s\ (y / x) \equiv \rceil \underset{\alpha}{\mathbf{O}}s\ (-y / x) \equiv \sim \rceil \underset{\alpha}{\mathbf{P}}w\ (y / x)$

T 96´) $\underset{\alpha}{\mathbf{P}}s\ (y) \equiv \rceil \underset{\alpha}{\mathbf{O}}s\ (-y) \equiv \sim \rceil \underset{\alpha}{\mathbf{P}}w\ (y)$

T 97) $\underset{\alpha}{\mathbf{O}}w\ (y / x) \equiv \rceil \underset{\alpha}{\mathbf{P}}w\ (-y / x) \equiv \sim \rceil \underset{\alpha}{\mathbf{O}}s\ (y / x)$

T 97´) $\underset{\alpha}{\mathbf{O}}w\ (y) \equiv \rceil \underset{\alpha}{\mathbf{P}}w\ (-y) \equiv \sim \rceil \underset{\alpha}{\mathbf{O}}s\ (y)$

T 98) $\underset{\alpha}{\mathbf{P}}\mathrm{w}\ (y / x) \equiv \urcorner \underset{\alpha}{\mathbf{O}}\mathrm{w}\ (-y / x) \equiv \sim \urcorner \underset{\alpha}{\mathbf{P}}\mathrm{s}\ (y / x)$

T 98´) $\underset{\alpha}{\mathbf{P}}\mathrm{w}\ (y) \equiv \urcorner \underset{\alpha}{\mathbf{O}}\mathrm{w}\ (-y) \equiv \sim \urcorner \underset{\alpha}{\mathbf{P}}\mathrm{s}\ (y)$

En general: $\urcorner \urcorner \underset{\alpha}{\chi} \equiv \underset{\alpha}{\chi} \equiv \sim \sim \underset{\alpha}{\chi}$ (donde $\underset{\alpha}{\chi}$ es $\underset{\alpha}{\mathbf{O}}\mathrm{s}$, $\underset{\alpha}{\mathbf{P}}\mathrm{s}$, $\underset{\alpha}{\mathbf{O}}\mathrm{w}$ o $\underset{\alpha}{\mathbf{P}}\mathrm{w}$).

Leyes de subaltemación y distribución:

T 99) $\underset{\alpha}{\mathbf{O}}\mathrm{s}\ (y / x) \supset \underset{\alpha}{\mathbf{P}}\mathrm{s}\ (y / x)$

T 99´) $\underset{\alpha}{\mathbf{O}}\mathrm{s}\ (y) \supset \underset{\alpha}{\mathbf{P}}\mathrm{s}\ (y)$

T 100) $\underset{\alpha}{\mathbf{O}}\mathrm{w}\ (y / x) \supset \underset{\alpha}{\mathbf{P}}\mathrm{w}\ (y / x)$

T 100´) $\underset{\alpha}{\mathbf{O}}\mathrm{w}\ (y) \supset \underset{\alpha}{\mathbf{P}}\mathrm{w}\ (y)$

T 101) $\underset{\alpha}{\mathbf{O}}\mathrm{s}\ (y_1 \,.\, y_2 / x) \equiv \underset{\alpha}{\mathbf{O}}\mathrm{s}\ (y_1 / x)\ \&\ \underset{\alpha}{\mathbf{O}}\mathrm{s}\ (y_2 / x)$

T 101´) $\underset{\alpha}{\mathbf{O}}\mathrm{s}\ (y_1 \,.\, y_2) \equiv \underset{\alpha}{\mathbf{O}}\mathrm{s}\ (y_1)\ \&\ \underset{\alpha}{\mathbf{O}}\mathrm{s}\ (y_2)$

T 102) $\underset{\alpha}{\mathbf{P}}\mathrm{w}\ (y_1 \vee y_2 / x) \equiv \underset{\alpha}{\mathbf{P}}\mathrm{w}\ (y_1 / x)$ o $\underset{\alpha}{\mathbf{P}}\mathrm{w}\ (y_2 / x)$

T 102´) $\underset{\alpha}{\mathbf{P}}\mathrm{w}\ (y_1 \vee y_2) \equiv \underset{\alpha}{\mathbf{P}}\mathrm{w}\ (y_1)$ o $\underset{\alpha}{\mathbf{P}}\mathrm{w}\ (y_2)$

T 103) $\underset{\alpha}{\mathbf{P}}\mathrm{s}\ (y_1 / x)$ o $\underset{\alpha}{\mathbf{P}}\mathrm{s}\ (y_2 / x) \supset \underset{\alpha}{\mathbf{P}}\mathrm{s}\ (y_1 \vee y_2 / x)$

T 103´) $\underset{\alpha}{\mathbf{P}}\mathrm{s}\ (y_1)$ o $\underset{\alpha}{\mathbf{P}}\mathrm{s}\ (y_2) \supset \underset{\alpha}{\mathbf{P}}\mathrm{s}\ (y_1 \vee y_2)$

T 104) $\underset{\alpha}{\mathbf{O}}\mathrm{w}\ (y_1 \,.\, y_2 / x) \supset \underset{\alpha}{\mathbf{O}}\mathrm{w}\ (y_1 / x)\ \&\ \underset{\alpha}{\mathbf{O}}\mathrm{w}\ (y_2 / x)$

T 104´) $\underset{\alpha}{\mathbf{O}}\mathrm{w}\ (y_1 \,.\, y_2) \supset \underset{\alpha}{\mathbf{O}}\mathrm{w}\ (y_1)\ \&\ \underset{\alpha}{\mathbf{O}}\mathrm{w}\ (y_2)$

T 105) $\chi\ (y / x_1 \vee x_2) \equiv \chi\ (y / x_1)\ \&\ \chi\ (y / x_2)$
(donde χ es $\underset{\alpha}{\mathbf{O}}\mathrm{s}$, $\underset{\alpha}{\mathbf{P}}\mathrm{s}$, $\underset{\alpha}{\mathbf{O}}\mathrm{w}$ o $\underset{\alpha}{\mathbf{P}}\mathrm{w}$).

Determinación normativa y completitud:

T 106) $\urcorner \mathbf{P}\mathrm{s}\ (\underset{\alpha}{y} / x)$ o $\underset{\alpha}{\mathbf{P}}\mathrm{w}\ (y / x)]$ $\quad \underset{\alpha}{\mathrm{T}}$ 106´) $\urcorner \mathbf{P}\mathrm{s}\ (\underset{\alpha}{y})$ o $\mathbf{P}\mathrm{w}\ (y)$

Determinación normativa:

D 46) $\underset{\alpha}{\mathrm{Det}}\,(y/x) = \neg\,\underset{\alpha}{\mathbf{P}\mathrm{s}}\,(y/x)$ o $\underset{\alpha}{\mathbf{P}\mathrm{s}}\,(y/x)$ (Esta fórmula puede leerse: la acción *y* es normativamente determinada por α en el caso *x*, cuando *y* está prohibida por α en el caso *x* –porque la negación interna de la permisión fuerte representa un sentido de "prohibido"– o cuando *y* está fuertemente permitida por α en el caso *x*).

D 47) $\underset{\alpha}{\mathrm{Det}}\,(y) = \neg\,\underset{\alpha}{\mathbf{P}\mathrm{s}}\,(y)$ o $\underset{\alpha}{\mathbf{P}\mathrm{s}}\,(y)$.

T 107) $\underset{\alpha}{\mathrm{Det}}\,(y) \supset \underset{\alpha}{\mathrm{Det}}\,(y/x)$.

T 108) $[\underset{\alpha}{\mathrm{Det}}\,(y_1/x)\ \&\ \underset{\alpha}{\mathrm{Det}}\,(y_2/x)] \supset [\underset{\alpha}{\mathbf{P}\mathrm{s}}\,(y_1 \vee y_2/x) \equiv \underset{\alpha}{\mathbf{P}\mathrm{s}}\,(y_1/x)$ o $\underset{\alpha}{\mathbf{P}\mathrm{s}}\,(y_2/x)]$.

T 108´) $[\underset{\alpha}{\mathrm{Det}}\,(y_1)\ \&\ \underset{\alpha}{\mathrm{Det}}\,(y_2)] \supset [\underset{\alpha}{\mathbf{P}\mathrm{s}}\,(y_1 \vee y_2) \equiv \underset{\alpha}{\mathbf{P}\mathrm{s}}\,(y_1)$ o $\underset{\alpha}{\mathbf{P}\mathrm{s}}\,(y_2)]$.

T 109) $[\underset{\alpha}{\mathrm{Det}}\,(-y_1/x)\ \&\ \underset{\alpha}{\mathrm{Det}}\,(-y_2/x)] \supset [\underset{\alpha}{\mathbf{O}\mathrm{w}}\,(y_1 . y_2/x) \equiv \underset{\alpha}{\mathbf{O}\mathrm{w}}\,(y_1/x)\ \&\ \underset{\alpha}{\mathbf{O}\mathrm{w}}\,(y_2/x)]$.

T 109´) $[\underset{\alpha}{\mathrm{Det}}\,(-y_1)\ \&\ \underset{\alpha}{\mathrm{Det}}\,(-y_2)] \supset [\underset{\alpha}{\mathbf{O}\mathrm{w}}\,(y_1 . y_2) \equiv \underset{\alpha}{\mathbf{O}\mathrm{w}}\,(y_1)\ \&\ \underset{\alpha}{\mathbf{O}\mathrm{w}}\,(y_2)]$.

T 110) $\underset{\alpha}{\mathrm{Det}}\,(y/x) \supset [\underset{\alpha}{\mathbf{P}\mathrm{w}}\,(y/x) \supset \underset{\alpha}{\mathbf{P}\mathrm{s}}\,(y/x)]$.

T 110´) $\underset{\alpha}{\mathrm{Det}}\,(y) \supset [\underset{\alpha}{\mathbf{P}\mathrm{w}}\,(y) \supset \underset{\alpha}{\mathbf{P}\mathrm{s}}\,(y)]$.

T 111) $\underset{\alpha}{\mathrm{Det}}\,(-y/x) \supset [\underset{\alpha}{\mathbf{O}\mathrm{w}}\,(y/x) \supset \underset{\alpha}{\mathbf{O}\mathrm{s}}\,(y/x)]$.

T 111´) $\underset{\alpha}{\mathrm{Det}}\,(-y) \supset [\underset{\alpha}{\mathbf{O}\mathrm{w}}\,(y) \supset \underset{\alpha}{\mathbf{O}\mathrm{s}}\,(y)]$.

D 48) $\underset{\alpha}{\mathrm{Det}}\,(UA_j/x) = (y)\,[y \in \mathrm{Con}\,(UA_j) \supset \underset{\alpha}{\mathrm{Det}}\,(y/x)]$.

D 48´) $\underset{\alpha}{\mathrm{Det}}\,(UA_j) = (y)\,[y \in \mathrm{Con}\,(UA_j) \supset \underset{\alpha}{\mathrm{Det}}\,(y)]$.

D 49) $\underset{\alpha}{\mathrm{Det}}\,(y/UC_i) = (x)\,[x \in UC_i \supset \underset{\alpha}{\mathrm{Det}}\,(y/x)]$.

D 50) $\underset{\alpha}{\text{Det}}\ (UA_j / UC_i) = (x)\ (y)\ [x \in UC_i \ \&\ y \in Con\ (UA_j \supset \underset{\alpha}{\text{Det}}\ (y / x)].$

T 112) $\underset{\alpha}{\text{Det}}\ (UA_j / UC_i) \equiv \alpha \in Cm\ (UC_i, USmax_j).$

T 112´) $\underset{\alpha}{\text{Det}}\ (UA_j) \equiv \alpha \in Cm\ (UC_i, USmax_j).$

T 113) $\underset{\alpha}{\text{Det}}\ (UA_j / x) \equiv (Ez)\ [z \in USmax_j \ \&\ (x \rightarrow z) \in Cn\ (\alpha)] \equiv (USmax_j\ .\ Cn\ [\alpha + \{x\}] \neq \Lambda).$

D 48 – D 50 definen los conceptos de determinación normativa de un conjunto de acciones en un caso (D 48), de una acción en un conjunto de casos (D 49) y de un conjunto de acciones, en un conjunto de casos (D 50). T 112 muestra que la determinación normativa por α de un conjunto de acciones en un conjunto de casos es equivalente a la completitud de α con relación a los correspondientes UC y USmax.

Coherencia y normatividad:

T 114) $\urcorner \underset{\alpha}{\mathbf{P}w}\ (y / x)\ o\ \underset{\alpha}{\mathbf{P}s}\ (y / x)$

T 114´) $\urcorner\ (\underset{\alpha}{\mathbf{P}w}\ (y)\ o\ \underset{\alpha}{\mathbf{P}s}\ (y)$

T 115) $[\urcorner \underset{\alpha}{\mathbf{P}w}\ (y / x)\ o\ \underset{\alpha}{\mathbf{P}w}\ (y / x)] \equiv\ \sim [\urcorner \underset{\alpha}{\mathbf{P}s}\ (y / x)\ \&\ \underset{\alpha}{\mathbf{P}s}\ (y / x)].$

T 115´) $[\urcorner \underset{\alpha}{\mathbf{P}w}\ (y)\ o\ \underset{\alpha}{\mathbf{P}w}\ (y)] \equiv\ \sim [\urcorner \underset{\alpha}{\mathbf{P}s}\ (y)\ \&\ \underset{\alpha}{\mathbf{P}s}\ (y)].$

T 116) $(Ey)\ [\urcorner \underset{\alpha}{\mathbf{P}w}\ (y / x)\ o\ \underset{\alpha}{\mathbf{P}w}\ (y / x)] \equiv (y)\ [\urcorner \underset{\alpha}{\mathbf{P}w}\ (y / x)\ o\ \underset{\alpha}{\mathbf{P}w}\ (y / x)].$

Coherencia (en un caso):

D 51) $\underset{\alpha}{\text{Coh}}\ (x) = (Ey)\ [\urcorner \underset{\alpha}{\mathbf{P}w}\ (y / x)\ o\ \underset{\alpha}{\mathbf{P}w}\ (y / x)].$

(Un conjunto α es coherente en un caso cuando ninguna acción está prohibida y permitida en este caso. Esta manera de leer D 51 resulta de su combinación con T 115 y T 1116. La fórmula D 51 ha sido elegida para mostrar la similitud estructural entre los conceptos de determinación y coherencia; compárese D 46 con D 51).

T 117) $\underset{\alpha}{\text{Coh}}\ (x) \supset [\underset{\alpha}{\mathbf{P}\text{s}}\ (y / x) \supset \underset{\alpha}{\mathbf{P}\text{w}}\ (y / x)]$.

T 118) $\underset{\alpha}{\text{Coh}}\ (x) \supset [\underset{\alpha}{\mathbf{O}\text{s}}\ (y / x) \supset \underset{\alpha}{\mathbf{O}\text{w}}\ (y / x)]$.

D 52) $\underset{\alpha}{\text{Coh}}\ (y) = [\underset{\alpha}{\mathbf{P}\text{w}}\ (y)\ \text{o}\ \urcorner\ \underset{\alpha}{\mathbf{P}\text{w}}\ (y)]$.

T 119) $\underset{\alpha}{\text{Coh}}\ (y) \supset [\underset{\alpha}{\mathbf{P}\text{s}}\ (y) \supset \underset{\alpha}{\mathbf{P}\text{w}}\ (y)]$.

T 120) $\underset{\alpha}{\text{Coh}}\ (y) \supset [\underset{\alpha}{\mathbf{O}\text{s}}\ (y) \supset \underset{\alpha}{\mathbf{O}\text{w}}\ (y)]$.

T 121) $[\underset{\alpha}{\text{Det}}\ (y / x)\ \&\ \underset{\alpha}{\text{Coh}}\ (x)] \supset [\underset{\alpha}{\mathbf{P}\text{s}}\ (y / x) \equiv \underset{\alpha}{\mathbf{P}\text{w}}\ (y / x)]$.

T 122) $[\underset{\alpha}{\text{Det}}\ (y / x)\ \&\ \underset{\alpha}{\text{Coh}}\ (x)] \supset [\underset{\alpha}{\mathbf{O}\text{s}}\ (y / x) \equiv \underset{\alpha}{\mathbf{O}\text{w}}\ (y / x)]$.

T 123) $\alpha \in \text{Coh}\ (UC_i) \equiv (x)\ [x \in UC_i \supset \text{Coh}\ (x)]$.

Normatividad:

D 53) $\underset{\alpha}{\text{N}}\ (y / x) = [\mathbf{P}\text{s}\ (y / x)\ \text{o}\ \mathbf{P}\text{s}\ (-y / x)]$.

(Esta fórmula puede leerse: Una acción es normada por α en un caso, cuando esta acción o su negación están fuertemente permitidas por α en este caso.)

D 53′) $\underset{\alpha}{\text{N}}\ (y) = [\underset{\alpha}{\mathbf{P}\text{s}}\ (y)\ \text{o}\ \underset{\alpha}{\mathbf{P}\text{s}}\ (-y)]$.

T 124) $\underset{\alpha}{\text{N}}\ (y / x) \equiv [\underset{\alpha}{\text{Det}}\ (y / x)\ \text{o}\ \underset{\alpha}{\text{Det}}\ (-y / x)]$.

T 124′) $\underset{\alpha}{\text{N}}\ (y) \equiv [\underset{\alpha}{\text{Det}}\ (y)\ \text{o}\ \underset{\alpha}{\text{Det}}\ (-y)]$.

T 125) $\alpha \in \text{N}\ (UC_i, USmin_j) \equiv (Ex)\ (Ey)\ [x \in \text{Ca}\ (UP_i)\ \&\ y \in \text{Con}\ (UA_j)\ \&\ \text{N}\ (y / x)]$.

(Un conjunto α es normativo cuando norma alguna acción en algún caso.)

BIBLIOGRAFÍA

La siguiente bibliografía no pretende ser completa. Su propósito es sugerir algunas lecturas complementarias en lógica y filosofía de la ciencia (A) e indicar algunos trabajos de los juristas y de los filósofos del derecho relevantes para los temas tratados en este libro (B).

A) *Lógica y filosofía de la ciencia*

Alchourrón, Carlos E., *Logic of Norms and Logic of Normative Propositions*, "Logique et Analyse", 12, 1969, p. 242 a 268.

— *The Intuitive Background of Normative Legal Discourse and its Formalization*, "Journal of Philosophical Logic", 1, 1972, p. 447 a 463.

Anderson, A. R., *A Reduction of Deontic Logic to Alethic Modal Logic*, "Mind", 67, 1958, p. 100 a 103.

— *Logik, Normen und Rollen*, "Ratio", 1, 1962, p. 32 a 43.

— *On the Logic of Commitment*, "Philosophical Studies", 10, 1959, p. 23 a 29.

— *Reply to Mr. Rescher*, "Philosophical Studies", 13, 1962, p. 6 a 8.

— *The Formal Analysis of Normative Systems*, New Haven, 1956, reproducido en Rescher, N., "The Logic of Decision and Action", Pittsburgh, 1966, p. 147 a 213.

— *The Logic of Hohfeldian Propositions*, "Logique et Analyse", 13, 1970, p. 231 a 242.

— *The Logic of Norms*, "Logique et Analyse", 1, 1958, p. 84 a 91.

Anderson, A. R. - Moore, O. K., *The Formal Analysis of Normative Concepts*, "American Sociological Review", 22, 1957, p. 9 a 17.

Apostel, L., *Game Theory and the Interpretation of Deontic Logic*, "Logique et Analyse", 3, 1960, p. 70 a 90.

Aquist, L., *A Note on Commitment*, "Philosophical Studies", 14, 1963, p. 22 a 25.

— *Deontic Logic based on a Logic of "Better"*, "Acta Philosophica Fennica", 16, 1963, p. 285 a 290.

— *Interpretations of Deontic Logic*, "Mind", 73, 1964, p. 246 a 253.

— *"Next" and "Ought". Alternative Foundations for von Wright's Tense-Logic, with an Application to Deontic Logic*, "Logique et Analyse", 9, 1966, p. 231 a 251.

Berg, J., *A Note on Deontic Logic*, "Mind", 69, 1960, p. 566 y 567.

Beth, E. W., *The Foundations of Mathematics*, 2ª ed., Amsterdam, 1965.

Blanché, Robert, *L'axiomatique*, Paris, PUF, 1967.

Bunge, M., *Method, Model and Matter*, Dordrecht, 1972.
— *Scientific Research*, New York, 1967.
— *Teoría y realidad*, Barcelona, 1972.
— *The Critical Approach to Science and Philosophy*, New York, 1964.

Carnap, Rudolf, *Formalization of Logic*, Cambridge, Massachusetts, Harvard University Press, 1961.
— *Introduction to Symbolic Logic and its Applications*, New York, 1958.
— *Logical Foundations of Probability*, 2ª ed., Chicago, 1962.
— *Meaning and Necessity. A Study in Semantics and Modal Logic*, 2ª ed., Chicago, 1956.
— *Testability and Meaning*, "Philosophy of Science", 3, 1936, y 4, 1937.
— *The Logical Syntax of Language*, London, 1937 (orig. 1934).

Castañeda, Héctor N., *Actions, Imperatives and Obligations. Proceedings of the Aristotelian Society*, 1967.
— *Acts, the Logic of Obligation and Deontic Calculi*, "Crítica", 1, 1967, p. 77 a 99.
— *Imperatives and Deontic Logic*, "Analysis", 19, 1958, p. 42 a 48.
— *On the Semantics of Ought-to-do*, en Davidson, Donald - Harman, Gilbert (eds.), "Semantics of Natural Languages", D. Reidel, Dordrecht, 1972, p. 675 a 694.
— *Obligation and Modal Logic*, "Logique et Analyse", 3, 1960, p. 40 a 48.
— *The Logic of Obligation*, "Philosophical Studies", 10, 1959, p. 17 a 23.
— *The Logic of Change, Action and Norms*, "The Journal of Philosophy", 62, 1965, p. 333 y 334.
— *The Semantics of Prescriptive Discourse*, "Theoria", 28, 1962, p. 72 a 78.
— *Un sistema general de lógica normativa*, "Dianoia", 3, 1957, p. 303 a 333.

Chisholm, R. M., *Contrary-to-Duty Imperatives and Deontic Logic*, "Analysis", 24, 1963, p. 33 a 36.

Church, A., *Introduction to Mathematical Logic*, vol. I, Princeton, 1956.

Clifford, J. E., *Tense-Logic and the Logic of Change*, "Logique et Analyse", 9, 1966, p. 219 a 230.

Conte, Amedeo G., *Incalificación e indiferencia*, "Dianoia", 9, 1963, p. 237 a 257.
— *Un saggio filosofico sopra la logica deontica*, "Rivista Internazionale di Filosofia del Diritto", 42, 1965, p. 564 a 577.

Cresswell, M. J., *Some Further Semantics for Deontic Logic*, "Logique et Analyse", 10, 1967, p. 179 a 191.

Cresswell, M. J. - Hughes, G. E., *An Introduction to Modal Logic*, London, 1968.

Davis, J. W. (ed.), *Philosophical Logic*, 1969.

Dawson, E., *A Model for Deontic Logic*, "Analysis", 19, 1959, p. 73 a 78.

Demolombe, C., *Cours de Code Napoléon*, Paris, 1880.

Di Bernardo, G., *Introduzione alla logica dei sistemi normativi*, Bologna, 1972.

Dickinson, John, *The Problem of the Unprovided Case*, "University of Pennsylvania Law Review", 81, nº 2, 1932, p. 115 a 129.

Feigl, H. - Brodbeck, M. (eds.), *Readings in the Philosophy of Science*, New York, 1953.

Feigl, H. - Scriven, M. - Maxwell, G. (eds.), *Minnesota Studies in the Philosophy of Science*, Minneapolis, 1956-1962.

Flew, A. N. G. (ed.), *Logic and Language*, Oxford, 1951.

Geach, P. T., *Logic Matters*, Oxford, 1972.

Gibson, Q., *La lógica de la investigación social*, Madrid, 1961.

Hanson, W. H., *A Logic of Commands*, "Logique et Analyse", 9, 1966, p. 329 a 348.

— *Semantics for Deontic Logic*, "Logique et Analyse", 8, 1965, p. 177 a 190.

Hansson, B., *An Analysis of some Deontic Logics*, "Nous", 3, 1969, p. 373 a 398.

Hare, R. M., *Freedom and Reason*, Oxford, 1963.

— *Language of Morals*, Oxford, 1952.

Hempel, Carl G., *Aspects of Scientific Explanation and Other Essays in the Philosophy of Science*, New York, 1965.

Hilbert, David, *Grundlagen der Geometrie*, Leipzig, 1899.

Hilpinen, R. (ed.), *Deontic Logic: Introductory and Systematic Readings*, Dordrecht, 1971.

Hintikka, J., *Models for Modalities*, Dordrecht, 1969.

— *Quantifiers in Deontic Logic*, Helsinki, 1957.

Kalinowski, G., *Études de Logique Déontique*, Paris, 1972.

— *La Logique des Normes*, Paris, 1972.

Lemmon, E. J., *Deontic Logic and the Logic of Imperatives*, "Logique et Analyse", 8, 1965, p. 39 a 71.

Nagel, E., *The Structure of Science*, London, 1961.

Nagel, E. - Suppes, P. - Tarski, A. (eds.), *Logic, Methodology, and Philosophy of Science*, Amsterdam, 1962.

Nakhnikian, George - Castañeda, Héctor N. (eds.), *Morality and the Language of Conducts*, Detroit, 1963.

Peklo, B., *Eine Bemerkung zum Andersons 'Sanktionensystem' in der modalen Logik*, "Logique et Analyse", 7, 1964, p. 196 a 202.

— *Einige Bemerkungen zu den deontischen Systemen, welche Sanktionen und mehrere Funktoren enthalten*, "Logique et Analyse", 5, 1962, p. 98 a 121.

— *Uber Norminferenzen*, "Logique et Analyse", 7, 1964, p. 203 a 211.

Perelman, Chaim, *Avoir un sens et donner un sens*, "Logique et Analyse", nº 20, 1962, p. 225.

Popper, Karl, *Lógica de la investigación científica*, Madrid, 1962.

— *Logic of Scientific Discovery*, New York, Basic Books, 1959.

Prior, A. N., *Formal Logic*, Oxford, 1955.

— *Objects of Thought*, Oxford, 1971.

— *Papers on Time and Tense*, Oxford, 1968.

— *Past, Present and Future*, Oxford, 1967.

— *Time and Modality*, Oxford, 1957.

Przelecki, M., *The Logic of Empirical Theories*, London, 1962.

Ramsay, Frank, *The Foundations of Mathematics*, London, 1931.

Reichenbach, H., *La filosofía científica*, México, 1953.

— *The Philosophy of Space and Time*, New York, 1957 (orig. Berlin, 1928).

Rescher, N., *The Logic of Commands*, London, 1966.

— *Topics in Philosophical Logic*, Dordrecht, 1968.

Rescher, N. (ed.), *The Logic of Decision and Action*, Pittsburgh, 1966.

Ross, Alf, *La idea de la validez y otros ensayos*, Bs. As., 1969.

Rosser, J. Barkley, *Logic for Mathematicians*, New York, McGraw-Hill, 1953.

Russell, Bertrand, *Mysticism and Logic*, New York, Rowman & Littefield Publishers, 1988.

— *Vagueness*, "The Australasian Journal of Psichology and Philosophy", 1, 1923, p. 84.

Schilpp, P. A. (ed.), *The Philosophy of Rudolf Carnap*, La Salle, Illinois, 1963.

Scholz, Heinrich, *Die Axiomatik der Alten*, "Mathesis Universalis", Darmstadt, 1961.

Stenius, E., *The Principles of a Logic of Normative Systems*, "Acta Philosophica Fennica", 16, 1963, p. 247 a 260.

— *Wittgenstein's "Tractatus"*, Oxford, 1960.

Suppes, Patrik, *Axiomatic Set Theory*, Princeton, 1960.

Tarski, A., *Introduction to Logic and to the Methodology of Deductive Sciences*, Oxford, 1946.

— *Logic, Semantics, Metamathematics*, Oxford, 1956.

Taylor, C., *The Explanation of Behaviour*, London, 1964.

Uberweg, Friedrich von, *System der Logik und Geschichte der logischen Lehren*, Bonn, A. Marcus, 1857.

Van Fraassen, Bas C., *The Logic of Conditional Obligation*, "Journal of Philosophical Logic", 1, 1972, p. 417 a 438.

Van Orman Quine, Willard, *From a Logical Point of View*, Cambridge, Mass., 1953.

— *Methods of Logic*, 2ª ed., London, 1962; 3ª ed., 1972.

— *Set Theory and its Logic*, 2ª ed., Cambridge, Mass., 1969.

— *The Ways of Paradox*, New York, 1966.

Winch, P., *Ciencia social y filosofía*, Bs. As., 1972.

Wittgenstein, Ludwig, *Tractatus logico-philosophicus*, 1922.

Wright, Georg H. von, *A Correction to a New System of Deontic Logic*, "Danish Yearbook of Philosophy", 2, 1965, p. 103 a 107.

— *A New System of Deontic Logic*, "Danish Yearbook of Philosophy", 1, 1964 p. 173 a 182.

— *A Treatise on Induction and Probability*, London, 1951.

— *An Essay in Deontic Logic and the General Theory of Action*, "Acta Philosophica Fennica", XXI, Amsterdam, 1968.

— *An Essay in Modal Logic*, Amsterdam, 1951.

— *Deontic Logic and the Theory of Conditions*, "Critica", 6, 1968, p. 3 a 25.

— *Deontic Logics*, "American Philosophical Quarterly", 4, 1967, p. 136 a 143.

— *Ensayo de lógica modal*, Bs. As., 1970.
— *Explanation and Understanding*, New York, 1971.
— *Logical Studies*, London, 1957.
— *Norm and Action*, London, 1963.
— *Time, Change and Contradiction*, Cambridge, 1969.

B) *Filosofía del derecho*

Aftalión, Enrique R. - García Olano, Fernando - Vilanova, José, *Introducción al derecho*, 5ª ed., Bs. As., 1956.

Alchourrón, Carlos E., *Los argumentos jurídicos "a fortiori" y "a pari"*, "Revista Jurídica de Buenos Aires", 1961, IV, p. 177 a 199, tr. alemana E. Bulygin, *Juristiche Schlüsse a fortiori and a pari*, "Archiv für Rechts-und Sozialphilosophie", Beiheft, 41 (Neue Folge 4), 1965, p. 5 a 25.

Allende, Guillermo L., *El acto jurídico real*, 1963, *LL*, 110-1062.

Austin, J., *The Province of Jurisprudence Determined*, London, 1954 (primera publicación en 1832).

Azaretto, M. I., *Una lógica del realismo jurídico*, Cordoba, 1974.

Bacqué, Jorge A., *Une pyramide aplatie*, "Archiv für Rechts-und Sozialphilosophie", 50, 1964, p. 105 a 110.

Bacqué, Jorge A. - Nino, Carlos S., *Lesiones y retórica*, *LL*, 126-966.

Bartholoweyczik, Horst, *Die Kunst der Gesetzesauslegung*, Frankfurt, a/m, 1960.

Bentham, Jeremy, *Of Laws in General*, London, 1970.

Binder, Julius, *Philosophie des Rechts*, Berlin, 1925.

Bobbio, Norberto, *Derecho y lógica*, México, 1965.
— *El problema del positivismo jurídico*, tr. E. Garzón Valdés, Bs. As., 1965.
— *Lacune del diritto*, "Novissimo Digesto Italiano", vol. IX, p. 419 a 424.
— *Studi per una teoria generale del diritto*, Torino, 1970.
— *Teoria dell'ordinamento giuridico*, Torino, 1960.

Bulygin, Eugenio, *Algunas consideraciones sobre la aplicación de la lógica al derecho*, "Revista Jurídica de Buenos Aires", 1963, I-IV, p. 107 a 119.
— *Der Begriff der Wirksamkeit*, "Archiv für Rechts-und Sozialphilosophie", Beiheft, 41 (Neue Folge 4), 1965, p. 39 a 58.
— *Sentencia judicial y creación de derecho*, *LL*, 124-1307.
— *Sentenza giudiziaria e creazione di diritto*, "Rivista Internazionale di Filosofia del Diritto", anno XLIV, fasc. II, 1967, p. 164 a 180.
— *Sobre el fundamento de validez*, "Notas de Filosofía del Derecho", I, nº 2, p. 23 a 33.
— *Sobre la estructura lógica de las proposiciones de la ciencia del derecho*, "Revista Jurídica de Buenos Aires", 1961, IV, p. 215 a 223.
— *Sobre la regla de reconocimiento*, en "Derecho, filosofía y lenguaje. Homenaje a Ambrosio L. Gioja", Bs. As., Astrea, 1976.
— *Zwei Systembegriffe in der rechtsphilosophischen Problematik*, "Archiv für Rechts und Sozialphilosophie", 53, 1967, p. 329 a 338.

Capella, J. R., *El derecho como lenguaje*, Barcelona, 1968.

Carnelutti, Francesco, *Teoría general del derecho*, tr. F. J. Osset, Madrid, 1955.

— *Teoria generale del diritto*, Milano, 1940.

Carrió, Genaro R., *Algunas palabras sobre las palabras de la ley*, Bs. As., 1971.

— *El recurso extraordinario por sentencia arbitraria en la jurisprudencia de la Suprema Corte*, Bs. As., 1968.

— *Notas sobre derecho y lenguaje*, Bs. As., 1965.

— *Principi di diritto e positivismo giuridico*, "Rivista di Filosofia", 61, 1970.

— *Principios jurídicos y positivismo jurídico*, Bs. As., 1970.

— *Recurso de amparo y técnica judicial*, Bs. As., 1959.

— *Sobre el concepto de deber jurídico*, Bs. As., 1966.

— *Sobre los límites del lenguaje normativo*, Bs. As., 1973.

— *Sul concetto di obbligo giuridico*, "Rivista di Filosofia", 57, 1966.

Conte, Amedeo G., *Bibliografia di logica giuridica 1936-1960*, "Rivista Internazionale di Filosofia del Diritto", 38, 1961.

— *Completezza e chiusura*, "Studi in memoria di Widar Cesarini Sforza", Milano, 1968.

— *Décision, complétude, clôture. À propos des lacunes en droit*, "Logique et Analyse", n° 9, 1966, p. 1 a 18 (*Decisión completitud, clausura. A propósito de las lagunas en el derecho*, tr. J. A. Bacqué, en Bobbio, Norberto, y otros, "El problema de las lagunas en el derecho").

— *Primi argomenti per una critica del normativismo*, Pavia, 1968.

— *Saggio sulla completezza degli ordinamenti giuridici*, Torino, 1962.

Cossio, Carlos, *La plenitud del ordenamiento jurídico*, 2ª ed., Bs. As., 1947.

— *La teoría egológica del derecho y el concepto jurídico de libertad*, 2ª ed., Bs. As., 1964.

— *Teoría de la verdad jurídica*, Bs. As., 1954.

Couture, Eduardo J., *Fundamentos de derecho procesal civil*, Bs. As., Aniceto López Editor, 1942.

Cueto Rúa, Julio C., *Fuentes del derecho*, Bs. As., 1961.

Dassen, Julio, *La acción reivindicatoria: sus límites*, "Lecciones y Ensayos", n° 6, 1958.

Del Vecchio, Giorgio, *Filosofía del derecho*, tr. L. Legaz y Lacambra, 5ª ed., Barcelona, 1947.

— *Reflexiones sobre el abuso del derecho*, "Notas de Filosofía del Derecho", n° 2, 1964.

Dickinson, J., *Legal Rules: their Function in the Process of Decision*, "University of Pennsylvania Law Review", 79, p. 833.

Dworkin, Ronald, *Is a Law a System of Rules?*, en Summers, Robert S. (ed.), "Essays in legal philosophy", Oxford, 1968.

Engisch, Karl, *Der Begriff der Rechtslücke*, "Sauerfestschrift", 1949.

— *Einführung in das juristiche Denken*, Stuttgart, 1956.

— *El ámbito de lo no jurídico*, Córdoba, 1960.

— *Introducción al pensamiento jurídico*, tr. E. Garzón Valdés, Madrid, 1967.

Enneccerus, Ludwig - Nipperdey, Hans C., *Allgemeiner Teil des Bürgerlichen Rechts*, Tübingen, 1959.

Esser, Josef, *Grundsatz und Norm in der richterlichen Fortbildung des Privatrechts*, Tübingen, 1956 (*Principio y norma en la elaboración jurisprudencial del derecho privado*, tr. E. Valenti Fiol, Barcelona, 1961).

Fiedler, Helbert, *Automatisierung im Recht und juristische Informatik*, "JuS", 1970 y 1971.

— *Derecho, lógica, matemática*, tr. E. Bulygin y E. Garzón Valdés, Bs. As., 1968.

García Máynez, E., *Ensayos filosófico-jurídicos*, Xalapa, 1959.

— *Introducción a la lógica jurídica*, Bs. As. - México, 1951.

— *Introducción al estudio del derecho*, México, 1955.

Garzón Valdés, Ernesto F., *Derecho y "naturaleza de las cosas"*, Córdoba, 1971.

Gavazzi, G., *Delle antinomie*, Torino, 1959.

Gioja, Ambrosio L., *El postulado jurídico de la prohibición*, Bs. As., 1954.

— *Ideas para una filosofía del derecho*, Bs. As., 1973.

Guibourg, Ricardo, *La nulidad y su definición*, Bs. As., 1973.

Hart, Hebert L. A., *Derecho y moral*, Bs. As., 1962.

— *El concepto de derecho*, tr. G. R. Carrió, Bs. As., 1963.

— *Kelsen Visited*, "UCLA Law Review", vol. 10, nº 4, 1963, p. 709 a 728.

— *Positivism and the Separation of Law and Morals*, "Harvard Law Review", 71-1958.

— *The Concept of Law*, Oxford, 1961.

Heck, P., *Begriffsbildung und Interessenjurisprudenz*, Tübingen, 1932.

Hohfeld, W. N., *Conceptos jurídicos fundamentales*, Bs. As., 1968.

— *Fundamental Legal Conceptions*, Yale, 1964.

Horovitz, J., *Law and Logic*, Wien - New York, 1972.

Jellinek, Walter, *Schöpferische Rechtswissenschaft*, 1928.

Jhering, Rudolf, *El espíritu del derecho romano*, Madrid, 1891.

Kalinowski, Georges, *Introduction a la logique juridique*, Paris, 1965.

— *Querelle de la science normative*, Paris, 1969.

Kantorowicz, H., *Der Begriff des Rechts*, Tübingen, 1962.

— *Der Kampf um die Rechtswissenschaft*, Heidelberg, 1906.

Kelsen, Hans, *Contribuciones a la teoría pura del derecho*, Bs. As., 1969.

— *La teoría pura del derecho*, tr. J. G. Tejerina, Bs. As., Losada, 1941.

— *Reine Rechtslehre*, Wien, 1934; 2ª ed., 1960.

— *Teoría general del derecho y del Estado*, tr. E. García Máynez, México, 1949.

— *Teoría pura del derecho*, tr. M. Nilve, Bs. As., Eudeba, 1960.

Klug, Ulrich, *Juristische Logik*, 3ª ed., Berlin, 1966.

— *Lógica jurídica*, tr. E. García Bacca, Caracas, 1961.

— *Observations sur le problème des lacunes en droit*, "Logique et Analyse", 10, 1967, p. 98 a 115.

— *Problemas de filosofía del derecho*, Bs. As., 1966.

— *Rechtslücke und Rechtsgeltung*, "Festschrift für H. C. Nipperdey", München - Berlin, 1965.

Larenz, K., *Metodología de la ciencia del derecho*, Barcelona, 1966.

Legaz y Lacambra, Luis, *Filosofía del derecho*, Barcelona, 1953.

Miró Quesada, F., *La lógica del deber y su eliminabilidad*, "Derecho", 30, 1972.

— *Lógica jurídica*, Lima, 1956.

— *Problemas fundamentales de la lógica jurídica*, "Revista de la Facultad de Derecho y Ciencias Políticas", Lima, 18, 1954, p. 66 a 155.

Molinario, Alberto D., *La reivindicación inmobiliaria y el adquierente de buena fe a título oneroso*, Santa Fe, 1962.

Nawiasky, Hans, *Allgemeine Rechtslehre. System der rechtlichen Grundbegriffe*, 1948.

Nino, Carlos S., *Notas sobre la dogmática jurídica*, México, 1974.

Nowacki, J., *Analogía legis*, Warsaw, 1966.

— *Koncepcja luk contra legem*, Lodz, 1969.

— *Luki w prawie, "Studia Prawno-Ekonomiczne"*, t. IV, 1970.

— *Normy sprzeczne a problematyka luk w prawie*, "Studia Prawno-Ekonomiczne", t. II, Lodz, 1969.

— *O tzw. konstrukcyjnych lukach w prawie*, Lodz, 1967.

— *O tzw. pionowych "lukach" w prawie*, Lodz, 1972.

Nowak, L., *De la rationalité du législateur comme élément de l'interprétation juridique*, "Logique et Analyse", 12, 1969, p. 65 a 86.

Olivecrona, K., *Lenguaje jurídico y realidad*, Bs. As., 1968.

Opalek, K., *On the Logical-Semantic Structure of Directives*, "Logique et Analyse", 13, 1970, p. 169 a 196.

Oppenheim, F. E., *Outline of a Logical Analysis of Law*, "Philosophy of Science", 11, 1944, p. 142 a 160.

Peczenik, A., *Empirical Foundations of Legal Dogmatics*, "Logique et Analyse", 12, 1969, p. 32 a 64.

— *Principles of Law. The Search for Legal Theory*, "Rechtstheorie", 2, 1971 p. 17 a 35.

Peklo, B., *Mancherlei über Rechtslogische Fragen*, "Logique et Analyse", 15, 1972, p. 461 a 488.

— *Observations on the Construction of Legal Logic*, "Archiv für Rechts- und Sozialphilosophie", 58, 1972, p. 185 a 198.

— *Quelques Remarques sur la Signification de la Logique pour le Droit*, "Archives de Philosophie du Droit", 11, 1966, p. 227 a 237.

Perelman, Chaim (ed.), *Antonomies en droit*, Bruxelles, 1966.

— *Problème des Lacunes en Droit*, Bruxelles, 1966.

Puig Brutau, J., *La jurisprudencia como fuente del derecho*, Barcelona, s/f.

Ramsay, Frank, *The Foundations of Mathematics*, London, 1931.

Raz, J., *Legal Principles and the Limits of Law*, "The Yale Law Journal", 81, 1972, p. 823 a 854.

— *The Concept of a Legal System*, Oxford, 1970.

— *The Identity of Legal Systems*, "California Law Review", 59, 1971, p. 795 a 815.

Recaséns Siches, Luis, *Nueva filosofía de la interpretación del derecho*, México, Fondo de Cultura Económica, 1956.

— *Tratado general de filosofía del derecho*, México, 1959.

— *Vida humana, sociedad y derecho*, México, 1939.

Ross, Alf, *Directives and Norms*, London, 1968.

— *El concepto de validez y otros ensayos*, Bs. As., 1969.

— *Lógica de las normas*, Madrid, 1971.

— *On Law and Justice*, London, 1958.

— *Sobre el derecho y la justicia*, Bs. As., 1963.

— *Validity and the Conflict Between Legal Positivism and Natural Law*, "Revista Jurídica de Buenos Aires", 1961, cap. IV.

Savigny, Federico C. von - Kirschmann, Julio G. von - Zitelmann, Ernesto - Kantorowicz, Germán, *La ciencia del derecho*, Bs. As., Losada, 1949.

Scarpelli, U., *Contributo alla semantica del linguaggio normativo*, Torino, 1959.

— *La definition en droit*, "Logique et Analyse", 1, 1958, p. 127 a 138.

— *Semantica, morale, diritto*, Torino, 1970.

Schreiber, R., *Die Geltung von Rechtsnormen*, Berlin, 1966.

— *Lógica del derecho*, tr. E. Garzón Valdés, Bs. As., 1967.

— *Logik des Rechts*, Berlin, 1962.

Soler, Sebastián, *Fe en el derecho*, Bs. As., 1956.

— *La interpretación de la ley*, Barcelona, 1962.

— *Las palabras de la ley*, México, 1969.

— *Ley, historia y libertad*, Bs. As., 1958.

Summers, R. S. (ed.), *Essays in Legal Philosophy*, Oxford, 1968.

Tammelo, I., *On the Logical Openness of Legal Orders*, "The American Journal of Comparative Law", 8, 1959, p. 187 a 203.

— *Outline of Modern Legal Logic*, Wiesbaden, 1969.

Vernengo, R. J., *About some Formation Rules for Legal Languages, Law, State and International Order, Essays in Honor of Hans Kelsen*, Knoxville, 1964.

— *Curso de la teoría general del derecho*, Bs. As., 1972.

— *La función sistemática de la norma fundamental*, "Revista Jurídica de Buenos Aires", 3, 1960, p. 207 a 225.

— *La naturaleza del conocimiento jurídico*, Bs. As., 1973.

Viehweg, T., *Topik und Jurisprudenz*, 3ª ed., München, 1965.

Vilanova, J., *Curso de filosofía del derecho*, Bs. As., 1970.

Wagner, H. - Haag, K., *Die moderne Logik in der Rechtswissenschaft*, Berlin, 1970.

Warat, L., *Abuso del derecho y lagunas de la ley*, Bs. As., 1969.

Wiedberg, A., *Some Problems in the Logical Analysis of Legal Science*, "Theoria", 17, 1951, p. 246 y siguientes.

Weinberger, O., *Einige Betrachtungen über die Rechtsnorm vom Standpunkt der Logik un der Semantik*, "Logique et Analyse", 7, 1964, p. 212 a 232,

— *Normenlogik anwendbar im Recht*, "Logique et Analyse", 13, 1970, p. 93 a 106.

— *Rechtslogik. Versuch der Anwendung moderner Logik im Recht*, Wien-New York, 1970.

Wroblewski, J., *Legal Reasonings in Legal Interpretation*, "Logique et Analyse", 12, 1969, p. 3 a 31.

Ziembinski, Zygmund, *Les lacunes de la loi dans le systeme juridique polonais contemporain et les méthodes utilisés pour les combler*, "Logique et Analyse", nº 9, 1966, p. 38 a 51.

Zittelmann, E., *Lücken im Recht*, Leipzig, 1903.

ÍNDICE ALFABÉTICO

D

E

F

G

H

I

J

K

L

M

N

S

T

U